쉼표,
앙코르와트

휴식이 필요한 당신을 위한 맞춤 여행

쉼표, 앙코르와트

2019~2020 최신판

1판1쇄 펴냄 2017년 8월 14일
1판2쇄 펴냄 2019년 2월 18일

지은이 유승혜
펴낸이 김경태
편집 홍경화 전민영 성준근 | **마케팅** 곽근호 윤지원 | **디자인** 박정영 김재현 / 이혜원 | **지도** 한승일
사진제공 p285 버펄로 트레일스, p364 품 바이탕 리조트

펴낸곳 (주)출판사 클
출판등록 2012년 1월 5일 제311-2012-02호
주소 03385 서울시 은평구 연서로26길 25-6
전화 070-4176-4680 | 팩스 02-354-4680 | 이메일 bookkl@bookkl.com

ISBN 979-11-85502-82-3 13910

이 도서의 국립중앙도서관 출판예정도서목록(CIP)은 서지정보유통지원시스템 홈페이지
(http://seoji.nl.go.kr)와 국가자료공동목록시스템(http://www.nl.go.kr/kolisnet)에서
이용하실 수 있습니다.(CIP제어번호: CIP2017018300)

휴식이 필요한 당신을 위한 맞춤 여행

쉼표,
앙코르와트
ANGKOR WAT

유승혜 지음

낭만적인 열대의 고도(古都),
그 우아한 폐허

다소 진부한 시작이지만 어쩔 수 없이 '처음'을 이야기해야 할 것 같다. 2006년 태국에서 육로로 캄보디아 시엠립에 처음 발을 디뎠다. 태국에 도착하자마자 곧바로 버스를 타고 국경을 넘었으므로 시엠립은 내게 첫 해외 여행지다. 당시 시엠립이 남긴 몇 가지 뚜렷한 이미지들이 있다. 어딜 지나든 뿌옇게 피어오르던 흙먼지와 맨손으로 기어올랐던 앙코르와트 중앙성소, 그리고 사원의 나무 그늘 아래서 책을 읽던 어떤 여행자.
'첫'이라는 타이틀이 대개 그렇듯 그때 경험한 3박 4일의 시엠립은 뿌리 같이 깊고 단단한 기억으로 남았고 아무 때고 이유 없이 떠오르는 그리움이 되었다. 그 나라 역사의 찬란함이라든가 앙코르와트 건축의 위대함 같은 건 아무것도 몰랐던 때다. 시엠립의 안부가 더욱 궁금해진 시기는 《쉼표, 경주》를 위해 경주를 자주 오가면서였다. 고도가 풍기는 아늑하고도 초월적인 분위기는 언제나 위안으로 다가왔고 그 느낌이 시엠립에도 있었음을 확신했다.

10년 만에 시엠립으로 향하는 길, 육로가 아닌 비행기를 타고 직항으로 가면서 다시 마주한 그곳이 실망스럽진 않을까 걱정했다. 그러나 기우였다. 앙코르와트 하늘에서 만난 새벽녘 별 무리는 황홀함 그 자체였다. 아무도 없는 사원 기둥 아래 앉아 가만히 듣는 빗소리는 우기의 낭만이었다. 해 질 녘, 바꽁이나 프놈끄롬에 올라 마주하는 황금빛 평원은 언제나 근사했다. 시동을 끈 보트 위에서 똔레삽 수평선 아래로 사라지는 해를 바라보는 일 또한 행복했다.
기억하는 것들이 변하기도 했지만 실망스럽지 않았다. 흙먼지는 도로가 정비된 덕분에 예전처럼 심하지 않았다. 앙코르와트 3층 중앙성소에는 계단이 설치돼 맨손으로 기어오르지 않아도 됐다. 나무 그늘에 앉아 책을 읽는 여행자는 이제 내가 되어 있었다.
이것이 《쉼표, 앙코르와트》를 통해 여행자들에게 안내하고 싶은 핵심이다. 이 책은 단순히 앙코르와트와 그 주변 사원들이 얼마나 대단한지 설명하는 책이 아니다. 이곳만이 가진 분위기를 어떻게 십분 만끽할 수 있는지, 또 어떻게 나만의 추억을 만들지 안내하는 책이다. 내가 느낀 이 고도의 특별함을 독자들에게도 전해주고 싶었다. 도처의 사원들이 '비슷비슷하게 생긴 고리타분한 유적'이 되질 않길 원했다. 그래서 여행자들이 어떤 강박도 없이 설렘과 행복을 느낄 수 있는 길잡이 노릇을 하는 데에 초점을 맞췄다. 물론 시엠립을 시엠립이 아닌 앙코르와트라는 상징적인 이름으로 통칭하는 만큼 역사적 사실과 유적에 관한 중요한 정보도 놓치지 않았다.

시내 번화가인 펍스트리트와 그 주변은 지난 10년간 큰 변화가 있었다. 특히 부티크 호텔과 스타일리시한 카페, 레스토랑이 굉장히 많이 늘었다. 오랫동안 역사와 자연의 도시로만 여겨졌던 시엠립은 이제 휴양지로도 손색없다. 도심과 자연을 오가며 즐길 수 있는 체험의 종류 또한 매우 다양해졌다. 반면 보호와 복원 덕분에 정글 속에 남은 유적들은 신비롭고 고즈넉한 분위기를 그대로 간직하고 있었다.

책은 권역에 따라 총 4장으로 구성했다. 각 장을 곧 하루 일정으로 생각하면 편하다. 그래서 가장 이상적인 기간으로 제시한 일정이 4박 5일이다. 물론 조금 부지런히 움직이거나 핵심만 둘러본다면 각 장에 해당하는 코스를 반나절에 소화할 수도 있다.

본문에 제시한 주요 일정이 독자에 따라선 느슨하게 보일 수도 있다. 그러나 여행자들의 한정된 시간과 더운 날씨, 여행지에서의 변수 등을 고려해 가장 '쉼표'에 가까운 일정을 만들었다. 유적지에 관심이 많은 독자를 위해서는 유적지를 중심으로 도는 알짜배기 일정도 따로 안내했다. 무엇보다 나만의 특별한 여행을 즐기고 싶은 이들을 위해 쉼표에 어울리는 선택지를 다양하게 제시했다.

한편으로는 지면이 제한된 까닭에 소개하고 싶었던 곳들에 대한 안내를 모두 싣지 못해 아쉽기도 하다. 그러나 그렇게 남겨둔 여백은 독자들의 감상으로 채워지길 기대한다.

부디 천천히, 느긋하게 여행하길 바란다.

그리하여 여러분만의 쉼표, 앙코르와트를 만날 수 있기를.

차례

작가의 말 · 4
차례 · 6
이 책의 활용법 · 12

캄보디아 위치 · 28

시엠립 지도 · 30

앙코르와트에서 꼭 가야 할 9곳 · 32

앙코르와트에서 꼭 해야 할 10가지 · 34

앙코르와트에서 꼭 먹어야 할 7가지 · 36

앙코르와트에서 꼭 맛볼 열대과일 13가지 · 38

앙코르와트 여행 베스트 코스 · 42

작가가 추천하는 쉬엄쉬엄 4박 5일 · 42
핵심 중 핵심만 바짝 돌아보는 1박 2일 · 45
안젤리나 졸리처럼 움직이는 2박 3일 · 46
시엠립의 매력을 실속 있게 누리는 3박 4일 · 47
스릴과 박진감 넘치는 모험 같은 3박 4일 · 49
연인과 함께하는 다정한 3박 4일 · 51
신비로운 유적에 흠뻑 빠져보는 5박 6일 · 53

준비부터 귀국까지 실속 가이드 · 56

준비 · 56
출국 · 59
입국 · 62
귀국 · 68

앙코르와트 여행 백서 · 70

　주변 국가에서 가는 법 · 70

　캄보디아 주요 도시에서 가는 법 · 72

　시엠립 시내에서 이동하는 법 · 73

　앙코르 유적 입장권 사는 법 · 76

　바우처와 투어 상품 신청하는 법 · 77

　유적지 가이드 구하는 법 · 79

　위급 상황 예방 및 대처법 · 80

　여행에 필요한 캄보디아어 · 82

　여행 재미를 두 배로 만드는 영화 · 83

캄보디아 국가 개요 · 84

　기본 정보 · 84

　생활 정보 · 84

　행사와 축제 · 87

　신화와 유적 · 88

　역사 · 90

01 앙코르와트
앙코르와트에 종일 머무는 여행

　앙코르와트 지도 · 94

　코스 소개 · 96

　본격적인 여행에 앞서 · 98

　이것만은 꼭 · 100

　육하원칙 앙코르와트 · 102

　앙코르와트를 읽는 키워드 · 104

앙코르와트 입구와 참배로 · 106

명예의 테라스와 1층 회랑 · 114

십자회랑부터 3층 중앙성소 · 124

나만의 앙코르와트 만들기 · 130
앙코르와트에서 쉴 만한 곳 · 131
앙코르와트에서 먹는 맛있는 점심 · 132

02 앙코르 유적군
꼭 봐야 할 유적만 알차게 둘러보는 여행

앙코르 유적군 지도 · 136
코스 소개 · 138
본격적인 여행에 앞서 · 140
이것만은 꼭 · 142

앙코르톰 남문 · 144

바욘 · 150

바푸온 · 158

피메아나까스와 왕궁 터 · 164

왕실 광장 · 168

따쁘롬 · 174

프놈바껭 · 180

반떼아이스레이 · 186

여기도 한번 · 192

  반떼아이삼레
  프놈복
  차우사이떼보다와 톰마논
  따께오
  따네이
  반떼아이끄데이와 스라스랑과 쁘라삿끄라반
  쁘레룹
  동 바라이와 동 메본

03 똔레삽과 외곽 명소

소풍 가듯 떠나는 여행

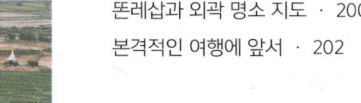

똔레삽과 외곽 명소 지도 · 200
본격적인 여행에 앞서 · 202

똔레삽 수상 마을 · 204

총크니아스
깜뽕플룩
깜뽕클레앙
메츠레이

북부 유적군 · 210

쁘레아칸
네악뻬안
따솜

롤루오스 유적군 · 214

롤레이
쁘레아꼬
바꽁

벵메알레아 · 218

프놈꿀렌 · 220

왓쁘레아앙톰
프놈꿀렌 폭포

끄발스뻬안 · 223

꼬께르 · 224

쁘라삿톰
쁘라삿트넹과 쁘라삿레웅
쁘라삿쁘람

똔레삽과 외곽 명소 완벽 요약 · 227

04 시엠립 시내
베이스캠프에서 알차게 즐기는 여행

시엠립 시내 지도 · 232
코스 소개 · 234
본격적인 여행에 앞서 · 236
이것만은 꼭 · 238

쌀르 · 240
왓트메이 · 244
앙코르국립박물관 · 250
로열가든스 · 254
펍스트리트 · 258

여기도 한번 · 264
캄보디아민속촌
아르티장 당코르와 앙코르 실크 팜
서 바라이

앙코르와트 베이스캠프
완전 정복

체험 · 272
압사라 춤 배우기 · 274
압사라 전통 복장 입고 사진 찍기 · 275
캄보디아 전통 음식 쿠킹 클래스 듣기 · 276
경비행기 타보기 · 278
헬리콥터 타고 유적 돌아보기 · 280
열기구 체험하기 · 281
집라인 타고 정글 즐기기 · 282

승마 체험하기 · 283

쿼드바이크 타고 시골길 달리기 · 284

버펄로 마차 타기 · 285

코끼리 타기 · 286

나만의 작품 만들기 · 287

영화 보기 · 289

캄보디아 전통춤 감상하기 · 290

공연 관람하기 · 292

마사지 받기 · 295

쇼핑 · 298

추천, 쇼핑 리스트 · 300

쇼핑, 어디에서 무엇을 살까 · 303

식사 · 320

1달러로 즐기는 길거리 음식 · 322

크메르식 · 325

다국적식 · 337

한식 · 344

카페 · 346

바와 클럽 · 354

숙소 · 362

특급 호텔과 리조트 · 364

부티크와 고급 호텔 · 368

중급 호텔과 게스트하우스 · 374

부록
즐거운 여행을 위한 빈칸

체크리스트 · 378

나만의 일정표 · 379

메모 · 381

이 책의 활용법

1. 일정 짜는 방법

이 책에서는 크게 두 가지 방법으로 일정을 선택할 수 있다.

첫번째는 "앙코르와트 여행 베스트 코스"를 참고하는 것이고, 두번째는 각 장 "코스 소개"에서 "베스트 일정"을 따르는 것이다.

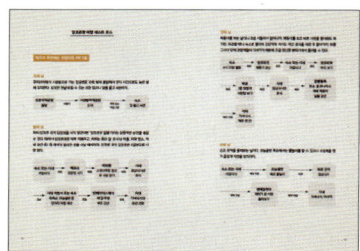

"앙코르와트 여행 베스트 코스"는 어디에서 무엇을 할지, 여행 기간과 여행자 취향에 따라 구분했다.

각 장의 "코스 소개"는 여행자의 동선을 고려하여 하루를 기준으로 구성했으므로, 1장과 2장을 합치면 이틀 일정을 만들 수 있다. 단, 3장은 예외로 한다.

2. 위치 찾는 방법

시엠립은 주소 체계가 명료하게 자리 잡지 않아 주소를 표기하는 대신 장소를 영문으로 병기해 지도 앱으로 검색할 때 참고할 수 있도록 했다. 또한 독자의 편의를 위해 대표적인 장소를 기준으로 위치를 설명하거나, 이 책의 지도에서 찾아볼 수 있게 했다.

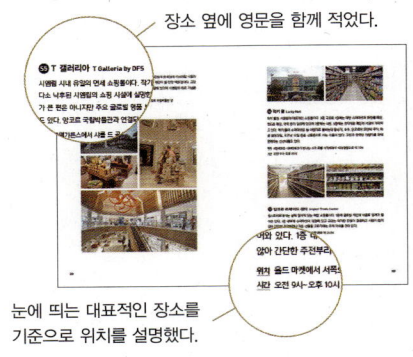

장소 옆에 영문을 함께 적었다.

눈에 띄는 대표적인 장소를
기준으로 위치를 설명했다.

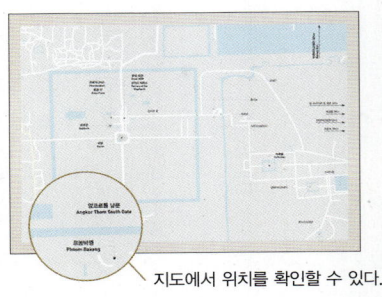

지도에서 위치를 확인할 수 있다.

3. 팁 활용 방법

이 책의 작가가 직접 발로 뛰며 취재한 것을 바탕으로 하므로 곳곳에 실용적인 팁이 가득하다. 책 속에 있는 다양한 정보를 꼼꼼하게 확인하자.

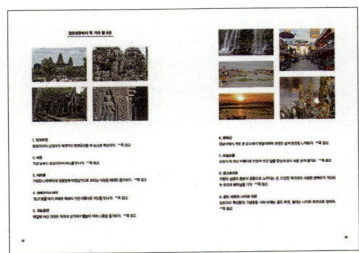

앙코르와트에서 꼭 가야 할 곳뿐만 아니라, 해야
할 일, 먹을 것 등을 요약했다.

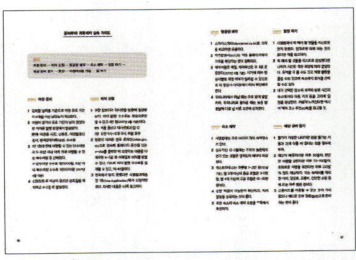

무엇을 준비하고 알아야 할지, 단계별로 따라갈 수
있다.

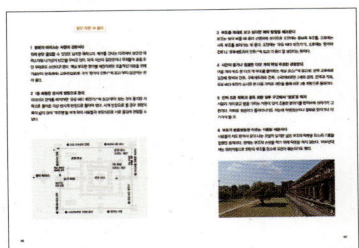

"본격적인 여행에 앞서" "이것만은 꼭" "알고 가면
더 좋다" 등으로 여행지를 꼼꼼하게 소개했다.

시엠립 외곽 풍경

프놈복

앙코르와트 근교

앙코르톰 남문과 해자

쁘레롭

바욘

앙코르와트 입구

앙코르와트

동 메본

미얀마

버마해

남중국해

라오스

태국

시엠립

캄보디아

베트남

● 프놈펜

타이만

시엠립 지도

왓쁘레아앙톰
Wat Preah Ang Thom

고발스쁘안
Kbal Spean

반떼아이스레이
Banteay Srei

북부 유적군
네악쁘안 Neak Pean,
쁘레아칸 Preah Khan,
따솜 Ta Som

프놈꿀렌 폭포
Phnom Kulen Waterfall

앙코르톰
Angkor Thom

양코르와트
Angkor Wat

롤루오스 유적군
롤레이 Lolei,
쁘레아꼬 Preah Ko,
바꽁 Bakong

왓트메이
Wat Thmei

로열가든스
Royal Gardens

펍스트리트
Pub Street

메츠레이
Mechrey

총크니아스
Chong Kneas

쌀르
Psar Leu

깜뽕플룩
Kampong Phluk

깜뽕클레앙
Kampong Khleang

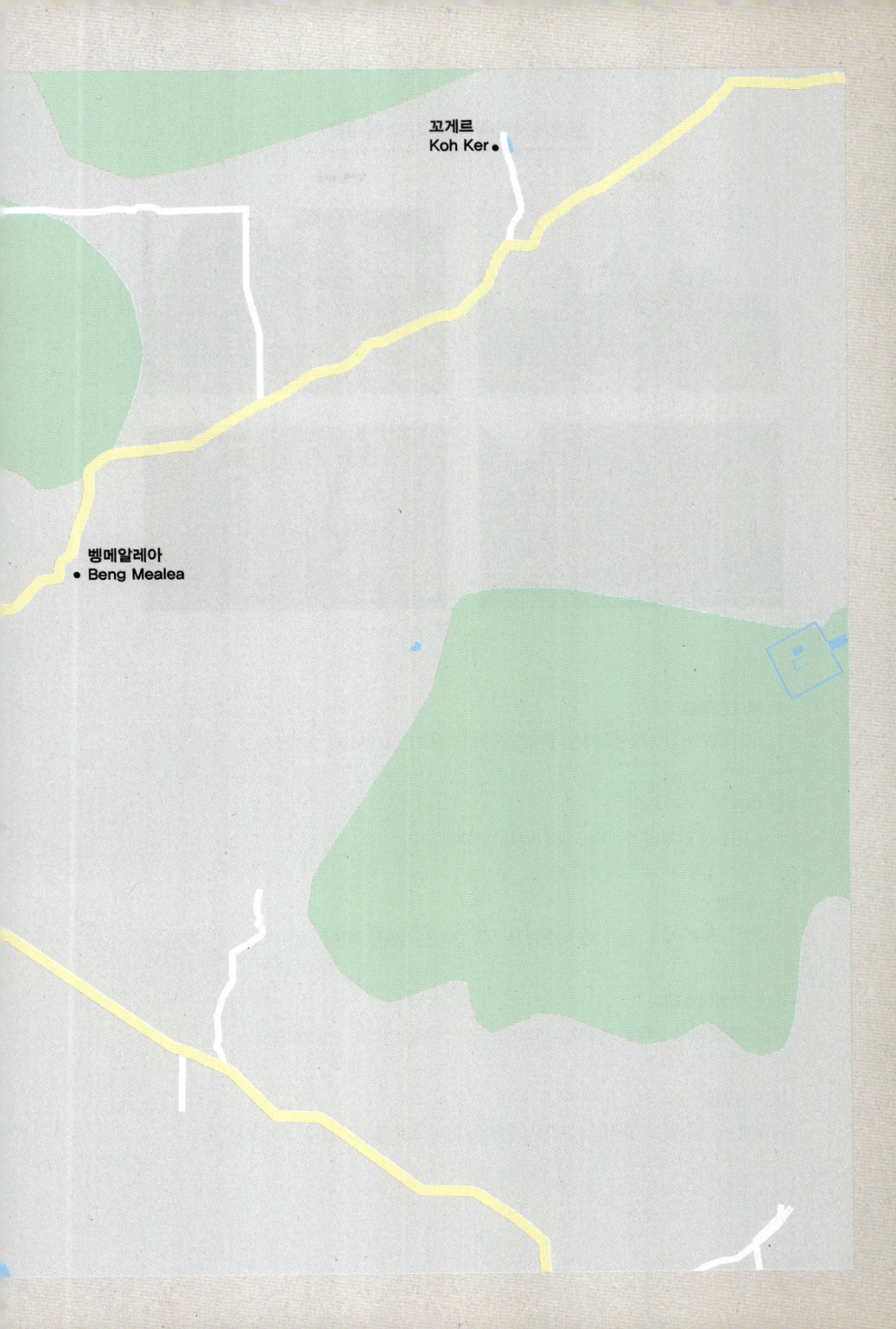

앙코르와트에서 꼭 가야 할 9곳

1 앙코르와트
캄보디아의 상징이자 세계적인 문화유산을 두 눈으로 확인하자. 92쪽 참고.

2 바욘
가장 눈부신 캄보디아의 미소를 만나자. 150쪽 참고.

3 따쁘롬
거대한 나무뿌리에 점령당해 비현실적으로 보이는 사원을 헤매듯 돌아보자. 174쪽 참고.

4 반떼아이스레이
'핑크 템플'에서 크메르 제국의 가장 아름다운 여인을 만나자. 187쪽 참고.

5 프놈꿀렌
베일에 싸인 크메르 제국의 성지에서 물놀이 하며 소풍을 즐겨보자. 220쪽 참고.

6 똔레삽
동남아에서 가장 큰 호수에서 뱃놀이하며 생생한 삶의 현장을 느껴보자. 204쪽 참고.

7 프놈끄롬
눈앞이 탁 트인 아름다운 전망과 멋진 일몰 풍경에 잠시 넋을 잃게 될지도. 206쪽 참고.

8 펍스트리트
여행의 설렘과 흥분이 온몸으로 느껴지는 곳, 다양한 먹거리와 시원한 생맥주가 기다리는 곳으로 밤마실을 가자. 258쪽 참고.

9 올드마켓과 나이트마켓
캄보디아 특산품과 기념품을 사러 낮에는 올드마켓, 밤에는 나이트마켓으로 향하자. 303쪽 참고.

앙코르와트에서 꼭 해야 할 10가지

경비행기에서 보이는 바퐁

1 앙코르와트에서 새벽 별과 해돋이 보기

새벽잠을 양보하고 조금만 일찍 서두르면 별로 가득한 하늘을 본 뒤 일생일대의 일출을 경험할 수 있다. 111쪽 참고.

2 일몰 기다리기

프놈끄롬 산비탈이나 오래된 사원에 앉아서 지는 해를 바라보는 것도 좋지만, 똔레삽에서 배 위에 앉아 지는 해를 바라보는 것도 감회가 남다르다. 205쪽 참고.

3 높은 곳에서 앙코르와트 내려다보기

앙코르와트를 앞에서만 감상하는 건 아쉽다. 멀찍이 높은 곳에서 바라보는 감동은 또 다르니 프놈바껭에 오르거나 경비행기 혹은 헬리콥터에 몸을 실어보자. 278쪽 참고.

4 시골길 달려보기

시내를 조금만 벗어나면 도랑을 지나는 물소와 논과 들판 위에 선 농부를 볼 수 있다. 자전거, 쿼드바이크, 뚝뚝 등 뭐든 좋다. 멀리 지평선을 향해 시골길을 따라가 보자. 좀더 캄보디아의 시골을 가까이 느끼고 싶다면 버펄로 마차를 타보는 것도 좋다. 285쪽 참고.

5 똔레삽에서 쪽배 타기

똔레삽 안쪽으로 들어왔다면 노를 젓는 쪽배를 타보자. 어떤 소음도 없이 있는 그대로의 똔레삽을 오감 가득 느낄 수 있다. 207쪽 참고.

6 폭포 옆에서 도시락 먹기

프놈꿀렌이나 끄발스삐안으로 먹을거리를 싸들고 장쾌하게 쏟아지는 폭포 아래에서 더위를 식혀보자. 220쪽 참고.

7 압사라 춤 감상하기

유적지 부조로만 보던 압사라의 춤을 매일 밤 시엠립 시내 곳곳에서 근사한 공연으로 감상할 수 있다. 290쪽 참고.

8 펍스트리트에서 시원한 맥주 마시기

세계 곳곳에서 모여든 여행자들로 흥성이는 펍스트리트는 단지 주변을 둘러보는 것만으로도 마음을 들뜨게 한다. 354쪽 참고.

9 크메르 전통 마사지 받기

뜨거운 햇볕 아래서 하루 종일 고생한 내 몸에게 쉼을 주자. 뭉친 근육을 풀어주고 자외선에 상한 피부를 진정시킬 수 있다. 294쪽 참고.

10 숙소 수영장에서 망고주스 마시기

시엠립을 유적만 보러가기 위한 여행지라고 생각하면 오산! 숙소에 달린 수영장에서 과일주스 한 잔 곁들이며 여유롭게 더위를 식히는 것도 즐겁다. 362쪽 참고.

앙코르와트에서 꼭 먹어야 할 7가지

1 아목 Amok

코코넛밀크로 만든 고소하고 부드러운 캄보디아 스타일의 카레. 똔레삽에서 잡아 올린 생선을 넣은 피시 아목을 맛보자.

2 꾸이띠유 Kuy Tear

베트남 쌀국수와 태국 쌀국수를 조금씩 닮은 캄보디아식 쌀국수. 아침식사로 좋다.

3 록락 Lok Lak

굴 소스와 후추로 양념한 소고기 볶음. 캄보디아식 찹스테이크 혹은 캄보디아식 불고기 라 할 수 있다.

4 바이 혹은 바이차 Bai, Bai Cha

바이는 살짝 양념해 구운 고기를 얹은 덮밥, 바이차는 볶음밥이다. 참고로 삿모앗은 닭고 기, 삿찌룩은 돼지고기다.

5 차뜨라꾸엔 Cha Tra Kuen

아삭아삭 씹는 맛이 그만인 공심채(모닝글로리)를 굴 소스에 볶은 요리. 식당에 따라 다진
돼지고기를 넣고 볶기도 한다.

6 캄보디아 바비큐 Cambodia BBQ

불판 중앙에 고기를 굽고 움푹 팬 가장자리에는 육수를 끓여 샤부샤부처럼 먹는다. 우리
나라에서는 쉽게 먹지 못하는 종류의 고기를 맛볼 수 있다.

7 앙코르비어와 캄보디아비어 Bia Ankor, Bia Cambodia

캄보디아에서 생산되는 맥주로 도수가 5%인 라거 맥주다. 펍에 가면 생맥주로 즐길 수
도 있다.

앙코르와트에서 꼭 맛볼 열대과일 13가지

1 스와이 망고

4~5월이 제철이다. 시장에서는 1kg(중간 크기의 망고 세 개 정도)당 1달러 선에서 살 수 있다. 유적지 주변에서 깎아 파는 것은 보통 한 개에 1달러다. 제철이 아닐 때는 수입산도 많다. 현지인들은 덜 익은 그린망고를 소금과 조미료에 찍어 먹는 걸 즐긴다.

2 마노아 파인애플

1년 내내 난다. 따로 제철이 없어 늘 쉽게 시장과 마트에서 만날 수 있다. 1kg(두 개 정도)당 1달러 선으로 마트에서는 조금 더 비싸다. 유적지 주변에서 막대에 꽂아 파는 것은 한 개에 1달러다.

3 멍쿳 망고스틴

6~9월이 제철이다. 겉껍질을 손으로 꾸욱 눌러 까면 육쪽마늘처럼 새하얀 속이 나온다. 매우 부드럽고 새콤달콤하다. 제철이 아닐 땐 대부분이 태국 수입산이다. 1kg에 3달러 선이다.

4 도엉 코코넛

1년 내내 맛볼 수 있다. 주로 커다란 열매에 빨대를 꽂아 과즙을 마신다. 조금 심심한 단맛으로 한 통에 1달러다. 과즙을 다 마시면 잘라서 흰 과육을 긁어서 먹을 수 있다.

5 스라까르네악 드래곤프루트

1년 내내 난다. 우리나라에서는 용과라고도 불리는데 용이 뿜은 불처럼 삐죽삐죽 솟은 자주색 껍질을 가졌다. 껍질을 까면 검은깨 같은 까만 씨가 송송 박혀 있는 하얗고 부드러운 속살이 나온다. 속살과 껍질이 쉽게 분리되며 수분이 많고 새콤달콤하다.

6 뚜라인 두리안

5~9월에 많이 난다. '열대과일의 왕'이라는 수식을 자랑하지만 사실 냄새 때문에 쉽게 입에 대지 못하는 이들이 많다. 매우 단단한 겉껍질을 가르면 버터 같은 질감의 옅은 노란색 속살이 나온다. 캄보디아에서는 깜뽓(Kampot) 지방에서 나는 두리안이 유명하다. 제철에는 보통 1kg에 3달러가량 한다.

7 츠엑 바나나

1년 내내 난다. 소위 '몽키 바나나'로 불리는 작은 바나나다. 떫은 맛 없이 달고 부드럽다. 한 송이에 1달러 정도지만 시장에서는 두 송이를 1달러에 살 수 있다. 프놈꿀렌에서 나는 빨간 바나나는 시엠립 지역의 명물인데 시장에서 만나긴 어렵고 프놈꿀렌 가는 길에 살 수 있다.

8 끄로잇츠마 라임

1년 내내 난다. 캄보디아 요리에 향과 맛을 내기 위해 많이 쓰이는 과일이라서 음료를 시켜도 얼음 잔에 같이 담아주고 쌀국수를 시켜도 반드시 함께 나온다. 오렌지는 '끄로잇'이라고 부른다.

9 미엔 용안

4~7월에 많이 난다. 우리말로 용안이라고도 부르며 얇은 껍질을 까면 하얗고 탱탱한 속살이 나온다. 맛과 모양이 리치와 비슷한데 크기는 조금 작은 편이다. 제법 커다란 씨앗이 과육에 박혀 있지만 쉽게 분리된다. 리치는 '꿀렌'이라 불리며 용안과 비슷한 시기에 수확한다.

10 라홍 파파야

1년 내내 난다. 주황색으로 잘 익은 파파야는 그 자체로도 맛있다. 덜 익은 파파야는 맛이 무와 비슷해 무채처럼 썰어 샐러드로 만들어 먹는다.

11 싸우마우 람부탄

6~8월이 제철이다. 성게처럼 생긴 껍데기를 벗기면 하얀 과육이 나온다. 새콤달콤하고 과즙이 많으며 쫄깃쫄깃한 식감을 가졌다. 리치와 비슷하지만 크기는 조금 더 큰 편. 1kg당 2~3달러다.

12 크나오 잭프루트

1년 내내 난다. 얼핏 보면 두리안처럼 생겼다. 수박 두 덩이를 합친 듯 커다란 타원형의 껍질이 딱딱하지만 속에는 노랗고 부드러운 알맹이로 채워져 있다. 쫄깃쫄깃하고 달콤하다. 껍질이 단단하므로 과일을 파는 상인이 알아서 잘라준다. 2kg에 1달러 정도다.

13 아울로엑 수박

4~8월이 제철이다. 우리나라 수박과 거의 같은 맛이다. 다만 크기는 우리나라 것보다 훨씬 작은 편. 한 덩이에 1달러 선이다.

앙코르와트 여행 베스트 코스

작가가 추천하는 쉬엄쉬엄 4박 5일

유적도 휴식도 놓치고 싶지 않은 여행자에게 가장 이상적인 일정이다.

첫째 날
우리나라에서 시엠립으로 가는 항공편은 주로 저녁에 출발해서 현지 시간으로 늦은 밤에 도착한다. 도착한 날에 할 수 있는 것은 없으니 짐을 풀고 숙면하자.

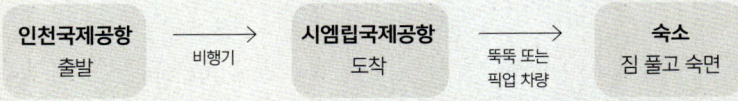

인천국제공항
출발
→ 비행기

시엠립국제공항
도착
→ 뚝뚝 또는
픽업 차량

숙소
짐 풀고 숙면

둘째 날
성수기에는 앙코르 유적 입장권을 사는 줄이 길어 감동적인 앙코르와트 일출을 놓칠 수 있다. 따라서 앙코르와트는 하루 미루고, 수상 마을, 외곽 명소, 저녁 공연 등 예약이 필요한 곳을 예약하자. 앙코르 유적 입장권은 3일권으로 사면 된다.

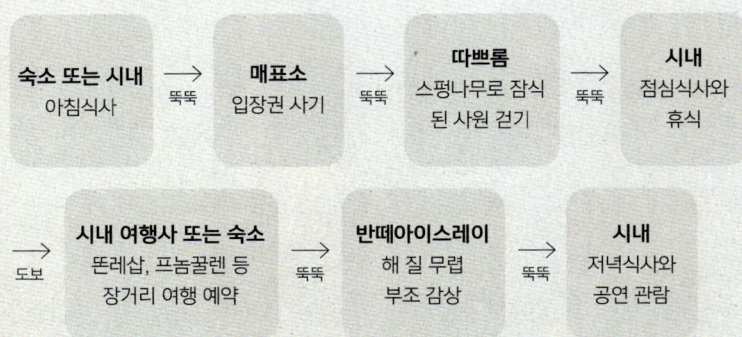

숙소 또는 시내
아침식사
→ 뚝뚝

매표소
입장권 사기
→ 뚝뚝

따쁘롬
스펑나무로 잠식
된 사원 걷기
→ 뚝뚝

시내
점심식사와
휴식

→ 도보

시내 여행사 또는 숙소
똔레삽, 프놈꿀렌 등
장거리 여행 예약
→ 뚝뚝

반떼아이스레이
해 질 무렵
부조 감상
→ 뚝뚝

시내
저녁식사와
공연 관람

셋째 날

해돋이를 보는 날이니 조금 서둘러서 일어나자. 해돋이를 보고 바로 둘러봐도 되지만, 피곤할 테니 숙소로 돌아와 간단하게 식사도 하고 휴식을 취한 후 돌아가자. 보통 그사이 단체 관광객들이 다녀가기 때문에 조금 한산한 분위기에서 볼 수 있다.

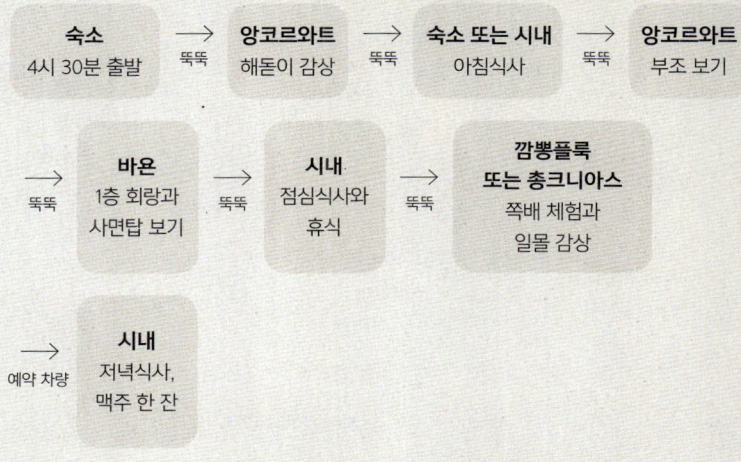

넷째 날

근교 유적을 둘러보는 날이다. 프놈꿀렌 폭포에서는 물놀이를 할 수 있으니 수영복을 챙겨 즐겁게 자연을 만끽하자.

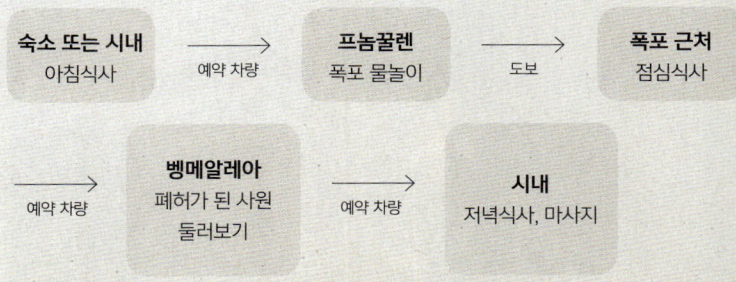

다섯째 날

시엠립에서 우리나라로 돌아가는 항공편은 주로 심야에 출발하기 때문에 마지막까지 시간을 넉넉하게 쓸 수 있다. 이날은 집라인, 쿼드바이크, 경비행기 등을 타거나 압사라 춤이나 그림 그리기를 배우며 특별한 추억을 남겨보자. 여행을 마무리하는 일몰 감상은 프놈끄롬 외에 서 바라이나 바꽁도 좋다.

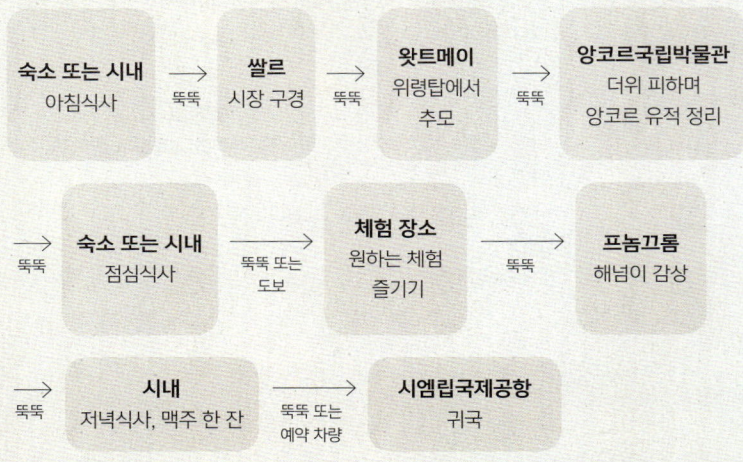

| 숙소 또는 시내
아침식사 | →
뚝뚝 | 쌀르
시장 구경 | →
뚝뚝 | 왓트메이
위령탑에서
추모 | →
뚝뚝 | 앙코르국립박물관
더위 피하며
앙코르 유적 정리 |

| →
뚝뚝 | 숙소 또는 시내
점심식사 | →
뚝뚝 또는
도보 | 체험 장소
원하는 체험
즐기기 | →
뚝뚝 | 프놈끄롬
해넘이 감상 |

| →
뚝뚝 | 시내
저녁식사, 맥주 한 잔 | →
뚝뚝 또는
예약 차량 | 시엠립국제공항
귀국 |

스펑나무에 잠식된 따쁘롬

핵심 중 핵심만 바짝 돌아보는 1박 2일

경유지로 들르거나 부득이 시간이 정말 없다면 다음과 같은 코스로 돌아보자. 앙코르 유적 입장권은 1일권으로 사면 된다.

첫째 날

우리나라에서 시엠립으로 가는 항공편은 주로 밤에 출발해서 현지 시간으로도 늦은 밤에 도착한다.

둘째 날

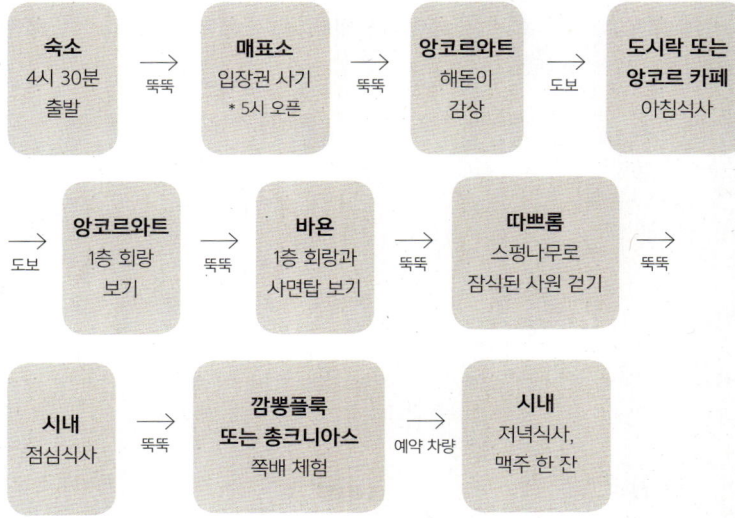

안젤리나 졸리처럼 움직이는 2박 3일

안젤리나 졸리가 출연했던 영화 〈툼 레이더〉의 촬영지였던 장소들을 중심으로 한 동선이다. 대부분이 시엠립 여행에서 꼭 둘러봐야 할 곳이라 팬이 아니더라도 추천할 만한 일정이다. 안젤리나 졸리가 가족과 방문할 때마다 묵는 품 바이탕 리조트를 숙소로 하면 더욱 완벽한 코스가 된다. 다음 일정대로 한다면 앙코르 유적 입장권은 앙코르와트에 해돋이를 보러가기 전 당일권으로 사야 한다.

첫째 날

인천국제공항 출발 → (비행기) → **시엠립국제공항** 도착 → (뚝뚝 또는 픽업 차량) → **숙소** 짐 풀고 숙면

둘째날

숙소 4시 30분 출발 → (뚝뚝) → **앙코르와트** 해돋이 감상 → (뚝뚝) → **숙소 또는 시내** 아침식사 → (뚝뚝) → **앙코르와트** 부조 보기 → (뚝뚝) → **바욘** 1층 회랑과 사면탑 보기

→ (뚝뚝) → **앙코르톰 동문** 정글 속 동문 둘러보기 → (뚝뚝) → **시내** 점심 식사 → (뚝뚝) → **따쁘롬** 스펑나무로 잠식된 사원 걷기 → (뚝뚝) → **프놈바껭** 해넘이 감상 → (뚝뚝) → **시내** 저녁식사, 맥주 한 잔

셋째 날

숙소 또는 시내 아침식사 → (예약 차량) → **프놈꿀렌** 폭포 물놀이 → (도보) → **폭포 근처** 점심식사 → (예약 차량) →

벵메알레아 폐허가 된 사원 둘러보기 → (예약 차량) → **펍스트리트** 레드 피아노에서 저녁식사 → (뚝뚝 또는 예약 차량) → **시엠립국제공항** 귀국

시엠립의 매력을 실속 있게 누리는 3박 4일

앙코르와트와 핵심 유적지, 똔레삽을 둘러보고 시내에서도 여유로운 시간을 보낼 수 있다.

첫째 날

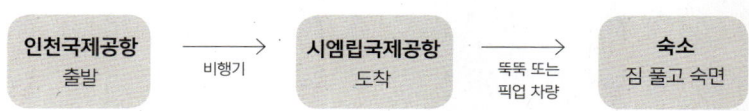

인천국제공항 출발	→(비행기)	시엠립국제공항 도착	→(뚝뚝 또는 픽업 차량)	숙소 짐 풀고 숙면

둘째 날

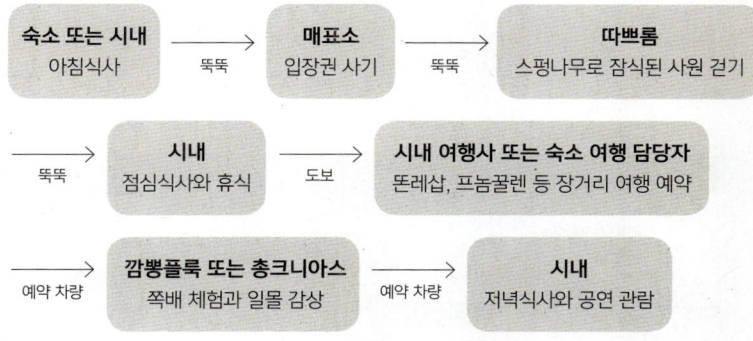

숙소 또는 시내 아침식사 →(뚝뚝) **매표소** 입장권 사기 →(뚝뚝) **따쁘롬** 스펑나무로 잠식된 사원 걷기

→(뚝뚝) **시내** 점심식사와 휴식 →(도보) **시내 여행사 또는 숙소 여행 담당자** 똔레삽, 프놈꿀렌 등 장거리 여행 예약

→(예약 차량) **깜뽕플룩 또는 총크니아스** 쪽배 체험과 일몰 감상 →(예약 차량) **시내** 저녁식사와 공연 관람

셋째 날

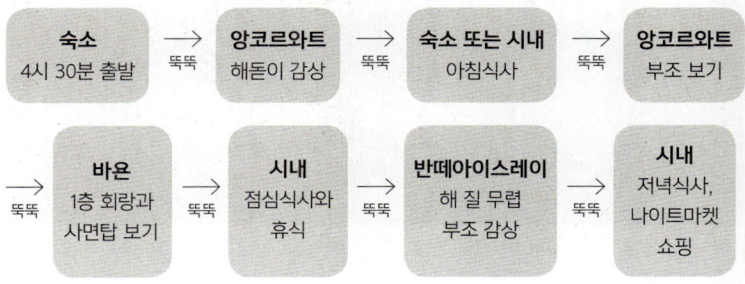

숙소 4시 30분 출발 →(뚝뚝) **앙코르와트** 해돋이 감상 →(뚝뚝) **숙소 또는 시내** 아침식사 →(뚝뚝) **앙코르와트** 부조 보기

→(뚝뚝) **바욘** 1층 회랑과 사면탑 보기 →(뚝뚝) **시내** 점심식사와 휴식 →(뚝뚝) **반떼아이스레이** 해 질 무렵 부조 감상 →(뚝뚝) **시내** 저녁식사, 나이트마켓 쇼핑

넷째 날

마지막 날이다. 시엠립에서 우리나라로 돌아가는 항공편이 주로 심야에 있지만, 오후에 시내를 멀리 벗어나기는 어쩐지 마음이 놓이지 않는다면 다음처럼 다녀보자. 점심식사 후 쌀르, 왓트메이, 앙코르국립박물관을 과감히 포기하고, 집라인, 쿼드바이크, 경비행기를 타보는 것도 특별한 경험이 될 것이다.

숙소 또는 시내
아침식사

→ 뚝뚝

반떼아이삼레 또는 바꽁
고즈넉한 사원 만끽하기

→ 뚝뚝

시내
점심식사

→ 뚝뚝

쌀르
시장 구경 및 기념품 사기

→ 뚝뚝

왓트메이
위령탑에서 추모

→ 뚝뚝

앙코르국립박물관
더위 피하며 앙코르 유적 정리

→ 뚝뚝

프놈끄롬
해넘이 감상

→ 뚝뚝

시내
저녁식사, 마사지

→ 뚝뚝 또는 예약 차량

시엠립국제공항
귀국

해 지는 프놈끄롬

스릴과 박진감 넘치는 모험 같은 3박 4일

짜릿한 액티비티를 원하는 모험가에게 추천한다. 마치 거대한 테마파크에 온 듯 앙코르 와트 일대를 즐길 수 있다.

첫째 날

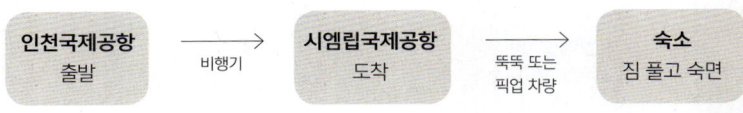

인천국제공항 출발 → (비행기) → 시엠립국제공항 도착 → (뚝뚝 또는 픽업 차량) → 숙소 짐 풀고 숙면

둘째 날

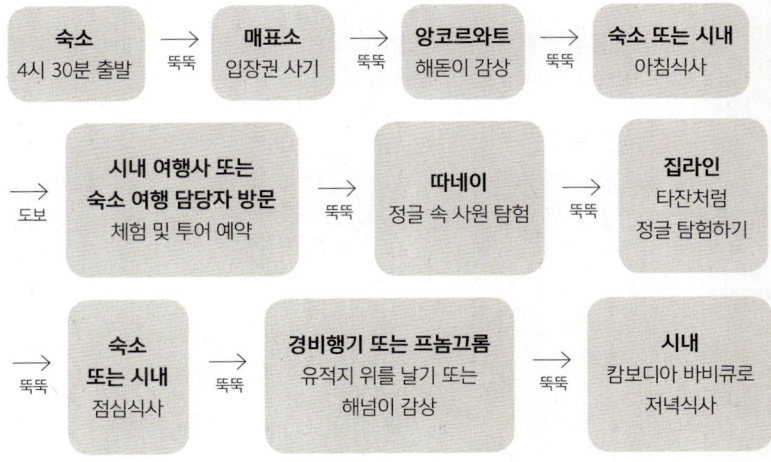

숙소 4시 30분 출발 → (뚝뚝) → 매표소 입장권 사기 → (뚝뚝) → 앙코르와트 해돋이 감상 → (뚝뚝) → 숙소 또는 시내 아침식사

→ (도보) → 시내 여행사 또는 숙소 여행 담당자 방문 체험 및 투어 예약 → (뚝뚝) → 따네이 정글 속 사원 탐험 → (뚝뚝) → 집라인 타잔처럼 정글 탐험하기

→ (뚝뚝) → 숙소 또는 시내 점심식사 → (뚝뚝) → 경비행기 또는 프놈끄롬 유적지 위를 날기 또는 해넘이 감상 → (뚝뚝) → 시내 캄보디아 바비큐로 저녁식사

셋째 날

프놈꿀렌에는 폭포가 있어 물놀이를 할 수 있으니 수영복을 챙기고, 모또를 타고 스라담레이를 갈 경우 왕복 한 시간 반이 걸리니 시간을 잘 생각해서 일정에 반영하자.

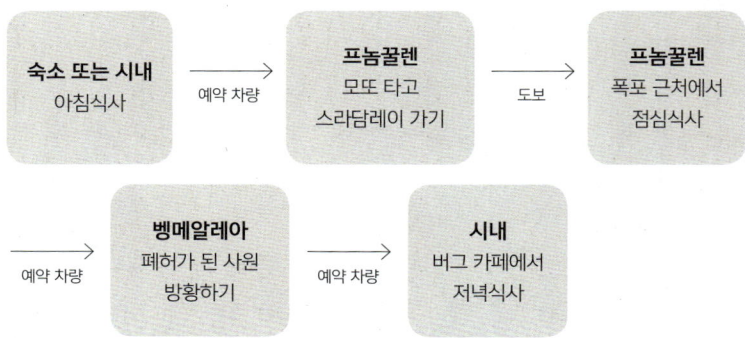

넷째 날

끄발스삐안과 프놈복 모두 산을 오르는 일정이다. 많이 높지는 않지만 체력이 좋아야 하므로, 몸이 피곤하다면 프놈복을 일정에서 빼자.

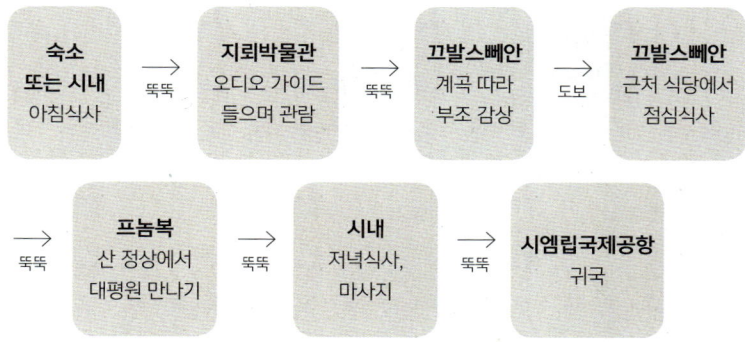

연인과 함께하는 다정한 3박 4일

사람이 붐비는 시간을 피해 조용하고 분위기 있는 명소에서 둘만의 오붓한 시간을 보낼 수 있다. 차분한 시간을 보내고픈 여행자에게도 추천한다.

첫째 날

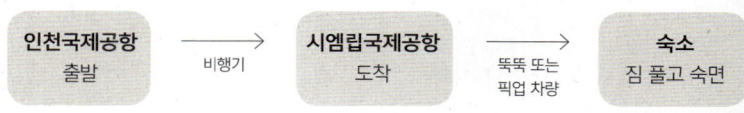

둘째 날
잠자는 시간이 부족해 피곤하다면 앙코르와트는 하루 미뤄도 괜찮다.

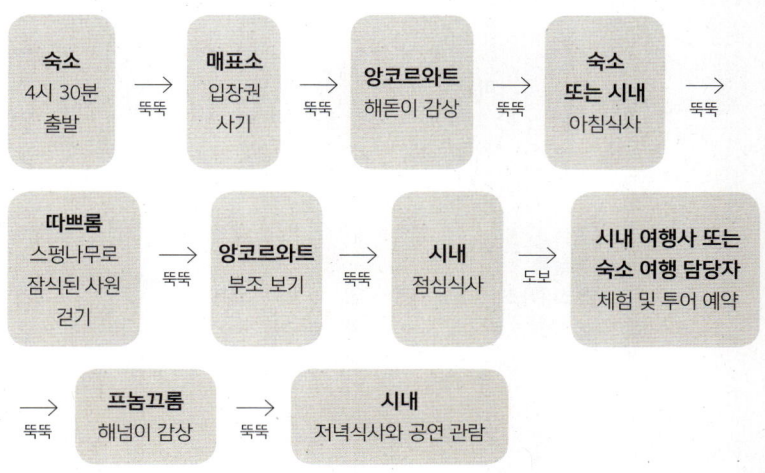

셋째 날

메츠레이에서 좀더 여유롭게 보내고 싶다면 앙코르 실크 팜은 일정에서 빼도 된다.

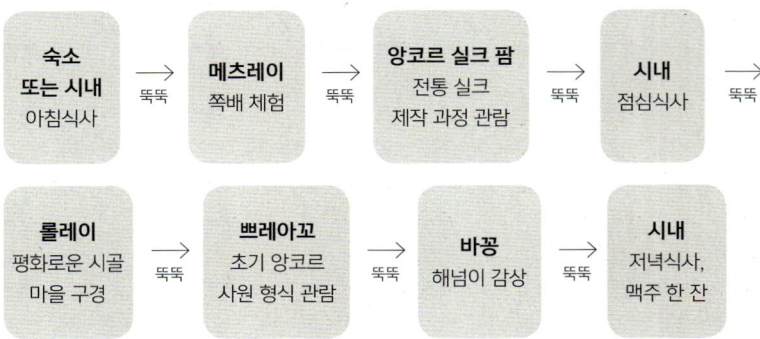

숙소 또는 시내
아침식사
→ 뚝뚝 →
메츠레이
쪽배 체험
→ 뚝뚝 →
앙코르 실크 팜
전통 실크
제작 과정 관람
→ 뚝뚝 →
시내
점심식사
→ 뚝뚝 →

롤레이
평화로운 시골
마을 구경
→ 뚝뚝 →
쁘레아꼬
초기 앙코르
사원 형식 관람
→ 뚝뚝 →
바꽁
해넘이 감상
→ 뚝뚝 →
시내
저녁식사,
맥주 한 잔

넷째 날

연인뿐만 아니라 사람이 붐비는 곳을 최대한 피하고 싶다면 추천한다.

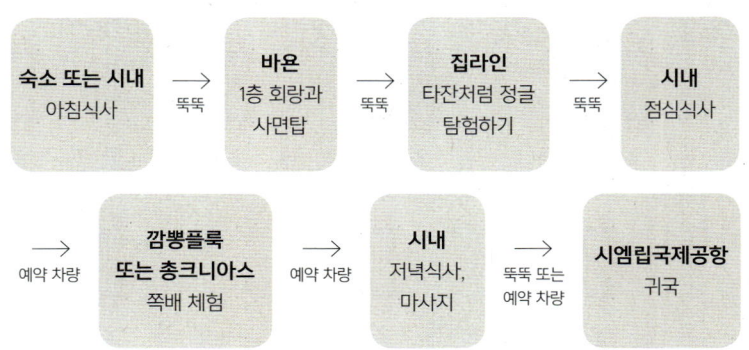

숙소 또는 시내
아침식사
→ 뚝뚝 →
바욘
1층 회랑과
사면탑
→ 뚝뚝 →
집라인
타잔처럼 정글
탐험하기
→ 뚝뚝 →
시내
점심식사

→ 예약 차량 →
**깜뽕플룩
또는 총크니아스**
쪽배 체험
→ 예약 차량 →
시내
저녁식사,
마사지
→ 뚝뚝 또는
예약 차량 →
시엠립국제공항
귀국

신비로운 유적에 흠뻑 빠져보는 5박 6일

일반적인 일정과 달리 워밍업을 하듯 시내를 먼저 탐색하고, 이후 시간은 유적에 집중할 수 있다.

첫째 날

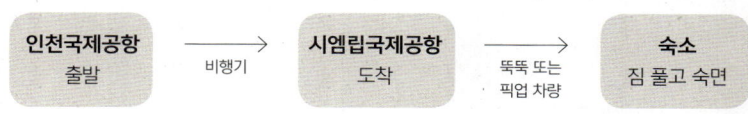

둘째 날

대망의 앙코르와트를 만나기 전 새로운 도시를 익히는 시간이다. 점심을 먹고 주변 여행사에 가서 유적 투어 상품을 예약하자.

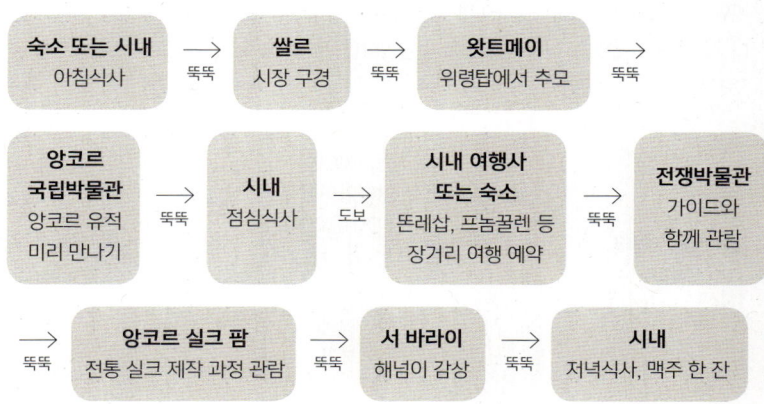

셋째 날

핵심 유적을 두루 둘러보는 날이다. 대부분 유적이 가깝게 붙어 있지만, 많은 곳을 돌아다니는 만큼 적절하게 휴식을 취하며 움직이자.

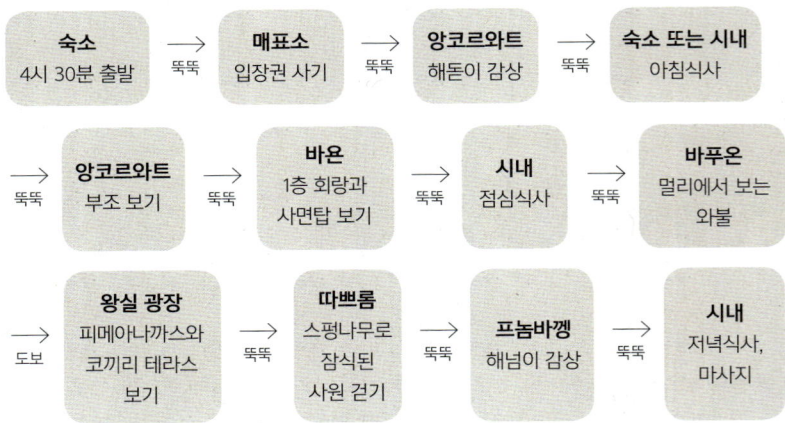

넷째 날

시엠립 외곽을 두루 도는 일정이다. 배가 고플 수 있으니 배낭에 간식과 물을 챙겨야 한다. 두 곳 모두 일몰이 아름다운 곳이니 원한다면 반떼아이스레이를 오후로, 수상 마을을 오전으로 바꿀 수 있다.

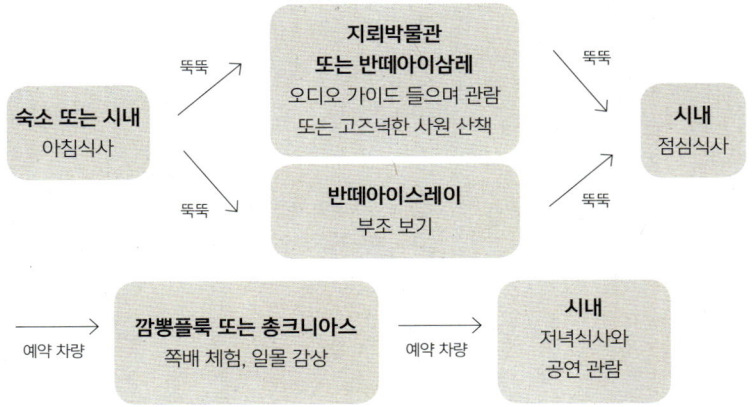

다섯째 날

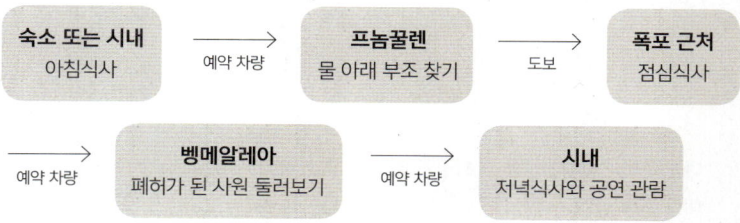

숙소 또는 시내
아침식사 → *예약 차량* → **프놈꿀렌**
물 아래 부조 찾기 → *도보* → **폭포 근처**
점심식사

→ *예약 차량* → **벵메알레아**
폐허가 된 사원 둘러보기 → *예약 차량* → **시내**
저녁식사와 공연 관람

여섯째 날

좀더 여유롭게 보내고 싶다면, 오전에 북부 유적군을 찾는 대신, 프놈복이나 메츠레이 등 여행자들이 많이 찾지 않는 숨은 명소를 찾는 것도 좋다.

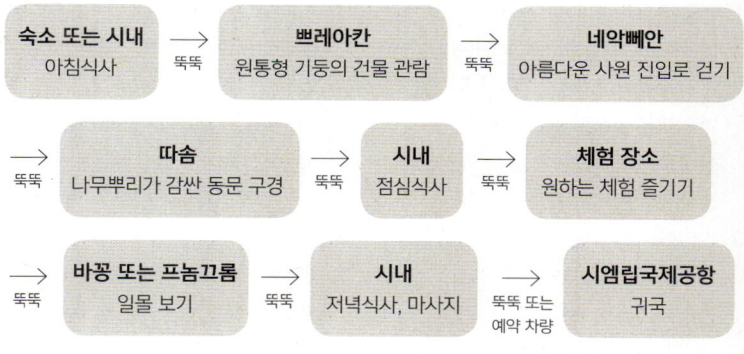

숙소 또는 시내
아침식사 → *뚝뚝* → **쁘레아칸**
원통형 기둥의 건물 관람 → *뚝뚝* → **네악뻬안**
아름다운 사원 진입로 걷기

→ *뚝뚝* → **따솜**
나무뿌리가 감싼 동문 구경 → *뚝뚝* → **시내**
점심식사 → *뚝뚝* → **체험 장소**
원하는 체험 즐기기

→ *뚝뚝* → **바꽁 또는 프놈끄롬**
일몰 보기 → *뚝뚝* → **시내**
저녁식사, 마사지 → *뚝뚝 또는 예약 차량* → **시엠립국제공항**
귀국

쁘레아칸으로 향하는 다리

준비부터 귀국까지 실속 가이드

준비

여권 준비 → 비자 신청 → 항공권 예약 → 숙소 예약 → 일정 짜기 →
예상 경비 잡기 → 환전 → 여행자보험 가입 → 짐 싸기

STEP1 여권 준비

1 입국할 날짜를 기준으로 여권유효기간
  이 6개월 이상 남았는지 확인한다.
2 여권이 없거나 유효기간이 남지 않았다
  면 가까운 발행관청에서 발급받자.
  준비물 여권용 사진, 신분증, 여권발급신
  청서, 병역관계서류(남성), 수수료
3 1년 1회에 한해 여행할 수 있는 단수여권
  과 5~10년 이내 여러 차례 여행할 수 있
  는 복수여권 중 선택한다.
  ※ 단수여권 수수료 2만 원, 10년 이내
  복수여권 수수료 5만3000원 (국제교류
  기여금 포함, 2019년 1월 기준)
4 신원조회 후 이상이 없으면 공휴일을 제
  외하고 4~5일 후 발급된다.

STEP2 비자 신청

1 주한 캄보디아대사관에서 발급받는다.
  수수료는 현금으로만 낼 수 있고 4만 원
  (2019년 1월 기준)이다.
  위치 서울 용산구 대사관로20길 12
  신청 오전 10시~오후 12시
  발급 오후 3시~4시 30분
2 방문이 어려운 경우 홈페이지(mfaic.gov.
  kh) 중간쯤 있는 e-visa를 클릭한 뒤 내
  용을 다 채우면 4~5일 후 이메일로 비
  자를 받을 수 있다. 카드로 수수료를 결
  제할 수 있고, 36달러다.
3 한국에서 받지 못했다면 시엠립국제공
  항 1층(Visa Application)에서 신청하면
  된다. 자세한 내용은 63쪽을 참고하자.

STEP3 항공권 예약

1 스카이스캐너(skyscanner.co.kr)로 가격을 비교하면 유용하다.
2 저가항공사(LCC)는 직접 홈페이지에서 가격을 확인하는 편이 정확하다.
3 에어서울과 에어부산은 주 4회 운항한다(2019년 1월 기준). 시기에 따라 항공사별로 취항 여부가 달라질 수 있으므로 각 항공사 사이트에서 미리 확인해야 한다.
4 우리나라에서 떠날 때는 주로 밤에 출발하며, 우리나라로 돌아올 때는 늦은 밤 출발해 다음 날 이른 오전에 도착한다.

STEP4 숙소 예약

1 시엠립에는 무려 1400여 개의 숙박업소가 있다.
2 성수기인 12~2월에는 가격이 높은데도 인기 있는 호텔은 일찌감치 예약이 마감된다.
3 게스트하우스는 하룻밤 1~2만 원(1인실 기준), 별 3개 이상의 중급 호텔은 3~5만 원, 별 4개 이상의 고급 호텔은 10~30만 원이다.
4 공항 픽업이 가능한지 확인하고, 미리 일정을 공유하는 것이 좋다.
5 추천 숙소와 숙소 예약 요령을 364쪽에서 확인하자.

STEP5 일정 짜기

1 시엠립에서 꼭 해야 할 것들을 리스트로 먼저 만든다. 앙코르와트 외에 아는 것이 없다면 책을 참고하자.
2 꼭 해야 할 것들을 리스트로 완성했다면 나머지 시간은 개인 취향에 따라 결정한다. 유적을 더 볼 수도 있고 체험 활동을 즐길 수도 있으며 숙소에서 휴식을 선택할 수도 있다.
3 내가 선택한 장소의 최적의 방문 시간과 숙소에서의 이동 거리 등을 고려해 일정을 완성한다. 어렵게 느껴진다면 역시 이 책의 코스 추천(42쪽)을 참고할 것.

STEP6 예상 경비 잡기

1 물가가 저렴한 나라지만 관광 물가는 서울과 크게 다를 바 없다는 점을 염두에 두자.
2 예산이 빠듯하다면 하루 30달러, 편안한 여행을 원한다면 하루 70~100달러, 호화로운 여행을 원한다면 하루 200달러 정도 예상하자. 이는 숙박비를 제외한 식비, 입장료, 교통비, 간단한 쇼핑 등에 드는 하루 평균 경비다.
3 신용카드를 이용할 수 있는 곳이 거의 없으니 예산은 전부 현금(달러)으로 준비하는 편이 좋다.

STEP7 환전

1 현지에서는 미국 달러와 캄보디아 화폐인 리엘이 함께 쓰인다.
2 우리나라에서 미리 미국 달러로 환전하자. 도착비자를 받을 때부터 달러를 써야 한다. 현지에서는 (1달러 이하의) 거스름돈을 리엘로 준다. 1달러가 대략 4000리엘이다. 2달러, 찢어진 돈, 낡은 돈, 구권은 받지 않는다.
3 주거래은행을 통하면 환전수수료율을 우대 받을 수 있다. 일부 은행은 은행 앱으로 환전할 때 90%까지 우대한다.

STEP8 여행자보험 가입

1 여행 중 발생할 수 있는 항공기 사고, 납치, 천재지변 등 큰 사건부터 질환, 도난, 교통사고 등 개인적인 일까지, 여행 중 일어날 수 있는 갖가지 사건 사고에 대한 손해를 보상한다.
2 여행 기간과 보상 범위에 따라 가격이 달라지며 보험사마다 차이가 있으나 보통 일주일에 1~3만 원이면 된다.
3 보험사 영업점과 대리점, 각 보험 회사의 온라인 사이트에서 가입할 수 있으며 공항 내 보험 서비스 창구에서도 가입할 수 있지만 조금 더 비싸다.
4 보상받기 위해서는 영문진단서, 영수증, 도난증명서 등 사건 사고의 증명서를 반드시 발급받아야 한다.

STEP9 짐 싸기

1 항공사마다 짐의 크기, 무게, 개수가 다르니 미리 확인하자. 규정을 초과하면 적지 않은 비용을 내야 한다.
2 여행지에서 산 물건들로 자연스럽게 짐이 늘어나므로 출국할 때는 가벼울수록 좋다.
3 다음은 필수로 가져갈 것이다.
   · 가벼운 반팔 티셔츠와 얇은 긴 바지
   · 얇은 외투 한 벌
   · 선크림
   · 챙이 있는 모자
   · 선글라스
   · 잘 미끄러지지 않는 편한 운동화
   · 비상약(소화제, 지사제, 진통제, 밴드)
   · 보조 가방(작은 배낭이나 크로스백)
4 다음은 있으면 굉장히 유용하다.
   · 훈증기나 모기향
   · 접이식 우산이나 우비
   · 스포츠 타월
   · 일회용 진정 마스크팩
   · 휴대용 등산 방석
   · 물티슈
   · 마스크
   · 샤워 타월
   · 멀티탭
   · 수영복
   · 비닐팩
   · 손전등

STEP1 교통편 탑승

1 비행기 출발 시간으로부터 최소 두 시
  간 전에 도착해야 한다. 출국수속 이외
  에 환전이나 로밍, 여행자보험 가입 등
  을 계획하고 있다면 더 서둘러 가는 것
  이 좋다.

2 공항으로 가는 가장 대표적인 교통수단
  은 리무진 버스다. 서울과 수도권, 전국
  의 시·군에서 인천국제공항행 리무진
  버스가 운행 중이다. 군소 지역은 주변
  대도시의 리무진 버스를 미리 알아보도
  록 하자. 요금과 자세한 정보는 인천국
  제공항 홈페이지(www.airport.kr)나 공항
  리무진 홈페이지(www.airportlimousine.
  co.kr)를 참고하자.

3 김해국제공항에서도 시엠립으로 가는
  항공편이 자주 운항한다. 부산, 대구, 울
  산 등 경상권에서는 시내 외 버스 및 리
  무진 버스를 이용해 공항에 갈 수 있다.
  리무진 버스는 부산역, 서면, 해운대에
  서만 운행한다. 요금 및 기타 지역에서
  가는 방법은 김해국제공항(www.airport.
  co.kr/gimhae)를 참고하자.

4 공항철도는 서울역에서 인천국제공항
  을 연결하며, 직통열차와 일반열차로 나
  뉜다. 직통열차는 30분 간격으로 운행
  하며, 중간 정차 없이 인천국제공항까지
  43분 만에 도착한다. 일반열차는 10분
  정도의 배차 간격으로 운행되며, 공덕,
  홍대입구, 디지털미디어시티, 김포공항
  등에 정차해 서울지하철과의 환승이 가
  능하다. 요금과 자세한 정보는 홈페이지
  (www.arex.or.kr)에서 확인하면 된다.

5 콜밴(대형택시)은 운전사를 제외하고 대
  여섯 명이 정원이며 가격은 서울 도심
  기준, 톨게이트 이용료 포함 7~10만 원
  이다. 정원을 채워 일행으로 갈 경우 리
  무진 버스와 요금이 비슷하다. 일반 택시
  는 서울 도심 기준 톨게이트 이용료 포
  함 5만 원 정도다. 일행이 네 명 이상이
  거나 시간이 다급할 경우 추천한다.

STEP2 탑승수속 하기

1 인천국제공항 3층이 출국장이다. 출국
  장에는 여러 항공사 카운터가 있으며,

공항 곳곳에 있는 전광판에서 내가 탈 항공편의 카운터를 확인할 수 있다.

2 해당 카운터에서 줄을 서서 기다리며 여권과 출력해온 전자 티켓을 준비한다.

3 차례가 되면 좌석을 선택하고 짐을 부친 후 항공탑승권(보딩패스)과 수하물표(배기지태그)를 받는다.

4 5분 정도 근처에서 대기하며 수하물에 이상이 없는지 확인을 마친 후 이동한다.

STEP3 로밍

1 스마트폰은 대부분 자동 로밍이 되므로 요금 폭탄을 피하기 위해서는 미리 요금을 알아보고 신청하거나 해외 데이터 차단 서비스를 신청해두는 것이 좋다.

2 현지에서 유심칩을 사서 바꿔서 사용할 자신이 없거나, 한국과 꾸준히 연락을 주고받아야 한다면 로밍이 낫다.

3 통신사로 전화하거나 공항 내 통신사 대리점에서 신청하면 된다.

4 공항 내 통신사에서 신청할 경우 어댑터를 무료로 빌릴 수도 있다.

STEP4 환전

1 미리 환전하지 못했거나 환전한 돈이 조금 부족하다고 생각된다면 공항에 있는 은행 환전 센터에서도 추가로 환전할 수 있다. 다만 환율도 시중 은행보다 좋지

않고, 수수료도 비싸다.

2 한 번에 100만 원 이상 환전할 경우 여권이 필요하다.

STEP5 출국장 들어가기

1 여권과 탑승권을 제시한다.

2 엑스레이 검색대를 거치기 전 기내에 반입되지 않는 100ml 이상의 액체류와 젤류, 스프레이류 등이 없는지 확인한다.

3 스마트폰이나 태블릿, 노트북 등은 꺼내서 다른 상자에 담는다. 목이 긴 신발은 벗어야 하는 경우도 있다.

4 미화 600달러 이상인 물건이 있으면 휴대물품반출신고서를 작성한다. 그렇지 않으면 돌아올 때 세관에서 문제가 될 수도 있다. 미리 관세청 홈페이지(www.customos.go.kr)에서 신청 후 출력해서 가져오면 빠르게 완료된다. 사전신고를 못 했다면 세관신고 데스크에서 물품을 보여주고 작성하면 된다.

STEP6 출국심사 받기

1 여권과 탑승권을 심사관에게 건넨다.

2 자동출입국심사 등록을 했다면 전용 출국대를 이용해 통과하면 된다. 공항이 붐빌 때 유용하다. 최근에는 만 19세 이상 우리나라 국민인 전자여권소지자이며, 주민등록증을 발급받은 지 30년 이

내인 최근 인적사항이 변경된 적 없는 사람은 사전등록하지 않아도 된다.

STEP7 탑승 게이트로 이동

1 탑승권에는 보딩타임과 탑승 게이트가 적혀 있다. 시간과 위치를 잘 확인하자.
2 비행기 출발 시각 최소 30분 전까지 해당 탑승 게이트로 앞으로 가야 한다. 인천국제공항에서 출발하는 시엠립행 항공편은 주로 셔틀트레인을 타고 가야 하는 탑승동에서 출발할 때가 많다.
3 간혹 탑승 게이트가 바뀌기도 하니 미리 게이트로 가서 확인하는 것도 좋다.
4 시간이 많이 남았다면 면세점을 둘러보거나 공항 내 편의시설 등을 이용하면 된다.

STEP7 항공기 탑승

1 탑승권에 적힌 편명과 시간, 도착지를 잘 확인한 뒤 여권과 탑승권을 제시하고 탑승한다.
2 승무원의 안내에 따라 탑승권에 적힌 자리를 찾으면 된다.
3 배낭이나 기내용 캐리어, 면세점에서 산 물품은 머리 위 수납함에 넣는다. 자리가 부족한 경우 승무원에게 도움을 요청하면 된다.
4 여권이나 펜, 가벼운 소지품이 든 가방은 발아래 내려놓으면 된다.
5 자리에 앉아 안전벨트를 하고 출발을 기다린다.

비행기 안에서 보이는 서 바라이

> **입국**
> 입국서류 작성 → 도착비자 신청 → 도착비자 받기 → 비자번호 적기 →
> 입국심사 받기 → 수하물 찾기 → 세관신고서 제출 → 도착

STEP1 입국서류 작성

1 출입국신고서, 비자신청서, 세관신고서를 양식에 맞게 영어 대문자로 빠짐없이 작성한다.

2 한국 캄보디아 대사관이나 e-비자를 미리 발급받았다면 비자신청서 작성은 하지 않아도 된다.

3 출입국신고서의 비자번호 기재란에는 비자를 받은 후 비자에 적힌 번호를 쓴다.

4 입국서류는 64쪽을 참고해 작성하자.

STEP2 도착비자 신청

1 비행기에서 내리면 곧바로 도착 게이트를 통해 공항 건물 1층으로 들어가 도착비자를 발급하는 곳(Visa Application)에 줄을 선다. 공항 직원들이 '비자'라고 소리를 치기 때문에 어려움 없이 찾을 수 있다.

2 순서를 기다리는 동안 기내에서 작성 완료한 비자신청서를 한 번 더 확인하고 여권용 사진 1매와 여권을 준비한다.

3 한국에서 받아온 비자가 있다면 바로 입국 심사대로 향한다.

STEP3 도착비자 받기

1 도착비자를 받기까지 보통 30분 이상 걸린다.

2 비자발급 수수료는 30달러인데, 유난히 한국 사람들에게 1달러를 더 요구한다. 수년 전부터 거의 관행처럼 굳어진 것으로, 이럴 때는 화를 내고 고성을 지르는 대신 침착하게 왜 내야 하는지 묻자.

3 비자발급이 완료되면 담당 직원이 여권을 보고 이름을 호명한다.

4 관광비자를 받았다면 1개월까지 머물 수 있다.

STEP4 비자번호 적기

1 비자는 여권 내지에 붙어 있다.

2 비자마다 부여되는 비자번호를 출입국신고서의 기재란에 쓰면 된다.

STEP5 입국심사 받기

1 출입국신고서와 여권을 준비해 입국심
사대로 가서 제출한다.
2 출입국신고서를 반으로 잘라 돌려주는
데, 이는 출국신고서(Departure Card)로,
귀국할 때 필요하니 잘 보관해야 한다.

STEP6 수하물 찾기

1 입국심사대를 통과했다면 심사대 바로
앞에 있는 컨베이어벨트에서 수하물을
찾으면 된다.
2 컨베이어벨트는 네 개가 있다. 안내판에
서 항공편을 확인하고 해당 컨베이어벨
트에서 자신의 짐을 찾는다.

STEP7 세관신고서 제출

1 신고할 물건이 없다면 세관신고서를 제
출한 후 입국장을 빠져나오면 된다.
2 소지하고 있는 미화의 총액이 1만 달러
이상일 경우, 귀중품 및 용량을 초과한
향수(350ml 이상), 술(2L 이상) 등이 있는
경우 세관에 신고한다.

STEP8 도착

1 미리 픽업서비스를 요청해두었다면 이
름이 적힌 보드를 들고 있을 기사를 찾
는다.
2 픽업서비스를 요청해두지 않았다면 공
항에서 운영하는 택시 카운터에서 뚝뚝,
택시, 밴 등을 타거나 로비 주변에서 대
기 중인 택시, 뚝뚝 기사들과 가격을 협
상해야 한다.
3 공항에서 시내까지 가는 법은 67쪽을 참
고하자.

입국 서류 작성 방법

1 비자신청서

រព្រះរាជាណាចក្រកម្ពុជា
KINGDOM OF CAMBODIA
ពាក្យស្នើសុំទិដ្ឋាការ
APPLICATION FORM
VISA ON ARRIVAL

* PLEASE COMPLETE WITH CAPITAL LETTER

នាមត្រកូល
Surname: 성 □ ប្រុស Male 남성

នាមខ្លួន
Given name: 이름 □ ស្រី Female 여성

ទីកន្លែងកំណើត
Place of birth: 출생지

ថ្ងៃខែឆ្នាំកំណើត
Date of birth: 일 / 월 / 년 សញ្ជាតិ Nationality: 국적 생년월일

លិខិតឆ្លងដែនលេខ
Passport N°: 여권번호 មុខរបរ Profession: 직업

លិខិតឆ្លងដែនផ្តល់នៅថ្ងៃ
Date passport issued: 일 / 월 / 년 លិខិតឆ្លងដែនផុតកំណត់នៅថ្ងៃ Date passport expires: 일 / 월 / 년
여권발급일   여권만료일

ច្រកចូលមកដល់
Port of entry: 입국도시 មកពី From: 출발지 លេខមធ្យោបាយធ្វើដំណើរ Flight/Ship/Car N°: 항공편명

អាសយដ្ឋានអចិន្ត្រៃយ៍
Permanent address: 한국 주소

E-mail: 이메일

អាសយដ្ឋាននៅកម្ពុជា
Address in Cambodia: 캄보디아 내 주소(호텔명)

Details of children under 12 years old included in your passport who are travelling with you
12세 미만의 자녀가 있는 경우 이름과 생년월일(일/월/년) 기입

Name:	Date of birth: DD / MM / YYYY
Name:	Date of birth: DD / MM / YYYY
Name:	Date of birth: DD / MM / YYYY

Purpose of visit: 방문목적 Length of stay: 체류예정기간

Visa type (Choose one only) 필요한 비자 종류

ទិដ្ឋាការទេសចរណ៍/Tourist visa (T) □ ទិដ្ឋាការធម្មតា/Ordinary visa (E) □ ទិដ្ឋាការផ្លូវការ/Official visa (B) □
ទិដ្ឋាការពិសេស/Special visa (K) □ ទិដ្ឋាការទូត/Diplomatic visa (A) □ ទិដ្ឋាការគួរសម/Courtesy visa(C) □
ផ្សេងៗ/Other

I declare that the information given on this form is correct to the best of my knowledge and belief.

Date 일 / 월 / 년 비자신청일
Signature 서명

For official use only

Department of Immigration
N° 322, Russian Blvd., Phnom Penh

Website: www.immigration.gov.kh
Email: visa.info@immigration.gov.kh

2 출입국신고서

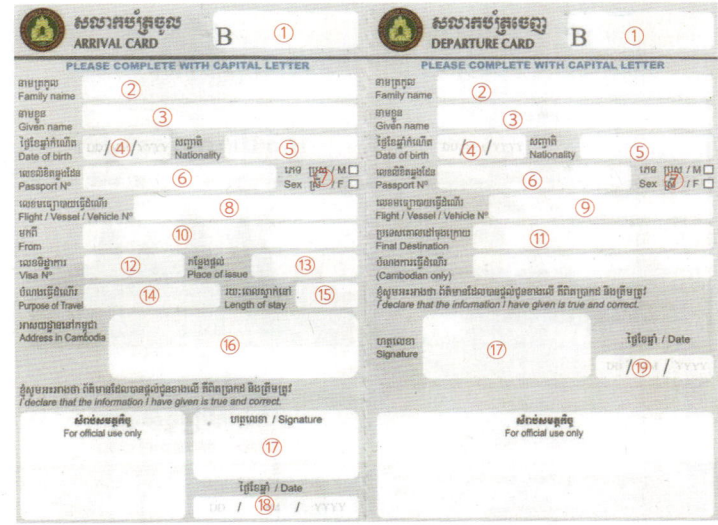

〈입국 카드〉　　　　　　　〈출국 카드〉

① 적는 곳이 아님
② 성
③ 이름
④ 생년월일: 일/월/년
⑤ 국적
⑥ 여권번호
⑦ 성별: (위) 남, (아래) 여
⑧ 타고 온 항공편명
⑨ 타고 갈 항공편명
⑩ 출발지
⑪ 도착예정도시
⑫ 캄보디아 비자번호

⑬ 비자발급 도시
⑭ 방문목적
⑮ 체류예정기간
⑯ 캄보디아 내 주소 또는 호텔 이름
⑰ 서명
⑱ 입국날짜: 일/월/년
⑲ 출국날짜: 일/월/년

3 세관신고서

〈앞〉

〈뒤〉

① 성
② 이름
③ 성별: 남, 여
④ 생년월일: 일/월/년
⑤ 여권번호
⑥ 국적
⑦ 직업
⑧ 항공편명
⑨ 출발지/도착지

⑩ 신고 물품 소지 여부: 있음, 없음
⑪ 미화 1만 달러 이상 소지 여부
: 있음, 없음
⑫ 서명
⑬ 일, 월, 년
⑭ 신고 물품
⑮ 수량
⑯ 가격

공항에서 시내까지 가는 법

1 숙소에 미리 픽업 서비스를 요청한다

공항에서 시내까지 가는 가장 좋은 방법이다. 최소한 이틀 전에 이메일이나 전화로 도착 날짜와 시간, 비행기 편명을 알려주고 부탁하자. 오후 11시 이후부터 새벽 시간의 픽업 서비스는 유료로 이용해야 하는 경우도 있으니 가격이 얼마인지, 시내로 들어가는 다른 방법은 무엇이 좋을지 체크해두는 것이 좋다.

2 시엠립국제공항 내 택시 부스를 이용한다

공항 로비에는 공항에서 시내까지 정찰제로 운영하는 택시 부스가 있다. 미니밴 10달러, 승용차 7달러, 오토바이 2달러다. 오후 11시 이후부터는 가격이 두 배 이상 오른다.

3 공항 밖에서 대기하고 있는 뚝뚝이나 택시를 이용한다

이 경우에는 현장에서 가격 협상을 해야 한다. 내가 묵을 숙소의 정확한 이름과 전화번호를 숙지하고, 지도로 대략적인 위치를 파악해야 한다. 숙소 대부분은 시내에 모여 있으므로 멀어서 돈을 더 내야 한다고 하는 말은 과장일 수 있다. 뚝뚝은 5달러 선에서, 승용차는 7달러 선에서 협상을 하자. 늦은 밤에는 1~2달러 더 추가가 된다고 생각하면 된다.

4 한인 업소에 픽업 서비스를 신청한다

늦은 시간에 도착하거나 초행이라 걱정이 앞선다면 한국인이 운영하는 유료 픽업 서비스를 예약해두는 것도 괜찮다. 출발하기 전에 메일 및 카카오톡으로 도착 정보와 숙소를 알려주면 된다. 가격은 뚝뚝 5달러, 승용차 7달러 선. 자정 이후에는 2~3달러 정도 추가 요금이 붙는다. 서비스를 운영하는 한인 업소는 78쪽에서 확인하자.

> **귀국**
>
> 교통편 탑승 → 탑승수속 하기 → 출국장 들어가기 → 출국심사 받기 →
> 탑승 게이트로 이동 → 항공기 탑승 → 인천국제공항 도착

STEP1 교통편 탑승

1 비행기 출발 2시간 전까지는 시엠립국
제공항에 도착하자. 시내에서 공항까지
멀지 않고 공항도 작은 편이라 인천국제
공항 가듯 너무 서두를 필요는 없다.

2 묵었던 숙소에서 혹은 현지 여행사를 통
해 미리 공항 가는 교통편을 예약해두는
걸 추천한다. 뚝뚝은 5달러, 일반 승용차
나 승합차는 10달러 선이다. 특히 새벽
출발 비행기는 늦은 밤 출발하기 때문에
예약이 필수다.

STEP2 탑승수속 하기

1 시엠립국제공항 1층으로 들어서면 바로
출국장이 보인다. 시엠립국제공항은 단
층이라 특별히 헤맬 일이 없다. 출국장
에서 해당 항공편의 카운터를 찾자.

2 해당 카운터에서 줄을 서서 기다리며 여
권과 출력해둔 전자 티켓을 준비한다.

3 차례가 되면 좌석을 선택하고 짐을 부친
후 항공탑승권(보딩패스)과 수하물표(배

기지태그)를 받는다.

4 5분 정도 근처에서 대기하며 수하물에
이상이 없는지 확인을 마친 후 이동한다.

STEP3 출국장 들어가기

1 여권과 탑승권을 제시한다.

2 엑스레이 검색대를 거치기 전 기내에 반
입되지 않는 100ml 이상의 액체류와 젤
류, 스프레이류 등의 물건이 없는지 확
인한다.

3 스마트폰이나 태블릿, 노트북 등은 꺼내
서 다른 상자에 담는다.

4 신발을 벗으라는 요구도 자주 있으니 당
황하지 말고 검색대에 올려놓는다.

STEP4 출국심사 받기

1 입국 시 따로 떼어줬던 출국신고서가 여
권에 붙어 있는지 확인한다. 보통은 입
국심사대 직원이 스테이플러로 여권에
고정시켜놓아 찾기 어렵지 않다. 출국신

고서를 분실했다면 공항 직원에게 출국 신고서를 요청해 새로 작성하면 된다.

2 출국신고서와 여권을 준비해 출국심사 대로 가서 제출한다.

STEP5 탑승 게이트로 이동

1 탑승권에 적힌 탑승 게이트로 이동한다. 탑승 전 게이트가 변경될 수도 있으나 게이트가 다섯 개뿐이라 혼동할 가능성 은 거의 없다.

2 간단하게 식사나 음료를 즐길 수 있는 레스토랑과 카페, 기념품을 살 수 있는 면세점이 있어 대기하는 지루함을 조금 이나마 달랠 수 있다.

STEP6 항공기 탑승

1 남은 동전과 리엘은 탑승하기 전 모두 사용하는 것이 좋다. 동전은 우리 돈으 로 환전할 수 없으며, 리엘은 우리나라 은행에서 환전할 수 없다.

2 승무원의 안내에 따라 짐을 정리하고, 착석해서 안전벨트를 하면 된다.

STEP7 인천국제공항 도착

1 대한민국 국민이나 등록 외국인은 입국 신고서가 필요 없다. 입국심사대에서 여

권만 제시한 후 심사가 끝나면 통과한다.

2 심사대 통과 후 바로 보이는 모니터를 통해 타고 온 항공편의 수화물이 나올 벨트를 확인한 후 에스컬레이터를 타고 한 층 내려가 수화물을 찾는다.

3 세관에 신고할 물건이 없다면 세관신고 서를 제출한 후 출국장을 빠져나오면 된 다. 세관신고서는 기내에서 승무원이 나 눠주니 미리 작성해두자. 세관신고서에 적힌 내용을 참고하여 신고할 물건이 있 을 경우 세관에 신고한다.

4 1인당 휴대품 면세 범위는 주류 1병(1L, 400달러 이하), 향수 60ml, 담배 200개 피, 기타 합계 600달러 이하의 물품(농 산물 등 일부 제외)이다. 국내 면세점 구입 물품과 외국에서 구입한 물품을 포함한 다. 자진 신고 시 관세의 30%(15만 원 한 도)를 감면받을 수 있지만 신고하지 않 고 적발되면 세액의 40%의 가산세를 내 야 한다.

앙코르와트 여행 백서

1 방콕 → 시엠립

버스

태국의 수도 방콕에서 아란야쁘라텟(Aran-yaprathet)까지 4~5시간 버스로 이동 후, 캄보디아의 국경도시 뽀이뻿(Poipet)까지 뚝뚝으로 약 10분 이동한다. 이후 뽀이뻿 출입국사무소에서 캄보디아 도착비자를 발급받아 시엠립까지 3시간가량 택시나 버스를 타고 들어간다. 최소 7시간에서 최대 10시간이 걸린다. 일반 시외버스보다 여행사 버스가 낫다.

비행기

방콕에어웨이, 캄보디아앙코르에어, 타이스마일에어, 타이항공 등이 방콕과 시엠립 구간을 운항한다. 약 한 시간이 걸린다.

2 호치민 → 시엠립

버스

베트남 호치민에서 목바이(Moc Bai)까지 약 2시간 반가량 버스를 타고 간 다음 출국 심사를 받고 캄보디아 출입국 사무소에서 도착비자를 발급받는다. 입국 절차가 끝나면 다시 버스를 타고 목바이와 맞닿은 캄보디아 바벳(Bavet)에서 수도 프놈펜(Phnom Penh)을 거친다. 프놈펜까지는 3시간이, 프놈펜에서 시엠립까지는 4시간가량이 소요된다. 즉, 호치민에서 시엠립까지 가는 데 11시간 정도 걸린다고 생각하면 된다. 여행사에 버스를 예약하면 중간 환승 및 입출국 과정을 도와주고 식사를 제공한다. 호치민에서 시엠립으로 가는 직행버스도 하루에 한 대가 운영 중에 있으나 출발 시간이 변동될 수 있으므로 미리 확인해야 한다.

문의 메콩익스프레스
catmekongexpress.com/bus-schedule.aspx

비행기

베트남항공, 캄보디아앙코르에어 등이 호치민과 시엠립 구간을 운항한다. 약 한 시간이 걸린다.

3 비엔티안 → 시엠립

버스

라오스의 수도인 비엔티안에서 캄보디아 시엠립으로 가는 일반적인 루트는 태국을 거친다. 비엔티안, 우돈타니, 코랏, 아란야쁘라텟, 뽀이뺏, 시엠립의 루트로 총 18시간이 걸리는 장거리다. 여러 번 버스를 갈아타야 해 실질적으로는 하루 이상 걸린다고 봐야 한다. 여러 도시들을 둘러보며 며칠에 걸려 가는 여정이라면 상관없지만 한 번에 비엔티안에서 시엠립을 갈 예정이라면 항공편 이용을 추천한다.

비행기

라오스 비엔티안과 캄보디아 시엠립을 연결하는 직항편은 없을 때가 많고 보통 1회 경유를 해야 한다. 캄보디아앙코르에어, 라오에어라인즈, 방콕에어웨이 등의 항공사가 프놈펜, 방콕, 루앙프라방 등을 경유해 시엠립으로 간다. 빠르면 3시간, 오래 걸리면 7시간 정도 소요된다.

캄보디아 주요 도시에서 가는 법

1 프놈펜 → 시엠립

버스
여러 업체에서 운영하는 대형 버스와 미니밴이 하루에도 수차례 있다. 가격은 5~20달러다. 에어컨이나 화장실이 있는지, 와이파이가 되는지, 식사와 간식이 제공되는지에 따라 달라진다. 6~7시간이 걸리고 보통 중간에 깜뽕톰(Kampong Thom)에서 휴식 시간을 갖는다.

배
프놈펜 보트 선착장(중앙우체국 부근)에서 메콩강을 따라 배를 타고 거슬러 올라갈 수도 있다. 가격은 20~35달러로 6~7시간 정도 가면 시엠립 총크니아스 선착장에 도착한다.

비행기
캄보디아앙코르에어, 란메이에어, 캄보디아에어웨이, 한에어, JC인터내셔널에어 등에서 매일 운항한다. 약 45분이 걸린다.

2 시하누크빌 → 시엠립

버스
자이언트이비스(Giant Ibis), 메콩익스프레스(Mekong Express)를 통해 대형 버스와 미니밴을 예약할 수 있다. 500킬로미터 넘는 장거리이므로 수도 프놈펜에서 쉬었다 간다. 통상 12~14시간이 걸린다. 가격은 20~30달러다. 택시를 이용하면 약 10시간이 걸리고 가격은 120~150달러다.
<u>문의</u> 자이언트이비스 giantibis.com

비행기
바이욘에어라인, 캄보디아앙코르에어, 한에어, JC인터내셔널에어 등에서 매일 운항한다. 약 한 시간이 걸린다.

1 뚝뚝

시엠립을 비롯한 캄보디아의 핵심 교통수
단이다. 원래 리목 모또 또는 리목으로 불
렸으나 동남아 여행자들에게 '뚝뚝'이 좀더
익숙하다보니 뚝뚝으로 통용된다. 오토바
이 뒤에 트레일러를 연결한 형태다. 자동차
가 들어갈 수 없거나 다니기 어려운 구역이
많은 유적지는 대부분 뚝뚝을 타고 돌아본
다. 뚝뚝에 대한 자세한 설명은 '뚝뚝 타기
정복(74쪽)'을 참고하자.

2 자전거

시내 자전거 렌털숍 및 여행사 곳곳에서 쉽
게 빌릴 수 있다. 바구니가 달린 기어 없는
시티바이크는 하루 1~2달러, 기어가 있는
자전거는 3~5달러다. 전기 충전으로 움직
이는 전기 자전거는 속도 제한(약 20km/h)
이 있고 충전해야 하는 번거로움 때문에 이
용자가 그리 많지 않다. 하루 대여료는 10
달러. 여러 날을 빌릴 경우 조금 더 저렴한
가격에 흥정이 가능하다. 보통 여권이나 보
증금을 맡기고 빌린다.

3 오토바이

시내 곳곳에서 대여점을 볼 수 있지만 기본
적으로 국제운전면허증이 있어야 하고 이
면허증을 다시 캄보디아 면허증으로 발급
받아야 한다. 뚝뚝보다 빠르고 저렴하지만

안전상의 이유로 추천할 만한 수단은 아니
다. 현지에서는 모또로 불린다.

4 택시

시엠립에는 택시가 따로 없다. 자동차로 이
동하려면 승용차나 미니밴을 빌려야 한다.
뚝뚝과 마찬가지로 유적 코스에 따라 하루
단위로 빌리는 것이 일반적이며, 자동차만
빌리는 보편적인 방식이 아니라 현지인 기
사를 대동하는 방식이다.

5 미니밴과 승용차

미니밴(승합차)은 스몰투어(앙코르와트, 앙코
르톰, 따쁘롬 일대) 기준 35~40달러, 승용차
25~30달러 선이고 그랜드투어(북부 유적군
일대)나 근교 유적, 똔레삽을 돌 경우 최소
5달러에서 20달러까지 금액이 추가된다.
끄발스뻬안이나 프놈꿀렌 등 한 시간 이상
가야 하는 외곽 유적의 경우 30~35달러의
추가 요금이 더 붙는다. 가족 단위의 여행
자나 좀더 안전하고 편안한 차를 원한다면
고려해볼 만하다. 여행사나 숙소에서 예약
할 수 있으며 가이드까지 한꺼번에 예약하
는 경우가 많다.

뚝뚝 타기 정복

1 적정 가격을 기억하고 흥정할 것

뚝뚝을 탈 때 흥정은 필수다. 공항에서 시내까지는 기본적으로 5달러, 자정이 넘은 시간에는 2~3달러가 추가된다. 시내 안에서 움직일 때는 보통 1~2달러다. 2킬로미터 이상이면 웬만해서 2달러를 달라고 할 것이다. 앙코르와트와 앙코르톰, 따쁘롬 등 핵심 코스를 도는 스몰투어는 하루 15~18달러다. 쁘레아칸, 네악뻬안 등 크게 도는 그랜드투어는 하루 18~20달러다. 반떼아이스레이와 반떼아이삼레, 롤루오스 유적군 등 외곽 유적을 돌면 하루 22~25달러다. 하루 코스로 뚝뚝을 탈 경우 투어가 끝난 후에 1달러 정도를 팁으로 준다.

2 지불은 모든 일정이 끝난 후에, 점심 시간은 두 시간 정도로 할 것

뚝뚝 비용은 일정을 모두 마친 후 헤어질 때 지불한다. 별일 없이 운행을 해줬다면 팁은 1~2달러 준다. 점심 시간은 두 시간 정도 휴식 시간을 겸해 갖도록 한다. 더운 나라다 보니 점심식사를 하고 낮잠도 자는 이들이 많다.

3 가고자 하는 목적지의 이름과 대강의 위치를 알고 있을 것

종종 뚝뚝 기사가 잘못 내려주거나 '어딘지 모른다'고 할 때가 있다. 가고자 하는 목적지는 내가 확실하게 알고 있는 편이 좋다. 사람마다 다르지만 어느 정도 나이가 있는 뚝뚝 기사가 지리를 조금 더 잘 알 때가 많다. 또한 뚝뚝을 타고 유적군을 돌아볼 경우 들르는 사원이 여러 곳인 만큼 내가 가고자 하는 사원들의 동선과 거리를 어느 정도 숙지하고 기사와 이야기할 필요가 있다.

5 고급 호텔이나 한인 업소에 소속된 기사들을 예약할 것

준비성이 철저한 이들은 인터넷 커뮤니티를 통해 한국어를 구사하거나 여행자들로부터 호평을 얻은 뚝뚝 기사들을 카카오톡 등의 모바일 메신저로 예약하고 온다. 그러나 일부는 예약을 받고도 갑자기 예약을 취소하거나 일정 중간에 남은 일정을 못하겠다고 하는 경우가 있다. 복불복 같은 뚝뚝 기사 섭외가 많이 걱정된다면 숙박업소에 고용된 뚝뚝을 이용하는 것도 방법이다. 고급 호텔이나 한인 숙박업소 등에 소속된 뚝뚝 기사들은 대부분 믿을 만하다.

6 뚝뚝은 왕복 세 시간까지만 탈 것

반떼아이스레이와 끄발스뻬안이 사실상 뚝뚝이 갈 수 있는 가장 먼 거리다. 앙코르톰 일대를 하루 15달러 정도로 지불할 때 반떼아이스레이를 가면 평균 25달러, 끄발스뻬안까지는 평균 30달러 정도 든다고 생각하면 된다. 외곽 지역을 갈 때면 뚝뚝 기사들이 으레 먼 거리임을 강조하며 요금을 평균치보다 많이 받으려 하는 경향이 있다. 벵메알레아나 끄발스뻬안이 아니라면 25달러 선에서 협상을 하자.

기본 요금 및 주요 장소 평균 요금 (2019년 기준)

	하루 기본요금	장소별 추가 요금				
		반떼 아이스레이	끄발스뻬안	프놈꿀렌	벵메알레아	꼬께르
뚝뚝	15달러	+ 8달러	+ 13달러	갈 수 없음	+20달러	갈 수 없음
승용차	25달러	+ 10달러	+ 15달러	+ 30달러	+35달러	+55달러
밴	30달러	+ 10달러	+ 15달러	+ 35달러	+50달러	+70달러

앙코르 유적 입장권 사는 법

1 지정 매표소로 가기
앙코르 유적 입장권을 살 수 있는 매표소는 시내에서 약 4.6킬로미터 떨어져 있다. 오전 5시부터 오후 5시 30분까지 매일 운영하며 일출 감상을 위해 미리 다음 날 입장권을 구매하려는 방문자들을 위해 오후 5시부터는 발권 다음 날 유효한 입장권을 판매한다. 티켓은 1일권, 3일권, 7일권이 있으며 각각 판매 창구가 다르다.

2 일정에 맞춰 입장권을 결정하기
미리 어떤 사원을 가고 싶은지, 일정 내 소화가 가능한지 생각해봐야 한다. 1일권은 발권 당일(혹은 다음날) 유효하며, 3일권은 일주일에 3일 입장할 수 있다. 7일권은 한 달 안에 7일을 입장할 수 있다. 물론 연속으로 방문하지 않고 원하는 날짜에 가면 된다. 입장권은 현금으로만 살 수 있다.

	1일권	3일권	7일권
가격	37달러	62달러	72달러
유효기간	발권 당일	일주일 내	한 달 내

3 현장에서 즉석 사진 찍기
입장권 발급을 위해서는 현장에서 즉석 사진을 찍어야 한다. 입장권 복제 및 양도를 방지하기 위해 입장권에 얼굴 사진이 인쇄되어 나오기 때문이다. 창구마다 카메라가 있으며 직원이 카메라를 보라고 할 때 렌즈를 보고 환하게 웃어주면 된다.

4 분실하지 않도록 주의하기
입장권은 교환이나 재발행이 되지 않고, 주요 사원과 앙코르 유적군으로 진입하는 길마다 꼼꼼하게 확인하며, 입장권 없이 들어가면 큰 벌금을 물리므로 잘 가지고 다녀야 한다. 가장 편한 건 투명 필름 목걸이에 넣고 걸고 다니는 것인데, 미리 준비하지 못했다면 매표소 상점에서 2000리엘에 사면 된다.

5 입장권을 사야 하는 유적지 확인하기
벵메알레아는 5달러, 프놈꿀렌은 20달러, 꼬께르는 10달러이다. 해당 유적 입구 매표소에서 판매한다.

바우처와 투어 상품 신청하는 법

유적 입장 티켓을 제외한 대부분의 체험 활동, 박물관, 공연 등의 티켓은 대행업체를 통해야 저렴하다. 일부 액티비티 업체는 여행사나 숙박업소를 통해서만 티켓을 구할 수 있다.

1 현지 여행사

시바타블러바드, 펍스트리트, 속산로드 등 시엠립 번화가 곳곳에서 수많은 여행사들을 볼 수 있다. 대부분 앙코르 유적 투어 및 외곽 유적지, 똔레샵과 프놈꿀렌 등 주요 명소의 투어 상품을 중심으로 프놈펜, 밧땀방, 태국 방콕, 베트남 호치민 등 시엠립과 타 도시 간 이동 상품 등을 제공한다. 가이드 소개와 공연과 박물관 등의 바우처 판매도 한다. 주로 영어와 크메르어로 예약 및 투어 진행이 가능하다. 아래 소개하는 현지 여행사들은 그중에서도 규모가 제법 있고 외국인 여행자들의 이용이 많은 곳들이다.

L.H.S 캄보디아 투어 L.H.S Cambodia Tour
위치 럭키 몰에서 펍스트리트 방면으로 약 350미터, 앙코르 마켓 끼고 골목 안
문의 063-763-578, 012-270-608
시간 오전 6시 30분~오후 9시 30분

시엠립 셔틀 Siem Reap Shuttle
위치 시바타블러바드 변 KFC 옆
문의 063-212-121, www.siemreapshuttle.com
시간 오전 4시 30분~오후 10시

앙코르 피크 서비스 Angkor Pich Services
위치 파크 하얏트 호텔에서 약 80미터, 호텔과 소키 멕스 주유소 사이
문의 012-877-901
시간 오전 8시~오후 6시

트래블 룹스 Travel Loops
위치 6번국도 변, 보레이 앙코르 쇼핑 아케이드 안
문의 063-963-776, www.travelloops.com
시간 오전 9시~오후 6시

2 한인 업소

약 10여 곳의 한인 업소가 투어 상품 및 바우처 판매, 가이드 소개, 이동 수단 예약 서비스를 하고 있다. 현지 여행사들에 비해 한국에서도 연락 및 예약이 쉽고, 홈페이지를 통한 정보 교류가 활발하며 현지에서도 편하게 이용할 수 있어 좋다. 유적 및 외곽 명소로 나가는 투어 상품은 현지 여행사에 비해 가격이 비싼 편이지만 바우처 가격은 동일하거나 더 저렴한 경우도 많다. 모든 예약과 결제, 상품 상담은 사무실 방문 없이 온라인 홈페이지와 SNS를 통해 실시간으로 가능하다.

압사라 앙코르 투어

홈페이지 cafe.naver.com/apsaraangkor
이메일 yourcj@naver.com
카카오톡 apsaraangkor

현지인 한국어 가이드 커뮤니티

홈페이지 cafe.naver.com/cambodiafairtour
전화 070-854-500
카카오톡 cam88

앙코리안

홈페이지 cafe.naver.com/angkornet
전화 070-4671-4001
카카오톡 angkorean

캄보디아 자유여행

홈페이지 cafe.naver.com/freecambo
카카오톡 cancho702

유적지 가이드 구하는 법

1 현지인 한국어 가이드

현지 여행사와 한인 업소, 온라인 카페 등을 통해서 하루 단위로 고용할 수 있다. 인원과 관계없이 현지인 한국어 가이드는 하루 50달러다. 인원은 다섯 명 이내가 적절하다. 까다로운 시험을 거쳐 정식으로 자격증을 취득한 이들로 가이드 표지가 새겨진 유니폼을 입고 활동하며 벌금때문에 가이드를 사칭하는 이들은 거의 없다. 많은 현지인 한국어 가이드가 카카오톡 등 SNS를 통해 온라인, 모바일로 예약을 받고 있다.

일일 가이드 고용에 참고할 만한 온라인 사이트

여행자 커뮤니티 태사랑
thailove.net

캄보디아 배낭여행기
cafe.naver.com/jiniteacher

현지인 한국어 가이드 커뮤니티
cafe.naver.com/cambodiafairtour

2 한국인 가이드

한국인 가이드가 안내하는 상품도 있다. 현지인 가이드에 비하면 비싼 편으로 1인당 평균 70달러 선이다. 현지인 가이드처럼 하루 단위의 가격이 아닌 1인당 내야 할 값이다. 인원이 늘수록 가격이 인하되기도 한다. 그러나 설명을 좀더 명확하게 들을 수 있고 상품에 따라선 식사와 교통편 등 따로 지출이 필요한 부분까지 포함되어 편하게 일정을 소화할 수 있다는 장점이 있다.

한국인 가이드 투어 상품 업체 사이트

압사라 앙코르 투어
cafe.naver.com/apsaraangkor

앙코리안
cafe.naver.com/angkornet

캄보디아 자유여행
cafe.naver.com/freecambo

3 영어 가이드

영어 소통이 가능하다면 현지 여행사를 통해 그룹 투어로 현지인 영어 가이드와 유적을 둘러보는 것도 괜찮다. 현지 여행사에서는 앙코르와트와 앙코르톰 남문, 바욘, 따쁘롬, 프놈바껭 등을 둘러보는 스몰투어 상품과 반떼아이스레이, 쁘레아칸, 네악뻬안 등을 둘러보는 그랜드투어 상품을 각각 13달러, 15달러의 가격으로 운영한다. 인원에 따라 뚝뚝 혹은 미니밴 등의 교통편을 제공한다. 최소한 2명 이상일 때 명시된 가격으로 출발이 가능하며 보통 여러 국적의 외국인 여행자들과 함께 투어를 하게 된다.

위급 상황 예방 및 대처법

1 한국에서 미리 여행자보험에 가입할 것

여행 기간과 보상 범위에 따라 가격이 달라지며 보험사마다 차이가 있으나 보통 일주일에
1~3만 원이면 된다. 현지 약국이나 병원을 이용한 경우 병원의 영문진단서, 약국영수증 등
을 제출하면 보험료를 청구할 수 있다.

2 설사와 뎅기열에 유의할 것

회와 같은 날 음식, 음료에 넣어주는 얼음 등은 되도록 먹지 않는 것이 좋다. 예민한 체질이
라면 장티푸스 예방접종을 하는 것이 좋다. 모기로 의해 전파되는 바이러스성 열병인 뎅기
열은 훈증기나 몸에 뿌리는 스프레이형 모기퇴치제 등을 준비해 예방하자. 산간 지역을 방
문할 예정이라면 말라리아 예방접종을 해두자. 더불어 캄보디아의 HIV 감염률은 아시아에
서 가장 높은 수준이다. 주로 성접촉을 통해 전염되므로 각별한 주의가 필요하다.

3 교통사고, 낙상사고 등 안전사고에 유의할 것

시엠립 시내 도로는 뚝뚝과 오토바이, 자동차 등이 한데 엉켜 매우 복잡하다. 도로를 건너
거나 자전거 혹은 뚝뚝을 탈 때 신경 써야 한다. 유적지에서도 발을 헛딛거나 미끄러져 부
상을 입는 경우가 많다. 특히 높은 사원을 올라갈 때는 각별히 주의해야 한다.

4 주요 비상약은 미리 준비하고 현지 약국에서 구입할 땐 주의할 것

캄보디아어로 약국은 '아오삿아스탄'이라고 한다. 감기약, 해열진통제, 모기약, 소화제, 지
사제, 상처에 바르는 연고 등 기본적인 상비약을 쉽게 구할 수 있다. 다만 일반 상비약 중에
서도 성분이 매우 강한 약들이 있으니 내장 질환이 있거나 만성질환이 있는 이들이라면 복
용에 주의할 필요가 있다. 보통 오전 9시쯤 문을 열고 점심 시간에 잠시 쉬었다가 오후 2시
부터 6시까지 다시 문을 연다.

5 도난, 성추행 등 범죄에 유의할 것

여권은 가능한 몸에 지니고, 자전거를 탈 때는 바구니에 소지품을 넣지 말자. 바에서 자신
의 술잔이나 술병을 잘 간수하지 않으면 몰래 약을 타는 경우가 있다. 자칫 범죄에 노출될
수 있으니 가능한 들고 있는 것이 낫다.

6 아프거나 응급상황일 때 갈 만한 병원을 알아둘 것

현지인이 가는 병원은 상황이 좋지 않다. 응급 상황일 경우 다음 병원으로 가면 된다.

로열앙코르국제병원
Royal Angkor International hospital

위치 로열가든스에서 시내 방향 약 4.2킬로미터, 6번국도 변

문의 063-761-888, 012-235-888, www.royalangkorhospital.com

시엠립주립병원
Siem Reap Provincial Hospital

위치 로열가든스에서 펍스트리트 방면으로 약 1.2킬로미터

문의 063-764-091, 078-815-140, hospitalsrp@gmail.com

릭스메이앙코르국제병원
Reaksmey Angkor International Hospital

위치 로열가든스에서 공항 방면으로 약 1.6킬로미터, 6번국도 변

문의 085-700-900

7 여권을 분실했다면 가까운 경찰서로 가서 꼭 분실신고확인서를 받을 것

시엠립에는 총 네 곳의 경찰서가 있는데, 샤를 드 골 변에 위치한 시엠립관광경찰서가 가장 편리하다. 이곳에서 분실신고확인서(영문)을 받아 프놈펜에 있는 한국 대사관으로 간다. 대사관에 여권발급신청서, 여권용 사진 2매, 분실신고확인서를 제출하면 여행증명서를 발급받을 수 있다. 보통 1박 2일 정도가 걸리며 긴급한 귀국 사유가 있다면 더 빨리 발급해주기도 한다. 수수료는 7달러이며 귀국 목적으로 한 번 사용하면 효력을 상실한다.

시엠립관광경찰서
Tourist Police Unit of Siem Reap Province

위치 로열가든스에서 샤를 드 골 따라 앙코르와트 방면으로 약 3킬로미터

문의 012-402-424

근무시간 8시 30분~오후 12시, 오후 1시 30분~5시

주캄보디아왕국 대한민국대사관(프놈펜)
Embassy of the Republic of Korea in the Kingdom of Cambodia

위치 Phum 14(Elite Rd. Koh Pich), Sangkat Tonle Bassac, Khan Chamkarmon, Phnom Penh

문의 +855-23-211-900, khm.mofa.go.kr, cambodia@mofa.go.kr

업무시간 외 긴급연락처 +855-92-555-235

근무시간 월~금 오전 8시 30분~오후 12시, 오후 1시 30분~4시 30분

여행에 필요한 캄보디아어

안녕하세요	썩써바이, 쑤어쓰다이	화장실	번뚱뚝
안녕히 계세요, 안녕히 가세요	쭘립리어	휴지	끄로다
감사합니다	어꾼	여자	스라이
미안합니다	쏨또	남자	쁘록
괜찮아요	엇아이떼	1	모이
도와주세요	쏨쭈어이크놈	2	삐
이름이 뭐예요?	츄모어바이	3	바이
얼마예요?	틀라이쁜만	4	부언
비싸요	틀라이	5	쁘람
깎아주세요	쏨쪽틀라이	6	쁘람모이
많아요	쯔란	7	쁘람삐
적어요	띡띡	8	쁘람바이
없어요	엇미은	9	쁘람부언
있어요	미은	10	덥
많이 주세요	쏨아오이쯔란	20	머파이
맛있어요	층안나	30	쌈썹
계산서 주세요	쏨끌로이	40	싸에썹
~로 갑시다	떠으~	50	하썹
오른쪽	쓰담	60	혹썹
왼쪽	츠웨인	70	쩯썹
직진	뜨렁	80	빠엣썹
멈춰요	촙	90	까으썹
물	뜩	100	모이로이
얼음	뜩꺼	1000	모이뽀안

여행 재미를 두 배로 만드는 영화

킬링 필드 The Killing Fields, 1984년
감독 롤랑 조페
출연 샘 워터스톤, 행 S. 응고르
미국인 기자와 캄보디아인 기자의 실화를 바탕으로 크메르루주 정권의 참혹함을 보여준다.

툼 레이더 Lara Croft: Tomb Raider, 2001년
감독 사이먼 웨스트
출연 안젤리나 졸리, 다니엘 크레이그
앙코르와트, 프놈바껭, 따쁘롬 등 앙코르 유적 곳곳에서 안젤리나 졸리의 액션이 펼쳐진다.

화양연화 In the Mood for Love, 2000년
감독 왕가위 **출연** 양조위, 장만옥
닿을 듯 닿을 수 없는 두 사람의 사랑 이야기다. 앙코르와트가 등장하는 마지막 10분이 인상적인 작품.

투 브라더스 Two Brothers, 2004년
감독 장 자크 아노
출연 가이 피어스, 프레디 하이모어
캄보디아 밀림에서 뛰놀던 호랑이 형제가 인간의 이기심으로 인해 겪게 되는 고난을 담았다. 끄발스뻬안과 프놈꿀렌의 아름다운 풍광을 감상할 수 있다.

알포인트 R-Point, 2004년
감독 공수창 **출연** 감우성, 손병호
구조 요청을 해오는 병사들을 찾아 떠난 수색대원들의 이야기를 다룬 호러 영화다. 영화 속 배경은 베트남이지만, 촬영지는 깜봇.

스롤란 마이러브
Same Same But Different, 2009년
감독 데틀레프 북
출연 데이빗 크로스, 아핀야 사쿨자로엔숙
실화를 바탕으로 한 독일 남자와 캄보디아 여자의 사랑 이야기. 사랑 앞에 국경도 바이러스도 없다.

톤레삽강은 멈추지 않는다
A River Changes Course, 2013년
감독 칼리야니 맘
불확실한 미래로 흔들리는 똔레삽의 공동체와 인간 군상을 기록한 다큐멘터리 영화다. 제10회 서울환경영화제 국제환경영화 경선 부문 장편 대상작이다.

잃어버린 사진 The Missing Picture, 2013년
감독 리티 판
크메르루주 정권하의 처참했던 유년 시절 경험을 영화로 만들었다. 2013 칸영화제 '주목할 만한 시선' 부문 대상작이다.

캄보디아 국가 개요

기본 정보

국명 캄보디아 왕국 Kingdom of Cambodia

수도 프놈펜 Phnom Penh

면적 우리나라의 1.8배, 한반도 80%.
181,035km²다.

기후 열대계절풍, 고온다습
5~10월 우기, 11~4월 건기.
기온은 20~40℃.
1월이 가장 서늘하고 3~4월이 가장 덥다.
기본적으로 여름옷을 입지만 새벽과 저녁
에는 쌀쌀할 수 있으므로 얇은 점퍼나
가디건을 챙기자. 우기에는 우비나
우산을 꼭 챙겨야 한다.

언어 크메르어. 관광지에서는 프랑스어 및
영어가 통용된다.

종교 불교(국교, 96.4%), 이슬람(2.1%),
기타(1.5%)

시차 우리나라보다 두 시간 느리다.
우리나라가 12시라면 캄보디아는 10시다.

국가 번호 + 855

위치 베트남, 라오스, 태국과 접경
(인도차이나 반도 남서국)

화폐 리엘(CR 또는 KHR)과 미국 달러.
미국 달러가 주요 화폐다.

생활 정보

ATM

시내 곳곳에서 ATM(Visa, MasterCard, JCB, Cirrus)을 쉽게 찾아볼 수 있다. 1회 인출한도는 보통 500달러까지이고 약 5달러의 수수료가 붙는다. 그러나 최근 ATM기에서 100달러, 50달러의 위조지폐가 인출되는 일이 종종 발생하므로 주간에는 은행 ATM을, 야간에는 편의점 내 ATM 이용을 추천한다.

물가

우리나라에 비해 저렴한 편이지만 시엠립은 관광 도시인만큼 '관광객 물가'가 있다. 일부 식당은 외국인용 메뉴판이 따로 있고 달러 최저 소액권이 1달러다보니 거의 모든 공산품과 식료품의 최저 가격이 1달러에 맞춰져 있다.

팁

선택 사항이지만 음식이 만족스러운 식당이었다면 1달러 전후의 리엘 단위 거스름돈을 팁으로 두는 것이 좋고, 숙소에서는 짐을 날라주거나 청소 서비스를 받는 경우 1달러 정도의 팁을 주면 적당하다. 마사지숍에서는 한 시간 마사지에 1~2달러의 팁을 주는 것이 당연시된다.

전압과 플러그

230V이지만, 우리나라 가전제품을 그대로 사용할 수 있다. 플러그 역시 우리나라와 동일하다. 가끔씩 일자형 플러그를 사용하는 곳이 있으니 멀티어댑터를 준비하는 게 좋다.

전력

그리 안정적이지 않아서 정전이 종종 일어나는 편이다. 일부 고급 호텔과 상점들은 자가 발전기가 있어서 정전이 나도 전력 공급을 할 수 있다. 서너 시간 만에 복구가 되기도 하지만 때론 한나절 이상 전기가 들어오지 않을 때도 있다.

전화

캄보디아 → 한국

(예) 010-1234-5678

00	-	82	-	10-1234-5678
국제전화 접속번호		한국 국가번호		0을 뺀 나머지 번호

한국 → 캄보디아

(예) 063-123-456

001 또는 00700	-	855	-	63	-	123-456
국제전화 접속번호		캄보디아 국가번호		0을 뺀 지역번호		나머지 번호

유심칩

1 현지 공항이나 통신사, 휴대폰 상점에서 스마트폰용 유심칩을 사면 현지 통신사 요금으로 저렴하게 데이터와 현지 통화를 이용할 수 있다.

2 유심칩은 안드로이드폰의 마이크로(Micro), 아이폰에서 사용되는 나노(Nano)가 있다.

3 대표적인 통신사는 셀카드(Cellcard), 스마트(Smart), 멧폰(Metfone)이며, 이 중 4G LTE를 지원하는 스마트가 가장 인기 있다.

4 유심칩은 1달러에 살 수 있다.

5 데이터 용량에 따라 1~10달러(1~8GB)의 요금을 충전하면 된다. 복권처럼 긁을 수 있는 종이 카드를 받으면 그곳에 쓰인 숫자 및 기호를 입력한다. 잘 모르겠다면 직원이나 현지인들에게 부탁하

자. 5달러 정도면 카카오톡이나 구글맵 등을 쓰는 선에서 일주일가량 사용할 수 있다.

6 한국에서 쓰던 통신사 유심칩은 잃어버리지 않도록 잘 보관하자.

우편과 소포

EMS를 이용해 한국으로 소포를 보내는 경우 1kg까지 20달러이며 0.5kg이 늘어날 때마다 3달러씩 추가 요금이 붙는다. 한 번에 보낼 수 있는 최대 무게는 30kg이다. 한국으로 보내는 엽서는 1달러. 소포와 우편 모두 2~3주가 시간이 걸린다. 시엠립우체국은 시엠립강변, 신타마니 색(Shinta Mani Shack) 옆에 있다.

식수

식수는 반드시 사서 마셔야 한다. 수돗물은 석회가 많아 샤워 및 세척 용도로만 쓴다. 럭키 몰에 있는 슈퍼마켓 같은 곳에 가면 우리나라 브랜드의 생수도 쉽게 살 수 있다. 보통 2000리엘~1달러다.

복장

사찰에 방문할 때는 복장을 단정히 하고 경내에서는 모자와 신발을 벗는 것이 예의다. 특히 앙코르 유적 내 모든 사원은 민소매 상의와 반바지, 치마 등 어깨와 맨다리가 드러난 복장을 금지하고 있다.

인사

인사를 할 때에는 양손을 합장하며 손가락을 코와 입술에 닿을 정도로 올리면서 머리를 숙이는 전통적인 인사를 주로 한다.

관습

아이의 머리를 만지거나 두드리는 행동을 나쁘게 여기므로 삼가고, 손바닥을 위로 하고 손가락으로 이리오라고 부르는 행위는 성적 의미를 내포하는 것이므로 주의한다.

관광안내소

시엠립 시내에 크게 두 곳이 있다. 한 곳은 로열가든스에, 다른 한 곳은 시바타블러바드 변 끝자락 플래티넘 시네플렉스 맞은편에 있다. 오전 9시부터 오후 5시까지 문을 연다. 정부 기관이지만 직원들이 아는 업체나 뚝뚝 기사를 소개하여 영업하므로 무조건 신뢰하기는 어렵다.

2월 자이언트 퍼핏 퍼레이드

2월 초, 시엠립에서 열리는 축제로 현지 어린이들이 직접 만든 각양각색의 등과 거대 인형을 들고 펍스트리트와 그 주변을 행진한다. 어느덧 10년을 넘긴 축제로 일정이 맞으면 볼 만하다.

4월 쫄츠남

캄보디아 최대 명절로 캄보디아 사람들에게는 이때 새해가 시작된다. 음력을 따라 보통 4월 13일이나 14일이다. 고향에 가서 가족과 친지를 만나고 서로에게 안녕을 빈다. 많은 식당과 숙박업소가 3일 이상 문 닫는다.

5월 비삭보찌어

'석가탄신일'이다. 보통 5월 중순으로 사원마다 행사가 열린다. 시엠립에서는 주황색 승복을 입고 대규모로 행진을 하는 승려들의 모습을 볼 수 있다.

9월 프춤번

쫄츠남 만큼 큰 명절이다. 우리나라의 한가위와 같은 날이다. 조상들의 넋을 기리고 부처님과 승려들에게 음식을 공양한다. 가게들은 10월 중순에 3일 이상 문 닫는다.

11월 본음뚝

10~11월 우기가 끝나고 똔레삽의 물줄기 흐름이 바뀌는 것을 기념하는 물 축제다. 한 해 동안 비를 내려준 신에게 감사하고 내년에도 풍작이 들길 염원한다. 지역이나 사원별로 사람들이 팀을 이룬 후 배의 노를 저어 빠르기를 겨룬다.

12월 앙코르와트 국제 하프 마라톤

1996년부터 해마다 열려 이제는 국제적으로 자리매김한 마라톤 행사다. 앙코르와트가 출발점이자 도착점이며 3, 10, 21킬로미터 코스가 있다. 누구나 사전 신청을 통해 참여할 수 있다. 보통 12월 첫째주 중 하루를 정해 행사가 진행된다.

힌두교 Hinduism

힌두교의 기원은 기원전 2500년 인더스 문
명까지 거슬러 올라간다. 창조의 신 브라흐
마, 유지의 신 비슈누, 파괴의 신 시바의 세
신을 삼위일체로 삼고 여러 신들을 함께 모
신다. 힌두교의 특징은 윤회와 업, 해탈의
길, 도덕적 행위의 중시, 경건한 신앙으로
요약할 수 있다. 캄보디아에서는 모든 사물
에 정령이 있다고 믿는 토착 신앙과 더해지
면서 독자적인 힌두 문화로 발전됐다.

불교 Buddhism

크메르 제국이 쇠퇴한 13세기 이후부터는
태국의 영향으로 불교가 널리 퍼지게 됐고
그 흐름이 현재까지 이어진다. 크메르 제국
역사 전체에서 보면 불교가 전면에 대두한
시기는 일부에 지나지 않으나 '건축 왕'이
라 불릴 만큼 많은 건물을 남긴 자야바르만
7세 덕분에 오늘날에도 불교가 융성했던 시
기의 건축물을 볼 수 있게 됐다.

비슈누 Vishnu

우주를 보호하고 유지하는 걸 담당하는 신
이다. 배우자는 행운의 여신 락슈미다. 흔
히 네 개의 팔을 가진 것으로 묘사되며 각
각의 손에는 고둥, 원반, 곤봉, 연꽃을 들고
있다. 태양의 새인 가루다(Garuda)를 타고
다닌다. 세계의 질서와 도덕이 문란해질 때

10가지 아바타라(Avatara), 즉 화신으로 나
타나 세상을 구원한다는 특징이 있다.

시바 Siva

파괴를 담당하는 신이다. 세계를 멸망시키
는 파괴자인 동시에 변형과 재건까지도 책
임지는 복합적인 존재다. 링가로 일컬어지
는 남근상의 형태로 숭배되며 무용의 창시
자여서 '나타라자(춤의 왕)'라는 별칭도 있
다. 황소 난디(Nandi)를 타고 다니며 이마
정중앙에 빛으로 모든 것을 태워버린다는
제3의 눈이 있다. 힌두교의 창조 신화인 '우
유 바다 휘젓기' 때 생긴 세상의 온갖 불순
한 것들이 섞인 독극물을 삼켜 목이 푸르다.

브라흐마 Brahma

창조의 신이다. 생각만으로 모든 만물을 창
조하며 낮에는 43억2000만 년 동안 지속
되는 우주를 창조하고 밤이면 잠든 브라흐
마의 몸으로 우주가 흡수된다는 신화가 있
다. 머리는 원래 다섯 개였는데 시바의 세
번째 눈에서 나온 불길로 하나가 불에 타서
네 개가 됐다. 삼주신 중 가장 존재감이 미
약해서 독자적인 숭배가 이루어지는 경우
는 거의 없다.

링가와 요니 Linga, Yoni

링가는 힌두교의 신 시바를 상징하는 남근이다. 끝이 둥근 원기둥 형상으로 만들며 일반적으로 여성의 성기를 상징하는 요니가 대좌의 역할을 한다. 크메르 문화에서의 링가는 사각의 바닥을 브라흐마, 팔각의 기둥을 비슈누, 가장 상단의 원기둥을 시바로 여겨 시바를 삼주신 중 가장 높은 위치에 놓기도 한다.

나가 Naga

신성한 뱀으로서 앙코르 유적의 수호신이다. 얼굴은 신, 몸통은 뱀의 형상으로 표현되고 머리는 코브라 모양으로 보통 일곱 개다. 토착 신앙, 불교, 힌두교 모두에서 숭배된다. 사원 입구와 해자 위의 다리, 사원 난간 등에서 쉽게 볼 수 있으며 후광 및 난간이 있는지에 따라 시대를 구분 짓는 기준이 되기도 한다.

압사라 Apsaras

천상의 무희. 힌두교의 창조 신화인 '우유 바다 휘젓기'에서 탄생했다. '천사'라고 할 수 있으며, 부드러운 몸의 곡선과 화려한 머리 장식으로 표현된다. 앙코르 유적의 상징적인 이미지라 사원 곳곳에서 각기 다른 모습의 부조로 접할 수 있다. 느린 음악에 맞춰 섬세한 몸짓을 보여주는 압사라 춤은 캄보디아의 전통춤이자 세계 무형문화유산이다.

데바와 아수라 Deva, Asura

데바는 선신, 아수라는 데바와 적대 관계에 있는 악신을 가리킨다. 이들은 비슈누의 권고로 불로불사의 묘약 암리타를 얻기 위해 서로 힘을 합쳐 나가의 몸통을 밧줄 삼아 1000년 동안 바다를 저었고 이 과정에서 천지가 창조되었으며 결과적으로 암리타를 얻게 됐다. 이 이야기가 바로 '우유 바다 휘젓기' 신화다.

인드라 Indra

전쟁의 신이자 신들의 왕으로 묘사된다. 천둥과 번개, 비를 관장하며 흰색 코끼리 아이라바타(Airavata)를 타고 다닌다. 고대 인도 신화에서는 그 어떤 신보다 중요하게 숭배되나 힌두교의 삼주신, 즉 비슈누, 브라흐마, 시바가 세력을 확장하면서 힘을 잃었다. 그러나 무용신의 성격을 끝까지 유지하며 앙코르 유적의 린텔과 벽 부조에 작은 크기로 자주 등장한다.

앙코르 왕조와 크메르 제국

802년 자야바르만 2세가 스스로를 새로운 왕(데바라자)으로 칭하고 크메르 제국을 세웠다. 왕조는 1432년까지 약 600년간 이어졌다. 앙코르와트와 반떼아이삼레, 벵메알레아 등을 세운 수리야바르만 2세와 앙코르톰, 바욘, 따쁘롬 등을 세운 자야바르만 7세가 왕권을 강력하게 다져 세력을 확장했던 12세기 초가 최고의 번성기로 통한다.

프랑스 통치 시대

19세기 말, 프랑스의 본격적인 지배를 받게 됐다. 오늘날까지 프랑스어가 통용되는 이유다. 이때부터 앙코르 지역의 유적 복원작업이 시작됐으며, 시엠립은 일찌감치 관광 도시의 길로 접어들었다. 도시 곳곳에 식민지 시대의 흔적이 남아 있다. 1884년에 노로돔 국왕이 프랑스의 강압으로 왕위만 유지한 채 통치권을 넘기는 협정에 서명했다.

크메르 제국의 왕과 주요 건축물

자야바르만 2세
802~835
프놈꿀렌 일대의 사원

하르샤바르만 1세
910~923
박세이참끄롱,
쁘라삿끄라반

라젠드라바르만 2세
944~968
쁘레룹, 동 메본,
반떼아이스레이, 스라스랑

수리야바르만 1세
1006~1050
남 클레앙, 쁘레아비히어,
피메아나까스, 서 바라이

인드라바르만 1세
877~889
쁘레아꼬, 바꽁,
인드라따따까바라이

자야바르만 4세
928~941
꼬께르 일대의 사원

우다야디트야
바르만 1세
1001~1002

자야바르만 3세
835~877

이사나바르만 2세
923~928

자야바르만 5세
968~1001
따께오

우다야디트야
바르만 2세
1050~1066
바푸온, 서 메본

야소바르만 1세
889~910
롤레이, 프놈바껭, 프놈복,
프놈끄롬, 동 바라이

하르샤바르만 2세
941~944

자야비라바르만
1002~1006
북 클레앙

크메르루주 시대

1975년, 크메르루주는 폴 포트의 지휘 아래 프놈펜에 입성해 유토피아적 공산주의 농촌을 내세우며 반대 세력과 지식인을 무차별적으로 학살했다. 이때 200만 명에 육박하는 캄보디아인이 사망했으며, 시신을 집단 매장한 곳을 '킬링필드'라 부른다. 크메르루주의 만행은 1978년 12월 베트남이 캄보디아를 침공하면서 일단락됐다.

캄보디아 왕국 시대

1993년, 캄보디아는 제1차 총선거를 실시하고 헌법을 공포했다. 처음에는 노로돔 라나리드 왕자와 훈 센이 공동 총리였으나, 무력 충돌이 일어나고 1998년 훈 센이 단독 총리가 된다. 하지만 훈 센 정부의 부정부패가 나날이 심각해지고 캄보디아의 빈곤 문제 또한 제자리걸음이어서 그의 장기 집권은 국제적인 비난을 받고 있다.

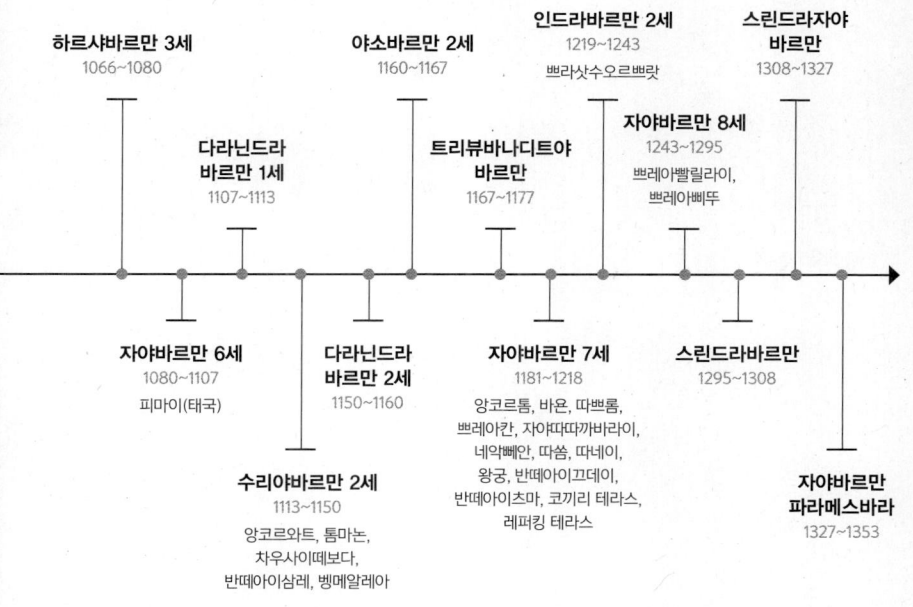

하르샤바르만 3세
1066~1080

다라닌드라바르만 1세
1107~1113

야소바르만 2세
1160~1167

트리뷰바나디트야바르만
1167~1177

인드라바르만 2세
1219~1243
쁘라삿수오르쁘랏

자야바르만 8세
1243~1295
쁘레아빨릴라이,
쁘레아삐뚜

스린드라자야바르만
1308~1327

자야바르만 6세
1080~1107
피마이(태국)

다라닌드라바르만 2세
1150~1160

수리야바르만 2세
1113~1150
앙코르와트, 톰마논,
차우사이떼보다,
반떼아이삼레, 벵메알레아

자야바르만 7세
1181~1218
앙코르톰, 바욘, 따쁘롬,
쁘레아칸, 자야따따까바라이,
네악뻬안, 따쏨, 따네이,
왕궁, 반떼아이끄데이,
반떼아이츠마, 코끼리 테라스,
레퍼킹 테라스

스린드라바르만
1295~1308

자야바르만 파라메스바라
1327~1353

01 앙코르와트

앙코르와트에
종일 머무는 여행

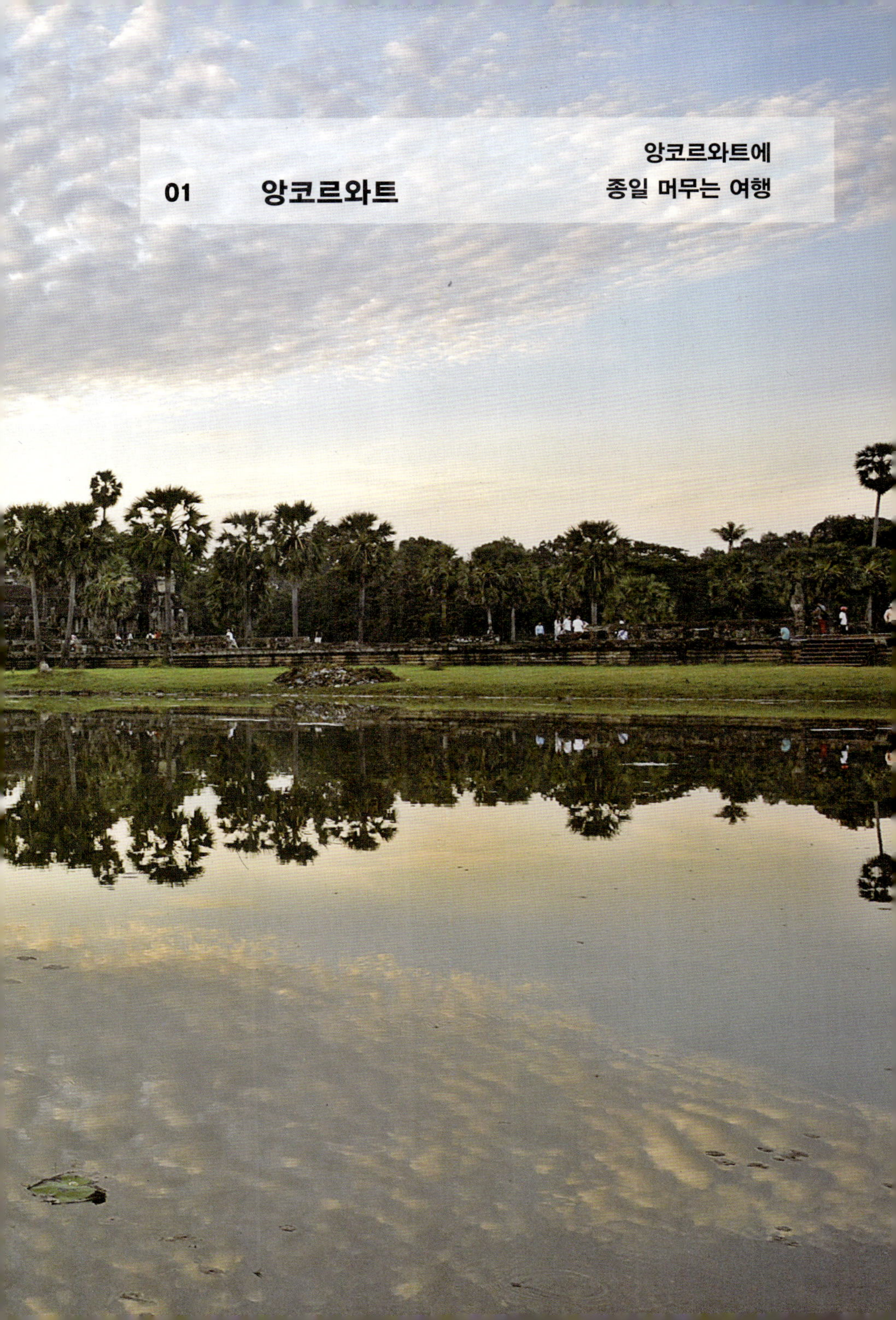

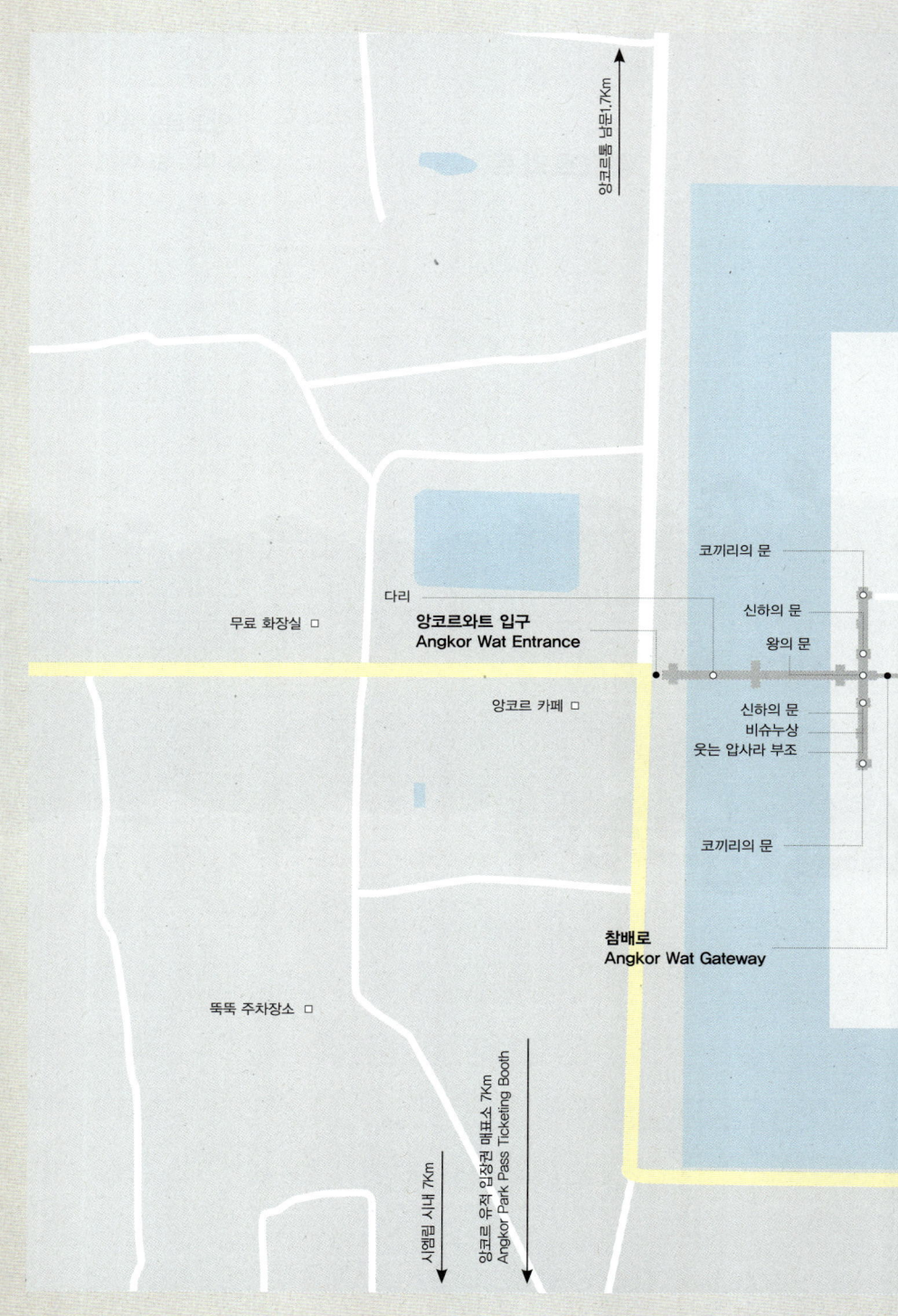

앙코르톰 남문 1.7Km

코끼리의 문

신하의 문

왕의 문

무료 화장실 ☐

다리

앙코르와트 입구
Angkor Wat Entrance

앙코르 카페 ☐

신하의 문
비슈누상
웃는 압사라 부조

코끼리의 문

참배로
Angkor Wat Gateway

뚝뚝 주차장소 ☐

시엠립 시내 7km

앙코르 유적 입장권 매표소 7km
Angkor Park Pass Ticketing Booth

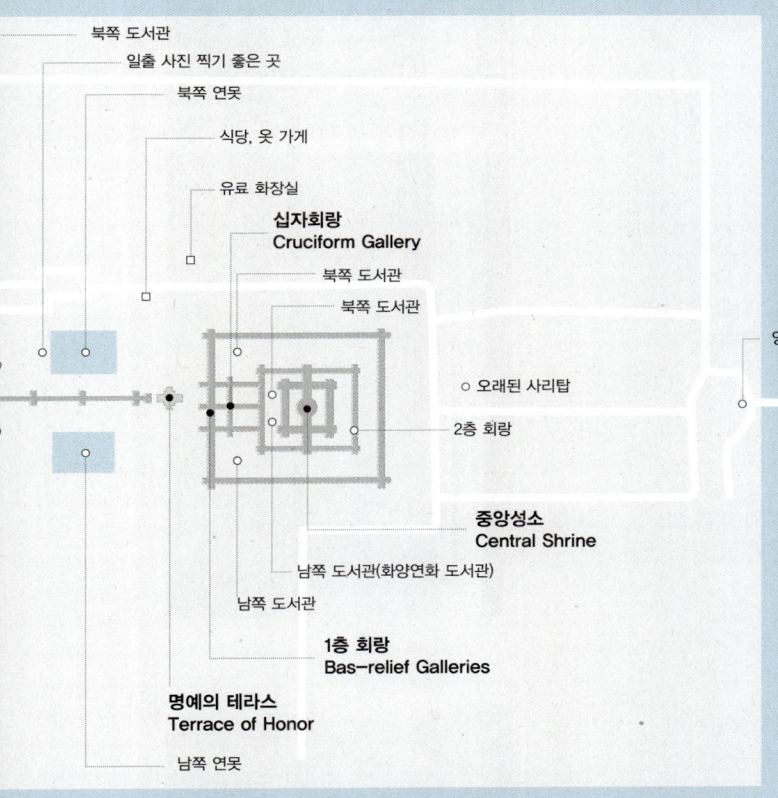

해자

북쪽 도서관

일출 사진 찍기 좋은 곳

북쪽 연못

식당, 옷 가게

유료 화장실

십자회랑
Cruciform Gallery

북쪽 도서관

북쪽 도서관

오래된 사리탑

앙코르와트 동쪽 입구

2층 회랑

중앙성소
Central Shrine

남쪽 도서관(화양연화 도서관)

남쪽 도서관

1층 회랑
Bas-relief Galleries

명예의 테라스
Terrace of Honor

남쪽 연못

남쪽 도서관

**베스트
일정**

시엠립 시내

뚝뚝으로 15분,
자전거로 40분

**앙코르와트 입구와
참배로**

**명예의 테라스와
1층 회랑**

**십자회랑부터
3층 중앙성소**

걷기 난이도 ★★★☆☆

해자를 포함해 동서 1.5킬로미터, 북서 1.3킬로미터다. 3층 중앙성소는 가파른 계단을 올라야 하므로 고소공포증이 심한 사람에게는 큰 도전이다.

언제 가면 좋을까

1월	2월	3월	4월	5월	6월	7월	8월	9월	10월	11월	12월

좋은 때

11~3월. 아침과 저녁으로 선선하고, 한낮은 30℃로 우리나라 여름과 같다.

괜찮은 때

6~10월. 하루에 몇 차례 소나기가 내려 이동이 불편하지만, 사원에서 빗소리를 듣는 것도 나름 운치 있다.

피할 때

4~5월. 1년 중 가장 더운 때. 넓은 사원에서 해를 피할 곳이 많지 않다.

특별한 때

춘분(3월 21일쯤)과 추분(9월 23일쯤). 앙코르와트 중앙성소 정중앙 위로 솟는 해를 볼 수 있다.

가벼운 마음으로 물과 간식 챙겨 하루쯤은 자전거로

1 잘 알아야 한다는 부담감을 버리자

과감하게 쓰건대 일단 도착한 후 이 책만 따라가도 충분하다. 배경지식 없이도 자연스럽게 '우와' 하고 감탄할 수 있다. 잘 알고 보아야 한다는 강박 때문에 나만의 감상을 잃지 말자.

2 하루를 투자해도 아깝지 않다

죽기 전에 꼭 한 번 가봐야 할 세계문화유산이며, 세계에서 제일 큰 사원이다.

3 시간이 없다면 오전에 핵심만 둘러보자

뚝뚝이나 택시를 하루 빌렸다면 해돋이를 보고 시내나 숙소에 돌아가 식사한 뒤 다시 앙코르와트로 돌아와 1층 회랑 일부와 3층 성소를 보는 걸 추천한다. 오후에는 "앙코르 유적군" 베스트 일정(138쪽 참고)을 따르면 된다.

4 자전거로 기대 이상의 여정을 즐겨보자

시내부터 앙코르와트까지는 오르막 없이 평탄해 40분이면 도착한다. 물론 혹서기에 해당하는 4월과 5월, 일출을 보기 위해 나서는 어두운 새벽에는 추천하지 않는다. 자전거 렌트는 73쪽을 참고하자.

5 뚝뚝, 하루 단위로 빌리지 않아도 된다

뚝뚝은 편도로 5~6달러, 하루 빌리면 15~18달러(스몰투어 기준)이다. 점심때 시내를 오갈 일이 없다면 굳이 종일 빌릴 필요가 없다. 한두 곳의 사원만 오갈 예정이라면 왕복 10달러 선에서 기사와 협상하자.

6 식사는 요령껏, 물과 간식을 챙기자

앙코르 카페 같은 식당들이 있지만 그 수가 적고 맛과 가격도 아쉬운 편이다. 사원 근처에서 식사한다면 132쪽을 참고하자. 간식과 물은 입구에서 1달러 선에 판매하지만 만약을 대비해 가방에 챙기는 것도 좋다.

7 화장실은 사원 서쪽 입구와 북쪽 연못 왼쪽 가게들 뒤편에 있다

유적관리팀에서 관리하는 무료 화장실은 사자상이 있는 서쪽 입구를 등지고 전방 100미터 정도 떨어져 있다. 정확히는 길 오른쪽 단독 건물이다. 쾌적하지만 사원 내에서 가려면 거의 1킬로미터를 걸어야 하니 급하다면 사원 앞 북쪽 연못 왼쪽에 늘어선 가게들 뒤편에 있는 유료 화장실(1회 1000리엘)로 가자. 94쪽 지도 참고.

8 복장 규제가 있다

무릎보다 위로 올라가는 짧은 하의나 어깨가 보이는 민소매 상의는 입장불가다. 특히 3층 중앙성소 입장은 복장 규제가 까다로운 편이다. 노출이 심한 옷을 자제하자.

1 사원 앞 연못가에서 해돋이 감상하기. 110쪽 참고.

2 1층 회랑 남서쪽에서 앙코르와트의 건축주 수리야바르만 2세 부조 찾기. 118쪽 참고.

3 영화 〈화양연화〉의 주인공처럼 2층 도서관에서 비밀 속삭이기. 127쪽 참고.

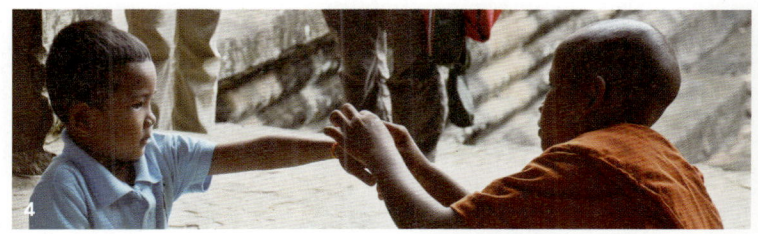

4 비슈누상의 발 만지며 소원 빌고 부처상 앞에서 행운 팔찌 사기. 126쪽 참고.

5 웃고 있는 압사라와 셀카 찍기. 109쪽 참고.

6 앙코르와트 3층 중앙성소에서 전경 감상하기. 128쪽 참고.

7 신비감을 더하는 동쪽 문이나 코끼리의 문으로 나가보기. 109쪽 참고.

육하원칙 앙코르와트

누가, 크메르 제국 제18대 왕 수리야바르만 2세

작은 할아버지를 죽이고 17세에 왕위에 올라 크메르 제국을 평정한 왕. 수리야바르만이란 '태양의 숭배자'라는 뜻이다. 수리야바르만 2세는 재임기에 종교적, 정치적 만다라를 완성하기 위해 국가 최대 프로젝트, 앙코르와트를 건설했다.

언제, 1113년경 착공, 1150년경 완공

수리야바르만 2세가 왕이었던 1113년부터 1150년 사이에 지은 것으로 추측한다. 사원 내부의 부조나 마감 상태 등을 볼 때 완벽하게 완공했다고 할 수는 없지만 약 40년 동안 이처럼 장중한 규모의 정교한 사원을 만들었다는 점은 미스터리다.

어디서, 캄보디아 동북부, 시엠립 시내에서 6.5킬로미터 떨어진 밀림

앙코르 지역은 수세기 동안 크메르 제국의 왕도로, 여러 왕이 지었던 1200여 개의 크고 작은 건축물이 남아 있다. 이 중 으뜸으로 꼽히는 곳은 수리야바르만 2세의 앙코르와트. 주요 유적지 중 가장 남쪽에 자리하며, 앙코르 유적군의 관문이나 다름없다.

앙코르와트 북쪽 연못에서 본 모습

무엇을, 동서 1.5킬로미터 남북 1.3킬로미터, 높이 60미터의 지상 3층 사원

현재는 검은 빛깔의 건물이지만 12세기 당시에는 라테라이트와 사암으로 만들어 돌에 칠을 하고 목재를 덧대 흰색 바탕의 금빛 테두리를 두른 화려한 건물이었을 것으로 추정한다. 세계 어디에서도 볼 수 없는, 돌로 만들어진 독특한 양식의 거대 사원이다.

어떻게, 약 40년간 3만 명의 인력과 6000마리의 코끼리를 동원

약 40킬로미터 떨어진 프놈꿀렌(꿀렌산)에서 채석한 60만 개 돌을 뗏목이나 코끼리에 실어 운반했다. 10미터 깊이로 파낸 땅에 모래와 자갈, 진흙을 넣어 지반을 다지고 흙을 쌓아 지지대를 만든 뒤에 다듬은 돌을 올려 탑을 쌓았다. 탑과 기둥이 완성되면 지지대 역할을 한 흙을 파내는 방식으로 피라미드형 건물을 지었다.

왜, 왕권 강화와 힌두교의 신 비슈누 숭배

앙코르와트는 수리야바르만 2세가 비슈누에게 바치는 사원인 동시에 우주의 중심이며 신들의 거처인 메루산을 통째로 옮겨오는 야심찬 프로젝트로, 왕이 곧 신과 다름없는 존재임을 각인시켜 왕권을 강화하는 데 목적이 있었다.

1 앙코르와트

앙코르와트에서 앙코르는 도시, 왓은 사원이라는 뜻이다. 앙코르는 인도 산스크리트어 나가라(Nagara)에서 기원해 크메르식 이름인 노꼬르(Nokor)로, 다시 앙코르(Angkor)로 되었다는 게 정설이다. 15세기 이곳을 점령한 시암(태국)의 승려들이 앙코르에 '왓'을 붙이면서 앙코르와트가 됐다. 캄보디아에서 쓰이는 유일한 태국말이 '왓'이다.

2 비슈누

질서의 신으로 창조의 신 브라흐마와 파괴의 신 시바와 더불어 힌두교의 삼주신이다. 일반적인 형상은 네 개의 손에 고동, 원반, 철퇴, 연꽃을 들고 서 있는 남자다. 수많은 이름과 화신(化身), 즉 아바타라로 표현되며 물고기, 거북이, 멧돼지, 반인반사자, 투사, 칼키, 부처, 난쟁이, 라마, 크리슈나 등 10가지로 대표된다. 신하의 문에 높이가 4미터인 비슈누상이 서 있다.

3 압사라

천상의 여신 압사라는 시엠립 여행을 통틀어 매우 중요한 키워드다. 특히 앙코르와트에는 1860여 개에 달하는 압사라가 조각되어 있는데 머리 스타일, 복장, 표정, 생김새가 다 다르다. 압사라 복장을 한 무희들의 모습을 보고 조각했을 거라는 추측이 있다. 압사라는 앙코르와트 곳곳에 있지만 2층 회랑 외벽에 집중적으로 묘사되어 있다.

4 메루산

연꽃 봉오리를 닮은 다섯 개의 탑 중 가장 높은 중앙탑은 메루산을 상징한다. 메루산은 힌두 사상에서 우주의 중심으로 통하며 신들이 거처하는 성스러운 장소다. 중앙탑을 둘러싼 나머지 네 개의 탑은 메루산을 둘러싼 큰 봉우리를 나타낸다.

5 〈라마야나〉

고대 인도의 대서사시다. '라마 왕의 일대기'라는 뜻으로 힌두교 경전으로 여겨진다. 왕위를 뺏기고 유랑길에 나선 비슈누의 화신 라마가 악마 왕 라바나에게 납치당한 아내 시타를 원숭이 군대의 우두머리 하누만의 도움으로 구출하고 다시 왕위에 오르는 모험담이다. 이 내용은 앙코르와트 1층 회랑 서쪽 북면 부조에서 볼 수 있다.

6 〈마하바라타〉

고대 인도의 대서사시다. 위대한 바라타족 이야기라는 뜻으로 왕실의 두 분파 사이에 생긴 갈등과 그들이 마주하는 운명, 왕권을 놓고 벌이는 대규모 전투가 핵심 내용이다. 앙코르와트 1층 회랑 서쪽 남면에서 이 이야기를 모티브로 한 부조를 살펴볼 수 있다.

미지의 세계와의 첫 대면
앙코르와트 입구와 참배로
Angkor Wat Entrance

별이 보이는 새벽에도, 새소리가 들리는 아침에도, 볕이 쨍쨍한 한낮조차도 앙코르와트로 향하는 길은 언제나 설렌다. 시내와 앙코르와트 입구 사이에는 잘 닦인 아스팔트 도로가 놓였다. 길이 평탄해 이른 아침과 해가 질 무렵에 자전거로 오가도 좋다. 복닥복닥한 시엠립 시내를 벗어나면 곧 평원이 펼쳐지고, 사원이 가까워지면 수풀이 무성해진다.

사원을 둘러싼 거대한 연못, 즉 해자가 보이면 자전거든 뚝뚝이든 바퀴가 달린 것은 세워두고 두 발로 직접 앙코르와트를 마주해야 한다. 해자를 가로지르는 참배로에 서면 자줏빛 수련이 고운 자태로 눈길을 사로잡는다. 긴 참배로를 따라 점차 '신의 세계'에 가까워지면 평온했던 마음은 묘한 떨림으로 바뀌고 이윽고 다섯 개의 문이 자리한 외벽을 마주하게 된다.

앙코르와트 중앙성소로 향하는 마지막 관문이자 무대의 커튼이 열리는 순간이다. 그렇게 턱을 하나 넘으면 비로소 눈에 익은, 그러나 이제껏 본 적 없던 연꽃 봉오리를 닮은 바로 '그 형상'이 떠오른다. 그 웅장한 아름다움 앞에서 해자에 피었던 수련은 금세 잊힌다. 이 감동을 위해 오는 길 내내 그렇게 한눈을 팔고 뜸을 들였던 걸까. 앙코르와트까지 750미터, 부디 천천히 걷길 바란다.

소요 시간
30분
하이라이트
해자와 북쪽 연못에서 바라보는 사원의 모습

1 서쪽에서 동쪽으로 걷는다

동향으로 지은 다른 사원들과 달리 서쪽을 향해 있는 사원이다. 서쪽을 향해 지어진 이유는 서쪽 방위를 상징하는 비슈누에게 바쳐진 곳이기 때문이라고도 하고, 서쪽이 죽음을 상징하는 풍습에 따라 수르야바르만 2세의 영묘이기 때문이라고 추측하기도 한다.

2 성벽을 에워싼 해자는 단순한 조경이 아니다

사원을 늪지대에 지은 데다 열대 지방 특성상 우기에는 물을 머금은 땅이 팽창하고 건기에는 수축해 건물이 쉽게 무너질 수 있었지만, 인공 호수인 해자로 물 수위를 조절해 붕괴되는 것을 막았다. 말하자면 앙코르와트는 물 위에 뜬 사원인 것이다. 해자는 종교적으로 신의 세계와 인간의 세계를 나누는 바다를 의미한다.

3 사자상과 나가상, 발 모양 바닥돌을 주목하자

입구에 세워진 사자상은 앙코르와트를 지키는 수호신이다. 침략국들이 꼬리에 성
스러운 힘이 깃들어 있다고 생각하고 꼬리를 잘라내어 바꽁(217쪽)에 있는 사자상
을 제외하고 대부분 꼬리가 없다. 입구에서 조금 걷다 왼쪽에 네모반듯하게 둘러진
나무 펜스 안을 자세히 보면 발 모양의 바닥돌을 확인할 수 있다. 본래 앙코르톰 입
구에 서 있던 석상의 발 조각인데 앙코르와트를 보수할 때 재사용되었다고 한다.
몇 걸음 안 가서 다리 양쪽이 돌출된 십자형 테라스 난간에는 머리가 일곱 개 달린
뱀이 보이는데 지상과 천상을 연결해주는 신 나가이다. 앙코르 유적을 수호해 왕의
문 앞에서도 볼 수 있다.

4 다섯 개의 출입문, 어디로 들어가도 후회는 없다

해자를 건너면 외곽을 두른 성벽에 뚫린 다섯 개의 출입문을 만난다. 정중앙에 높
이 솟은 중앙 출입구가 왕의 문이고 양쪽에 호위하듯 선 게 신하의 문이다. 양쪽 가
장자리에 문턱 없는 문은 코끼리의 문으로 불린다. 왕의 문 오른쪽에 있는 신하의
문에는 원래 3층 중앙성소에 있었을 것으로 추정되는 팔이 여덟 개인 4미터 높이의
비슈누상과 앙코르와트 내 1860여 개의 압사라 부조 중 유일하게 치아를 드러내고
웃는 부조를 만날 수 있다. 코끼리의 문은 이름 그대로 코끼리나 마차가 드나들던
문으로 사람이 없어 가장 여유롭게 사원으로 갈 수 있는 장점이 있다.

5 북쪽과 남쪽 도서관은 도서관이 아니다

앙코르와트 앞, 참배로 양쪽에는 도서관 건물이 마주보고 자리한다. 도서관이라고 불리지만 책을 보관하는 공간이라기보다 경전과 제사에 필요한 물건을 보관하고 제사를 준비했던 곳이라고 여겨진다. 앙코르와트뿐만 아니라 일반적으로 앙코르 유적의 사원 중앙성소 앞에는 도서관이 있다. 두 곳의 도서관 중에는 북쪽 도서관이 훨씬 붐비는데 일출을 보는 북쪽 연못과도 가깝고 일본 복원팀에 의해 복원이 모두 끝난 까닭이기도 하다.

6 코코넛 마시기 좋은 매점과 유료 화장실은 북쪽 연못가에 있다

물을 사거나 야외에 설치된 간이 테이블에 앉아 간단히 식사할 수 있어 편리하다. 코코넛은 한 개에 1달러이고 주문 즉시 구멍을 내 빨대를 꽂아주며 다 마시면 안쪽을 긁어먹을 수 있도록 잘라준다. 이때 작은 코코넛 껍질을 숟가락처럼 쓰면 된다. 가게들 뒤편으로 유료 화장실(1000리엘)이 있다. 급하지 않다면 앙코르와트 서쪽 입구에 있는 무료 화장실을 이용하는 게 낫다.

7 앙코르와트 최고의 포토존, 왼쪽의 연못이다

정확히는 앙코르와트의 전면부 북쪽에 위치한 연못이다. 수면 위로 반사된 앙코르와트의 모습이 무척 아름다울 뿐만 아니라 참배로 중앙에 섰을 때는 세 개만 보이던 탑이 연못가에서는 다섯 개 모두 보인다. 바람 없이 맑은 날이면 더욱 또렷하게 보인다. 16세기쯤 만들어진 것으로 추측되는 연못은 비가 많이 오면 주변이 진흙탕이 되는 것을 방지하는 상하수도 시설 같은 역할을 한다. 해돋이를 잘 감상하고 싶다면 111쪽을 참고해보자.

8 해가 뜰 무렵 문을 열고 해가 질 무렵 문을 닫는다

앙코르와트는 오전 5시 30분에 문을 열고, 오후 5시 30분에 입장을 마감한다. 쉬는 날은 없지만, 3층 중앙성소는 한 달에 네 번 입장이 통제된다. 성수기에는 유독 붐비니 이 책 130쪽을 참고하면 한가롭게 다닐 수 있어서 좋다.

앙코르와트에서 해돋이 감상하는 법

1 입장권은 전날에 구입하기

매표소는 매일 오전 5시에 문을 열기 때문에 당일 구매를 하면 해돋이를 충분히 감상하지 못할 수 있다. 다음 날 입장권은 매일 오후 5시부터 오후 5시 30분까지 판매한다. 매표소는 시내에서 5킬로미터, 앙코르와트에서 7킬로미터 떨어진 곳에 있다.

2 좋은 자리를 차지하고 싶다면 오전 4시 30분쯤 출발하기

'삼각대' 세우고 제대로 사진 찍고 싶은 사람이라면 숙소에서 4시 30분쯤 나오자. 이 시간 구름만 끼지 않았다면 쏟아질 듯 하늘을 채운 별 무리도 만날 수 있다. 앙코르와트는 정확히 5시에 관람객을 입장시킨다.

3 북쪽 작은 연못으로 가기

앙코르와트 전면부 북쪽에 있는 작은 연못에서 사원을 바라보고 왼쪽으로 서면 다섯 개 탑을 모두 볼 수 있다. 굳이 사원을 배경으로 해돋이를 보지 않아도 된다면 2층 회랑에서 동쪽을 바라보며 해를 기다려보자. 어둠이 가라앉은 사원의 고요한 분위기를 느낄 수 있다.

4 랜턴, 바람막이, 깔개, 간식 챙기기

연못까지 가는 길이 어두우니 랜턴이나 랜턴 앱을 준비하고, 쌀쌀한 날씨에 대비해 작은 무릎담요나 바람막이 같은 겉옷을 준비하자. 깔고 앉을 만한 손수건이나 등산용 깔개를 준비해도 좋다. 간단한 음료와 간식도 챙겨가자.

5 건기에는 오른쪽 야자나무, 우기에는 왼쪽 숲을 바라보기

건기에는 오전 7시 전후, 우기에는 6시 전후에 해 뜨는 모습을 눈으로 확인할 수 있다. 해가 사원 위로 조금씩 고개를 내밀어 완전히 솟아나는 시간은 10분이 채 걸리지 않는다. 사실 여명이 아닌 이 순간만을 원한다면 숙소에서 5시 넘어 느지막이 나와도 괜찮다. 앙코르와트 중앙탑 정중앙 위로 솟는 해를 보고 싶다면 춘분(3월 21일쯤)과 추분(9월 23일쯤)에 맞춰 가자.

6 연못에 자리가 없다면 사원 입구 오른쪽 해자 변으로 가기

연못 근처에 사람이 너무 많거나 색다른 각도에서 앙코르와트 해돋이를 경험하고 싶다면 참배로로 들어서기 전 사원 입구 오른쪽 해자 변도 괜찮다. 비록 사원의 다섯 개 탑을 모두 볼 수는 없지만 외곽 회랑의 출입문과 해자, 사원 정면의 세 개 탑을 동시에 보면서 해 뜨는 광경을 감상할 수 있다.

7 날씨는 운에 맡기기

하늘이 맑은 날이 생각보다 적다. 짙은 구름에 해가 가려 사진 속에서 봤던 빛깔 고운 여명이나 동그란 태양을 보지 못할 가능성도 크다.

8 해넘이를 보고 싶다면 사원 앞 북쪽 도서관으로 가기

앙코르와트에서 정글로 넘어가는 해를 지켜보는 것도 근사한 경험이다. 도서관 끄트머리에 앉으면 석양에 물든 금빛 앙코르와트와 밀림 방향, 즉 서쪽으로 넘어가는 해를 두루 감상할 수 있다. 일몰 시각은 건기에는 오후 6시 전후, 우기에는 오후 6시 20분 전후다.

9 숙소 도시락 서비스 이용해보기

보통 일출을 본 다음 뚝뚝을 타고 숙소로 돌아가 아침식사를 하는 경우가 많은데 이 시간이 아깝다면 숙소에 아침 도시락을 싸줄 수 있는지 문의해보자. 조식을 제공하는 많은 호텔이 해돋이를 보러 나가는 투숙객을 위해 도시락 서비스를 하고 있다.

앙코르와트 뒤편으로 떠오른 해

돌에 새긴 우주의 파노라마
명예의 테라스와 1층 회랑
Terrace of Honor and Bas-relief Galleries

색도 장식도 오래전에 사라진 이 시커먼 석조 건물. 그 내부에는 행복과 슬픔, 삶과 죽음, 사랑과 야망을 담은 부조들이 꿈틀댄다. 기도를 하고 참배를 올리는 이들에게는 종교적 공간이지만, 많은 여행자에게는 800년 넘은 미술관이다.

'앙코르와트 미술관'의 백미는 1층 갤러리다. 총 길이 800미터에 다다르는 2미터 높이의 벽에는 부조가 빼곡하다. 총 여덟 개의 테마로 나뉘는 작품은 스펙터클한 대전투 장면부터 시작된다. 힌두 신화 중 클라이맥스에 해당하는 전쟁 장면을 묘사한 부조는 영화의 한 장면처럼 치열하고 비열하며 격렬하고 허망하다. 그 감정들이 한 명 한 명의 표정에 드러난다. 한바탕 전투를 치르고 나면 앙코르와트의 건축주 수리야바르만 2세를 만나는 기회가 주어진다. 숨은그림찾기 하듯 '그분'을 찾는 재미가 있다. 왕의 행차 뒤로는 천국과 지옥이 기다린다. 지옥의 고문이 굉장히 끔찍함에도 눈길을 거두기가 쉽지 않다. 지옥 체험 후에는 이른바 '우유 바다 휘젓기'에 휘말려 들어갈 차례다. 힌두교 버전의 천지창조 신화가 벽면 한가득 새겨져 있는데 가만히 바라보노라면 기분이 오묘해진다. 그 단단한 석벽의 표면을 뚫고 무언가 솟아나올 것만 같기 때문이다. 5차원의 세계까지 간 영화 〈인터스텔라〉의 우주인 쿠퍼가 이런 기분이었을까.

소요 시간
한 시간

하이라이트
1층 회랑 부조 중 수리야바르만 2세의 군대와 우유 바다 휘젓기

1 명예의 테라스는 사원의 관문이다

원래 왕만 출입할 수 있었던 십자형 테라스다. 해자를 건너는 다리에서 보았던 테라스처럼 나가상이 난간을 꾸미고 있다. 외국 사신의 접견장이나 무희들이 춤을 추던 무대로도 쓰였다고 한다. 핵심 부조만 찾아볼 예정이라면 효율적인 이동을 위해 처음부터 왼쪽(북쪽) 고푸라(탑문)로 가서 '랑카의 전투(122쪽 참고)'부터 감상하는 편이 좋다.

2 1층 회랑은 반시계 방향으로 돈다

이야기의 전개를 따지자면 '우유 바다 휘젓기(120쪽 참고)'부터 보는 것이 좋지만 서쪽으로 들어온 이상 반시계 반향으로 돌아야 한다. 시계 방향으로 돌 경우 회랑의 폭이 넓지 않아 '역주행'을 하게 되어 사람들과 부딪히므로 서로 즐겁게 관람할 수 없다.

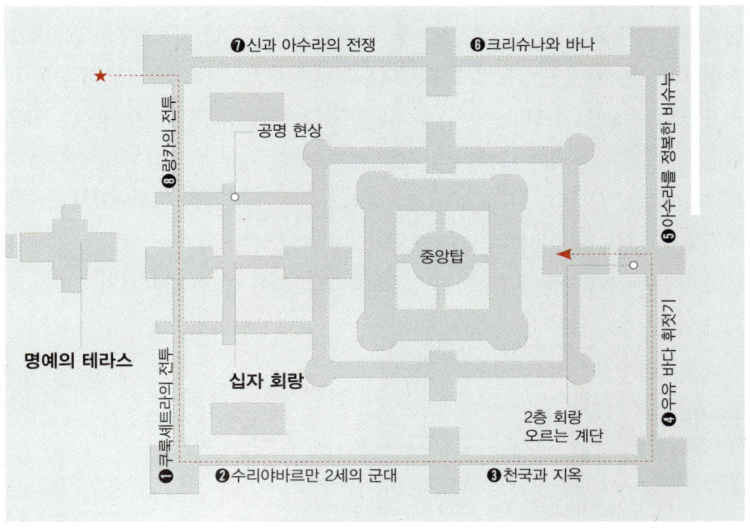

핵심 부조만 관람하고 싶다면 북쪽(왼쪽 고푸라)으로 들어가 붉은 선을 따라 회랑을 돌아보자.

3 부조를 제대로 보고 싶다면 해의 방향을 체크한다

부조는 빛이 비출 때 좀더 선명하게 보이므로 오전에는 동남쪽 부조를, 오후에는 서쪽 부조를 보러가는 게 좋다. 오전에는 '우유 바다 휘젓기'가, 오후에는 '랑카의 전투'나 '쿠룩셰트라의 전투(118쪽 참고)'가 좀더 잘 보인다는 뜻이다.

4 시간이 없거나 힘들면 다섯 개의 핵심 부조만 관람한다

여덟 개의 부조 중 다섯 개 부조를 돌아보는 핵심 코스로, 왼쪽 고푸라로 입장해 '랑카의 전투' '쿠룩셰트라의 전투' '수리야바르만 2세의 군대(118쪽)' '천국과 지옥(118쪽)' '우유 바다 휘젓기' 순서로 본 다음 가까운 계단을 통해 바로 2층 회랑으로 올라간다.

5 인적 드문 북쪽과 동쪽 회랑 일부 구간에서 '쉼표'를 찍자

사람이 거의 없고 볕을 가리는 기둥이 있어 조용한 분위기를 만끽하며 쉬어가기 그만이다. 이따금 원숭이가 돌아다니기도 하는데 야생원숭이니 함부로 만지거나 다가가지 말 것.

6 부조가 반들반들한 이유는 기름칠 때문이다

사람들이 하도 만져서 윤이 나는 것일까 싶지만 실은 부조의 탁본을 뜨느라 기름을 칠했던 흔적이다. 현재는 부조의 손상을 막기 위해 탁본을 하지 않는다. 1980년대에는 화학약품으로 회랑의 부조를 청소해 표면이 훼손되기도 했다.

1층 회랑 부조 이야기

❶ 쿠룩셰트라의 전투

고대 인도의 대서사시 〈마하바라타〉의 클라이맥스인 전투 장면을 생생하게 묘사했다. 왕권을 두고 사촌인 판다바 5형제와 카우라바 100형제가 18일간 전투를 벌인다. 악의 상징인 카우라바 100명의 형제는 왼쪽에서 오른쪽으로, 선의 상징인 판다바 다섯 명의 형제는 오른쪽에서 왼쪽으로 움직인다. 비슈누의 여덟번째 화신인 크리슈나가 판다바 형제들을 도와 승리로 이끌지만 전투 중 증조할아버지인 비슈마와 스승 두르나라가 죽게 되어 양쪽 형제 모두 슬퍼한다. 선이 승리하지만 결국은 비극이 되어버린 이야기다. 쿠룩셰트라는 '쿠루 평원'이라는 뜻으로 실제 인도 북서부 지역의 힌두교 성지다.

❷ 수리야바르만 2세의 군대

약 94미터로 다른 부조보다 길다. 이 부조에 새겨진 문자 덕분에 앙코르와트를 수리야바르만 2세가 세웠다는 사실을 알 수 있었다. 초입에는 지방 세력으로부터 충성 서약을 받는 수리야바르만 2세가 묘사되었고, 그다음에는 짬파(베트남)와 전쟁하기 위해 출정하는 모습이 새겨졌다. 대열 가장 앞에는 옷차림과 보폭이 제멋대로인 시암의 용병들이 보인다. 표정을 자세히 보면 죽을 운명을 예감하고 한껏 찡그리거나 울고 있다. 수리야바르만 2세 옆에는 19명의 왕이 서 있으며, 이들이 누구인지는 문자로 쓰여 있다.

포인트 1 **수리야바르만 2세의 파라솔**은 처음에는 14개, 그다음에는 15개이다. 파라솔이 많을수록 권력이 세다고 예상했으나, 수리야바르만 2세가 아닌 17개의 파라솔을 쓴 사람(누보 제국 자암바르만 4세로 추정)이 있어 의미는 불확실하다.

포인트 2 **부조 곳곳에 사각형으로 뚫린 구멍**은 조각하다 실수했을 때 수정하기 위해 잘못된 부분을 도려내고 새 돌을 끼워 넣어 조각했던 부분이다. 이후 도굴꾼들이 보물이 있지 않을까 꺼내보고 다시 끼우지 않아 빈자리로 남아 있다.

❸ 천국과 지옥

상단은 천국, 중단은 심판을 기다리는 사람들, 하단은 지옥이다. 18개의 팔을 가지고 물소를 탄 죽음의 신 야마는 사람들을 어디로 보낼지 심판한다. 천국은 37개, 지옥은

32개다. 부조 중앙에 야마와 야마에게 죽은 사람의 생전 기록을 읽어주는 치트라굽타, 그리고 수리야바르만 2세가 등장한다. 이는 왕의 힘이 저승에서도 발휘된다는 걸 뜻한다. 심판을 받고 지옥으로 떨어진 사람들은 곧장 형벌을 받는데 눈이나 혀가 뽑히고 몸에 못이 박히며 절구로 찧고 짐승에게 잡아 먹힌다. 천장을 연꽃으로 아름답게 장식한 점도 인상적이다.

❹ 우유 바다 휘젓기

힌두교의 창조 신화로, 이전의 부조와 달리 큼직큼직하게 한 장면만을 묘사했다. 49미터의 벽에는 선신인 88명의 데바(왼쪽)와 악신인 92명의 아수라(오른쪽)가 양쪽에서 나가의 왕인 뱀 바수키를 밧줄 삼아 당기고 있다. 데바는 고깔모자를, 아수라는 투구 모양의 모자를 썼다. 데바 쪽 끄트머리에는 하누만도 보인다. 회전축은 메루산 동쪽에 있는 만다라산이다. 신들의 신 인드라가 위에서 산을 고정시키고 비슈누가 쿠르마(두 번째 화신인 거북이)로 변신해 산을 받치고 있다. 이들이 바다를 휘젓는 이유는 불로장생의 물인 암리타를 얻기 위해서다. 바다를 휘젓는 동안 6억 명의 압사라와 비슈누의 아내이자 미와 행운의 여신 락슈미 등 온갖 생명체가 탄생한다.

❺ 아수라를 정복한 비슈누

아수라를 정복한 비슈누와 북쪽의 부조 두 개(악마 바나와의 전투에서 승리한 크리슈나, 신들과 악마의 대전투)는 1546~1564년 앙찬 1세 때에 조각한 것으로 여겨진다. 이 부조에서는 중앙에 가루다를 탄 비슈누의 모습을 확인하는 것으로 만족하자. 가루다는 비슈누가 타고 다니는 불사의 새로 독수리 얼굴에 사람 형상을 하고 있다.

❻ 크리슈나와 바나

비슈누의 여덟 번째 화신 크리슈나와 악마 바나의 전투를 묘사했다. 〈마하바라타〉의 부록 〈하리밤사〉에서 발췌한 이야기다. 초입에는 가루다에 올라탄 크리슈나가 여덟 개의 팔에 고둥, 원반, 창, 화살, 방패, 곤봉, 번개, 활을 들고 있고 양옆으로 크리슈나의 형 발라라마와 크리슈나의 아들 프라디움나가 있다. 중간에는 악마 바나가 사자 두 마리를 이끌고 크리슈나를 향해 접근한다. 크리슈나는 바나의 팔 1000개 중 두 개만 남기고 모두 잘라버리지만 목숨은 살려준다. 마지막 장면은 크리슈나가 무릎을 꿇고 앉아 중재에 나선 시바에게 바나를 살려두겠다고 말하는 모습이다.

❼ 신과 아수라의 전쟁

97미터로 제법 긴 북서쪽 부조는 신 21명이 행군하는 모습과 아수라들의 모습이 담겨 있다. 하지만 안타깝게도 신들의 구분하기 어렵다. 인드라는 코끼리 아이라바타를, 시바는 소 난디를, 브라흐마는 거위 함사를 타고 있다.

❽ 랑카의 전투

〈라마야나〉의 하이라이트를 묘사했다. 약 51미터의 부조로 인기가 많다. 원숭이 군대와 악마 군대가 싸우는 모습인데, 열심히 싸우는 원숭이도 있지만 물고기를 먹거나 딴청을 피우는 원숭이도 보인다. 움직임과 표정이 모두 달라 생동감이 넘친다. 중간쯤에는 하누만의 어깨를 딛고 화살을 쏘는 라마 왕자와 그의 동생 락슈마나, 그리고 라바나의 동생이지만 형에게 배신당해 라마 왕자의 편에 선 비비샤나가 있다. 10개의 머리와 20개의 팔을 지닌 아수라 왕 라바라는 말 없이도 하늘을 나는 마차를 타고 있다. 이 부조 속 원숭이 장군 하누만을 모티브로 한 작품이 〈서유기〉다.

동쪽 회랑에서 본 풍경

신과 대화하는 시간
십자회랑부터 3층 중앙성소
Cruciform Gallery and Central Shrine

앙코르와트에는 1.5층이 있다. 1층과 2층 사이의 경계쯤인데 그곳을 십자회랑이라 부른다. 다른 곳에 비하면 그리 중요하지 않은 곳임을 알겠지만 어쩐지 발걸음이 머무는 공간이다. 부처에게 경건하게 기도를 올리는 사람들 때문일까, 빈 공간이 주는 허전함 때문일까.

몇몇 사람이 빈 바닥에 발을 휘휘 젓는다. 본래는 물이 차 있던 곳이어서 3층 중앙성소로 올라가기 전 목욕을 하며 몸을 정결히 했던 곳인데, 물이 없으니 발 씻는 시늉을 하며 마음을 털어내는 것이다. 십자회랑 왼쪽(북쪽) 작은 방에서 가슴을 탕탕 치면 둔중한 울림이 방 안 가득 퍼진다. 가슴을 두드린 것뿐인데 종을 친 듯하다. 사원 내 다른 곳에선 이와 같은 울림이 없다. 답답할 때마다 가슴을 쳐서 이런 소리가 난다면 그 답답함이 조금이나마 해소되지 않을까. 십자회랑 오른쪽(남쪽)의 복도는 1000개의 불상이 있었다고 전해지지만 도굴로 인해 목 없는 불상 몇 개만 아무렇게나 놓여 있다.

이제 '신'을 만나러 3층으로 간다. 왕과 승려만이 올라 신과 대화를 나눌 수 있었던 신성한 장소. 3층을 감싼 2층 회랑의 외벽에는 수많은 압사라들이 춤을 추고 있다. 새로운 세계의 관문에서 이방인을 반기는 매혹적인 환영단 같다. 이제 겸손한 자세로 가파른 계단을 올라야 할 차례. 어느덧 앙코르와트의 꼭대기가 코앞이다.

소요 시간
30분
하이라이트
3층 중앙성소 서쪽에서 바라보는 전경

1 십자회랑에 있는 사각으로 패인 네 개의 구덩이는 욕장이다

기둥이 늘어선 회랑 바깥의 총 네 개의 사각의 면, 즉 어린아이의 키 정도 되는 높이로 움푹 들어간 있는 공간은 왕이나 브라만, 승려가 3층 중앙성소에 올라가기 전, 다시 말해 천상계로 가기 전, 몸과 마음을 정결히 하고자 몸을 씻던 욕장이다. 이곳은 바다나 강을 상징하기도 한다. 회랑에는 지붕이 있지만 욕장 위에는 지붕이 없다. 십자회랑의 지붕은 완전한 아치가 아닌 석재를 하나씩 얹혀 올려 아치처럼 쌓은 것이다.

2 불상 앞에서 운을 점쳐보자

불상 앞에는 점을 봐주거나 복을 불러온다는 빨간색 실팔찌를 채워주는 어린 승려나 점쟁이가 있다. 운수를 알고 싶은 사람이 점괘가 적혀 있는 조그마한 책자를 자기 머리 위에 얹고 작은 나무 막대기로 책 사이를 찌르면 점쟁이는 그곳을 펴서 점괘를 읽어준다. 정해진 복비는 없으나 기부함이라 적힌 나무 상자에 1달러 정도를 넣어주면 된다.

3 2층 회랑은 달이 뜨고 지는 것을 표현했다

2층 회랑은 1층 회랑의 북쪽 못지않게 인적이 드물다. 회랑 바깥쪽으로 창이 없고 3층을 향해서만 창이 나 있는데 그나마도 서쪽에는 창이 한 개라 전체적으로 어두운 편이다. 그럼에도 둘러볼 만한 흥미로운 점은 회랑 반시계 방향으로 가면서 창의 개수가 점점 늘어난다는 것. 이는 달이 점차 차올라 보름달이 되는 것을 창문의 수로 표현한 것으로 추정된다.

4 2층 회랑은 압사라의 천국이다

앙코르와트에서 가장 많은 수의 압사라가 조각되어 있다. 거의 1500개의 압사라가 조각돼 있으며 2층 회랑 외벽에서 가장 많이 볼 수 있다. 비슷해보여도 똑같이 생긴 압사라는 하나도 없다. 그러나 완성도가 좀 떨어지는 편이라 꼭 봐야만 하는 압사라 부조는 없다.

5 양조위가 비밀을 봉인한 곳은 왕의 계단 앞 도서관이다

십자회랑을 거쳐 2층 회랑 내부를 보지 않고 계단을 올라 밖으로 나오면 3층 중앙
성소로 오르는 계단이 눈앞에 보인다. 이 계단이 '왕의 계단'인데 그 양옆으로 자리
한 건물 중 오른쪽(남쪽)에 있는 도서관이 왕가위 감독의 영화 〈화양연화〉에서 양조
위가 비밀을 속삭였던 장소. 벽을 보면 동그랗게 움푹 파인 곳이 보이는데 그중
한 곳에 비밀을 말하고 흙과 잡초로 봉한다. 이 모습을 3층 중앙성소에서 어린 승려
가 바라보는 장면이 그려진다.

6 3층 중앙성소는 입장 시간과 휴일 체크가 필수다

앙코르와트에서 가장 신성한 장소라 규제가 많은 편이다. 일단 오전 7시 40분부터
오후 4시 45분까지 입장할 수 있다. 문을 닫는 시간은 오후 5시이지만 입장은 4시
40분에서 45분 사이에 마감한다. 또한 한 달에 네댓 번은 아예 출입이 안 되는 쉬
는 날이 있다. 이른바 '부처님의 날'인데 '3층 청소하는 날'로도 불린다. 캄보디아 달
력에 부처님이 그려진 날이 쉬는 날이다. 이날 외에도 국가적인 행사가 있으면 닫
는다. 또한 한 번에 100명까지만 입장하도록 제한하고, 사람이 빠져 나오면 그 수에
맞춰 입장하게 하므로 최소 20분 이상은 기다린다고 생각하는 게 좋다.

7 3층 중앙성소로 오르는 계단의 경사는 70도에 이른다

중앙성소로 오르는 계단은 총 12줄로 한 면당 세 줄씩 나뉘어 있다. 이 중 관람객이 오를 수 있는 계단은 왕의 계단이 있는 서쪽에서 성소를 한 바퀴 돌아 동북쪽에 있다. 계단의 경사는 70도가 될 정도로 가파르고 폭은 성인의 발이 하나 다 들어가지 않을 정도로 좁다. 왕의 계단만 57도로 그나마 완만한 편이다. 밟아야 하는 계단은 총 40개. 이렇게 계단이 가파른 이유는 3층은 천상계라 인간의 접근이 그만큼 어렵다는 것을 의미하는 동시에 신을 만나는 자리니 온몸을 낮추고 예의를 갖추어야 한다는 것이다. 현재는 안전과 문화재 보호를 위해 나무 계단이 설치되어 본래의 돌계단을 오르지 않아도 된다.

8 3층은 중앙탑과 제1 회랑, 네 개의 탑과 제2 회랑으로 이루어졌다

3층은 우주 그 자체를 상징하는 앙코르와트에서도 가장 높은 곳에 위치한 신의 거처 메루산 정상이나 다름없다. 동서남북 네 곳의 꼭짓점에 탑이 서 있고, 그 탑을 회랑이 잇고 있으며, 회랑 안쪽 중앙성소 정중앙에 앙코르와트에서 가장 높은 중앙탑이 있다. 중앙탑은 약 60미터, 다른 네 개의 탑은 약 46미터이다. 중앙탑을 중심으로 십자회랑과 마찬가지의 목욕장과 같은 연못이 있다. 바로 이곳이 비슈누의 영역이자 신과 동일시되었던 크메르 제국의 왕이 신에 대한 의식을 치르던 장소다.

9 색다른 풍경을 보고 싶다면 3층으로 오르면 된다

3층은 부조보다 앙코르와트와 주변의 풍경을 탁 트인 시야로 시원스레 감상할 수 있어 좋다. 앙코르와트의 참배로(진입로)와 그 일대 평원이 한눈에 들어오는 서쪽 창에서 사진을 찍어보자.

3층 중앙성소에서 보이는 풍경

나만의 앙코르와트 만들기

늘 관광객으로 붐비는 앙코르와트를 아지트처럼 돌아다니며 여유롭게 사진도 찍고 한가롭게 회랑을 돌고 싶다면 다음 팁을 활용해 나만의 추억을 만들자.

앙코르와트를 한가하게 누릴 수 있는 시간

오전 07:00	해돋이를 본 대부분의 사람이 숙소로 돌아가 아침식사하기 때문에 여유롭다.
오전 07:40	3층 중앙성소가 문을 연다. 3층은 한 번에 100명까지만 입장할 수 있으므로 늘 기다려야 하는데, 이때 올라가면 기다리지 않아도 된다.
오전 09:00	1층 회랑으로 인파가 몰리기 시작하니, 2층 회랑부터 돌아보는 게 낫다.
오후 12:00	이 시각부터 약 한 시간, 사람들은 점심식사를 하러 간다. 이때 1층 회랑으로 가면 상대적으로 인파가 덜 하다.
오후 04:00	많은 사람이 일몰 명소인 프놈바껭이나 쁘레룹 등으로 향해 더욱 한가하다. 앙코르와트 정면과 서쪽 회랑 부조를 더 뚜렷하고 아름다운 모습으로 감상할 수 있다.

＊한 달에 네 번, 3층 중앙성소가 문 닫는 날은 다른 날에 비해 한가하다. 한 번 더 올 시간이 있다면 이날 찾아 둘러보고, 다른 날 다시 와서 3층을 보는 것도 요령이다.

앙코르 카페 Angkor Cafe

가장 쾌적한 카페로 에어컨이 있고, 음료와 간식뿐만 아니라 식사도 할 수 있다. 카페 내부에 화장실이 있다.

왼쪽 해자 주변

입구를 등지면 보이는 왼쪽 해자 주변은 나무가 많아서 그늘이 있고, 널찍한 돌이 계단처럼 쌓여 있어 앉아 쉬기 좋다.

동쪽 입구

나무가 많아 그늘은 있지만 앉을 자리는 좀 마땅찮다. 대신 근처에 파라솔을 펴고 장사하는 노점상의 테이블과 의자가 있으니 음료 하나 사서 잠시 쉬어가도 좋겠다.

북쪽 연못가

사원 내부 북쪽 연못가에는 몇몇 가게의 노천 테이블이 있다. 물론 1~3달러인 코코넛이나 음료를 시켜야 한다.

그 외

앙코르와트 건물에서는 다섯 개의 출입구가 있는 외곽 회랑(왼쪽 코끼리의 문 방향)과 인적 드문 1층의 북쪽 회랑, 동쪽 입구로 나가는 방향의 1층 테라스, 2층 회랑의 남쪽 도서관 방면 출입구 등에서 쉴 수 있다. 사실 사원에서는 어디가 됐든 사람 없는 그늘이라면 그곳이 바로 쉼터다. 앙코르와트는 세계적인 문화유산임에도 일부 구역을 제외하고는 앉아 있는 것을 제재하지 않는다.

앙코르 카페 Angkor Cafe

앙코르 유적군 안에서 시원하고 깔끔한 곳을 찾는 여행자에게 알맞은 곳이다. 캄보디아 전통 음식부터 샌드위치와 파스타, 피자까지 메뉴가 다채롭다. 식사는 1인당 4~10달러, 음료와 디저트까지 먹으면 20달러까지 나올 수 있다. 추천 메뉴는 아목과 버거. 커피나 생과일주스, 아이스크림, 빵도 판매하므로 쉬어가기도 괜찮다. 내부에 깨끗한 화장실이 있고 실크 제품을 판매하는 아르티장 당코르 매장이 있다.

<u>위치</u> 앙코르와트 서쪽 입구를 등지고 왼쪽으로 약 30미터
<u>시간</u> 오전 6시~일몰

골든 몽키 | Golden Monkey

주황색 유니폼을 입은 직원들이 열띠게 호객 행위를 하는 트럭 카페로, 앙코르 유적군 안에서 가장 눈에 띄면서 믿을 만한 노점이다. 크루아상, 페이스트리, 크림빵, 핫도그와 커피, 생과일주스를 판다. 음료는 3달러 선, 빵은 한 개당 1.5달러 선이다. 세트로 사면 더 저렴하다.

위치 앙코르와트 입구 앞
시간 오전 5시~일몰

주변 식당

메뉴는 꽤 많은 편이지만 가장 무난하게 먹을 수 있는 메뉴는 볶음밥(바이차)과 볶음라면(미차)다. 메뉴는 영어로 쓰여 있어서 시키는 데 어렵지 않다. 가격은 메뉴 하나당 3~7달러 정도. 내부는 선풍기를 켜 놓지만 그리 시원하진 않다. 유적 관리팀에서 직접 관리하는 공용 화장실이 가까우니 화장실 걱정은 하지 않아도 된다.

위치 앙코르 카페 뒤편 또는 앙코르와트 입구 오른쪽
시간 일출~일몰

행상

자전거에 대나무통을 가득 싣고 다니면서 끄럴란을 팔거나 아이스박스에 탄산음료와 물을 넣어 한 개당 1달러에 판다. 끄럴란은 대나무 속에 찹쌀과 코코넛밀크를 넣어 불에 천천히 구운 것인데 약밥 같아서 한국인의 입맛에 잘 맞는다. 보통 떡을 뜻하는 '놈'이라고 부르기도 한다. 관광객에게는 한 개당 1달러에 팔지만 현지 물가로 보면 비싼 가격이므로 싹싹하게 깎아달라고 얘기하면 1달러에 두 개까지 얻을 수도 있다.

02　앙코르 유적군

꼭 봐야 할 유적만
알차게 둘러보는 여행

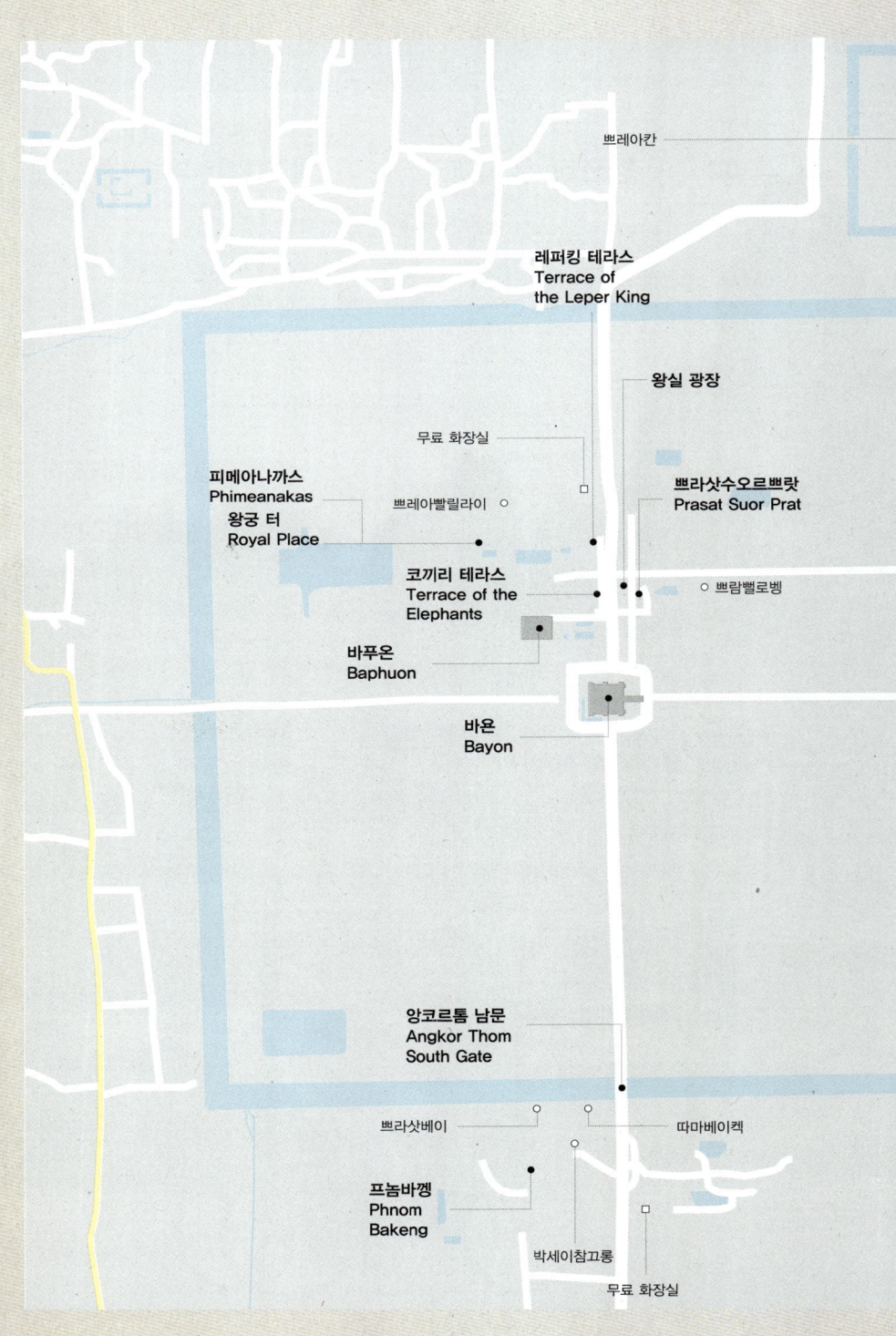

쁘레아칸

레퍼킹 테라스
Terrace of
the Leper King

왕실 광장

무료 화장실

피메아나까스
Phimeanakas
왕궁 터
Royal Place

쁘레아빨릴라이

쁘라삿수오르쁘랏
Prasat Suor Prat

코끼리 테라스
Terrace of the
Elephants

쁘람빨로벵

바푸온
Baphuon

바욘
Bayon

앙코르톰 남문
Angkor Thom
South Gate

쁘라삿베이

따마베이켁

프놈바껭
Phnom
Bakeng

박세이참끄롱

무료 화장실

자야따따까(북 바라이)

반떼아이스레이 30Km
Banteay Srei

따네이

승리의 문

통마논

동 바라이와 동 메본 8Km

쁘레룹 9Km

따께오

반떼아이삼레 12Km

차우사이떼보다

프놈복 16Km

따쁘롬
Ta Prohm

스라스랑

반떼아이끄데이

쁘라삿끄라반

베스트 일정

앙코르톰 남문

│ 뚝뚝으로 3분

바욘

│ 걸어서 5분

바푸온

│ 걸어서 5분

피메아나까스와 왕궁 터

│ 걸어서 2분

왕실 광장

│ 뚝뚝으로 3분

승리의 문

│ 뚝뚝으로 10분

따쁘롬

뚝뚝으로 20분 │   │ 뚝뚝으로 한 시간

프놈바껭   **반떼아이스레이**

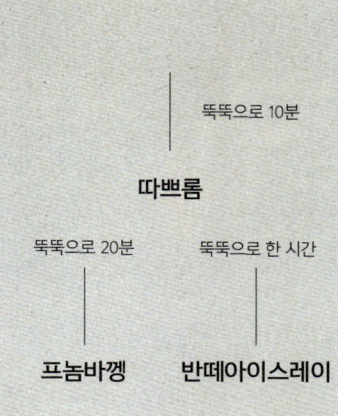

걷기 난이도 ★★★☆☆

하루 안에 코스를 모두 돌아볼 예정이라면 뚝뚝이나 자동차가 필수. 유적지 간의 거리가 짧지 않아 자전거로는 체력 소모가 크다.

언제 가면 좋을까

1월	2월	3월	4월	5월	6월	7월	8월	9월	10월	11월	12월

좋은 때

11~3월. 쾌청하다. 한낮 온도는 30℃, 아침과 저녁은 선선하다. 건기다.

괜찮은 때

6~10월. 단, 하루에 평균 한두 시간씩 비가 쏟아져 프놈바껭을 오르는 길이나 반떼아이스레이 주변은 진흙땅이 되어 불편할 수 있다.

피할 때

4~5월. 1년 중 가장 더운 때.

뚝뚝 타고 해 질 때까지 핵심 사원 돌아보기

1 뚝뚝으로 이동하는 것을 추천한다

바욘과 바푸온 등 앙코르톰 유적과 따쁘롬, 프놈바껭을 도는 코스를 '핵심투어' '스몰투어'라고 한다. 대부분 뚝뚝을 하루 빌려 오전 9시부터 오후 6시까지 모두 둘러본다. 체력에 자신 있다면 자전거 투어도 좋다. 자전거 투어로 추천할 수 있는 최장 거리는 앙코르톰이다. 앙코르톰에 진입하면 바욘을 포함한 주요 유적은 모두 걸어서 볼 수 있다.

2 바욘과 따쁘롬은 핵심 중에서 핵심이다

바욘과 따쁘롬은 주요 포인트를 감상하는 것만으로도 각각 두 시간 이상이 걸린다. 그러나 부담 없이 어딘가 앉거나 어슬렁대면서 사원 특유의 분위기에 젖는 시간만 두 시간을 써도 괜찮다.

3 반떼아이스레이에서 오후를 모두 보내보자

반떼아이스레이는 주요 유적군에서 약 30킬로미터 떨어져 있는 곳으로, 뚝뚝으로 왕복 두 시간이 걸린다. 따라서 점심 시간 이전에 핵심투어를 마치고, 이곳을 갔다면 해 질 무렵까지 있다 오는 게 좋다. 아예 주변의 사원과 명소를 묶어 하루 코스(191쪽 참고)로 다녀올 만하다.

4 프놈바껭에서 일몰을 보려면 조금 서두르자

가장 인기 좋은 일몰 포인트다. 한 번에 300명까지 입장할 수 있는 곳이라 만석이면 누군가 나올 때까지 기다려야 한다. 성수기에는 3~4시부터 좋은 자리를 정해 자리를 지키는 이들이 대부분이니 조금 서두르자.

5 화장실은 곳곳에 있으니 걱정하지 않아도 된다

앙코르톰 내에는 프놈바껭 입구 건너편과 레퍼킹 테라스 북쪽 끝 건너편, 앙코르톰 밖에는 따쁘롬 서문 건너편, 반떼아이끄데이 동문 건너편, 쁘레룹 동문 건너편에 있다. 외곽에 있는 반떼아이스레이 입구에도 있다. 앙코르와트 앞 화장실만큼 깔끔하게 관리되는 편이며 관리인이 입장권을 보여달라고 한다.

6 식당은 스라스랑 근처에 있지만 시내에 가는 편이 낫다

현지식과 서양식을 파는 식당 대여섯 곳이 몰려 있다. 평균 8달러로 현지 물가로 보면 호텔 식사 가격이다. 제대로 된 식사를 하려면 시내를 오가는 편이 낫다. 이때 뚝뚝 운임에 추가 요금이 붙을 수 있는데 실랑이를 하지 않으려면 처음 가격 협상 시 점심식사 시간에 시내를 오간다는 일정을 확실히 해두는 편이 좋다.

1 앙코르톰 남문 위로 올라 해자 내려다보기. 148쪽 참고.
2 바욘에서 크메르의 미소와 나의 미소를 함께 담아 사진 찍기. 153쪽 참고.
3 따쁘롬에서 길 잃은 듯 마음 놓고 방황하기. 177쪽 참고.

4 1200곳 넘는 사원에서 한 곳을 골라 나만의 비밀 장소 만들기. 136쪽 참고.
5 프놈바껭 중앙성소에서 일몰 보기. 185쪽 참고.
6 반떼아이스레이에서 산책하듯 걷기. 188쪽 참고.

왕도로 가는 길목
앙코르톰 남문
Angkor Thom South Gate

앙코르와트를 모두 둘러보고 왔다면 이 좁은 문 앞에서 어안이 벙벙해질 수도 있다. 앙코르와트만으로도 이미 차고 넘치는 놀라움과 감동을 맛본 사람들 앞에, 문은 마치 "진짜는 지금부터야" 하고 유혹하듯 비밀스럽게 열려 있다.

고푸라(탑문)를 장식한 사면체의 거대한 얼굴은 여유로운 표정이지만 작은 문 너머로는 무엇이 있는지 도통 가늠할 수가 없다. 문의 통로가 좁으니 안팎에서 동시에 들고 날 수가 없다. 문을 오가는 사람들은 암묵적인 동의에 따라 교대로 기다린다. 좁은 성벽 문 안으로 '기어이' 들어가야만 하는 이유는 간단하다. 성벽 안이 곧 도시이며, 이 도시가 바로 크메르 제국의 왕도로, '큰 도시'를 뜻하는 앙코르톰이기 때문이다.

남문은 곧 왕궁으로 가는 길. 총 12킬로미터의 성벽은 앙코르와트처럼 해자로 둘러싸여 있다. 남문 앞이라면 곧 물 위를 지나는 다리에 섰다는 얘기다. 다리는 또 다른 신의 세계로 향하는 진입로다. 다리 양쪽에서 선신 데바와 악신 아수라가 천지를 창조하며 이방인을 맞이하고 물이 차오른 해자 위로는 유유자적 뱃놀이하는 사람들이 눈에 들어온다. 데바와 아수라가 만들어낸 세계가 남문 안쪽으로 펼쳐진다. 진짜는 지금부터다.

소요 시간
약 15분

하이라이트
남문 사면탑과 돌다리 위 우유 바다 휘젓기의 108신

1 앙코르톰은 자야바르만 7세가 1181년경 조성한 성곽 도시다

성벽은 총 12킬로미터 길이의 정사각형으로 인공위성에서 보일 만큼 크다. 성벽 안쪽에는 바욘을 포함한 사원과 옛 왕궁 터, 왕궁 사원, 광장 등 주요 국가 시설이 남아 있다. 제22대 왕인 자야바르만 7세는 짬파로부터 침략을 받고 나라가 쇠약해지자 해자와 높은 성벽으로 이뤄진 성곽 도시, 앙코르톰을 건설했고, 한때는 성곽 안에만 10만 명의 인구가 거주했다고 한다.

2 다섯 개의 문 중 남문이 가장 중요하다

앙코르톰을 들어가려면 누구나 남문을 거쳐야 한다. 다섯 개 문 중 원형이 가장 잘 보존되었다. 서문은 관광객이 거의 이용하지 않는 문. 문밖에는 인공 호수 서 바라이가 있다. 북문은 쁘레아칸, 네악뻬안(212쪽 참고)으로 향한다. 영화 〈툼 레이더〉에 등장했던 동문은 문밖으로 가는 길은 막혀 있다. 동문 옆 승리의 문은 왕궁과 바로 이어져 왕족이 이용했으며, 크메르 군이 개선 행진을 한 문이다. 현재는 출구로 이용되며, 따쁘롬으로 향한다.

앙코르톰 남문 앞 해자

3 남문에서는 사면탑과 108신을 만나야 한다

남문에 도착했을 때 가장 먼저 시선을 끄는 사면탑(탑의 네 개면에 새겨진 얼굴 조각)
은 높이 3미터로, 부처, 자야바르만 7세, 선신 데바 등 다양하게 해석된다. 문 양옆
으로 신들의 신이라 불리는 인드라와 그가 타고 다니는 흰 코끼리 아이라바타 조각
을 볼 수 있다. 해자 위 돌다리에는 108명의 신이 자리하는데, 왼쪽이 선신 데바, 오른
쪽이 악신 아수라다. 바수키(뱀)를 잡아당기는 '우유 바다 휘젓기'를 재현하고 있다.

4 남문의 포토존은 다리를 건너기 전이다

앙코르톰을 둘러싼 해자는 적을 방어하는 수로이며 힌두교적으로는 바다를 표현한
것이다. 너비는 약 100미터이며 우기 때는 더 넓어진다. 다리를 건너기 전 남문을
바라보고 왼쪽 해자 변을 따라 조금 걸어가면 따마베이켁과 쁘라삿베이가 나온다.
따마베이켁은 테라스와 문의 일부만 남아 있고 쁘라삿베이는 세 개의 탑으로 구성
되어 있다. 둘다 10세기 힌두교 유적이다. 유적은 거의 소실되어 있어서 중요하진
않으나 이쪽에 서면 남문과 해자 위 다리의 전체적인 모습을 한눈에 담을 수 있다.

5 성곽에 올라서면 새로운 풍경이 보인다

앙코르톰 남문 안쪽으로 들어가 뒤를 돌아보면 성벽 위로 올라가는 길이 보인다. 일부러 조성한 것은 아니고 사람들이 많이 다녀서 생겼다. 이 길을 오르면 해자와 다리, 다리 위를 오가는 사람들이 한눈에 들어온다. 아래에서 보는 것과는 또 다른 풍경이다. 난간이 없으니 안전에 유의하자.

6 바욘 가는 길에 있는 야생 원숭이는 만지면 안 된다

앙코르톰 남문을 통과해 약 1.4킬로미터를 가면 바욘이 등장한다. 남문과 바욘 사이는 야생 원숭이의 천국이다. 관광객을 상대로 원숭이 먹이인 연밥과 바나나 등을 파는 행상이 있을 정도다. 하지만 야생 동물이고 날카로운 손톱과 이빨을 가지고 있으니 만지거나 위협하지 말자.

앙코르톰 남문 다리 위 아수라

남문 장단의 부조

크메르의 미소
바욘
Bayon

왕조가 패망한 후 자연과 사람에 의해 점차로 무너지고 낡아지기를 수백 년. 앙코르와트와 함께 크메르의 가장 인상적이고 상징적인 건축물로 꼽히는 바욘은 '미소로 지어올린' 금빛의 피라미드 사원이다. 화려한 금박은 그 칠이 다 벗겨진 지 오래이지만 수십 개의 아름다운 미소는 금빛보다 밝고 따뜻하다.

크메르의 미소로 불리는 얼굴 조각상은 앙코르와트의 압사라처럼 조금씩 다른 얼굴, 다른 표정을 하고 있다. 눈매도 입꼬리도 다르지만 찡그린 표정 하나 없이 신이 아닌 사람의 얼굴로 인자하게 웃는다.

1층 회랑에서 만나는 '보통 사람들'은 또 다른 매력이다. 앙코르와트의 부조가 범접할 수 없는 신과 그들의 환상적 세계를 다루었다면 1층 회랑 부조는 일상적이다. 수업을 받으며 졸고 있는 아이, 전쟁에 나가는 남편에게 보양식 '자라'를 건네주는 아내, 고통스런 표정으로 아이를 낳는 산모, 군사 행렬 속에 주저앉아 땡땡이를 치는 게으른 병사, 짐승에게 쫓겨 나무 위로 올라가는 겁먹은 사내. 적군의 인상은 무척 거칠고 화가 나 보이는 반면 크메르 병사의 얼굴은 선하고 강인하게 표현한 점이 인상적이다. 똔레삽에서 벌어진 전투는 당시 전쟁이 얼마나 대규모였는지 짐작될 만큼 넓고 큼직큼직하고 생생하다.

소요 시간
두 시간

하이라이트
서로 다른 미소의 사면탑과 1층 회랑의 부조

1 바욘은 불교 사원이다

바욘은 국교를 힌두교에서 불교로 바꾼 자야바르만 7세(1181~1218년경)가 본래 있던 사원을 증축해 만든 불교 사원이었다. 그러나 자야바르만 8세가 국교를 다시 힌두교로 바꾸면서 사원 내 불상과 부처를 표현한 부조가 파손되었다. 현재는 국교인 불교를 따라 앙코르와트와 마찬가지로 부처를 모시는 불교 사원이다.

2 동문이 입구인 3층 피라미드형 건물이다

상단의 수많은 사면탑들로 인해 복잡한 구조로 보이지만 사실은 3층으로 된 피라미드형 사원이다. 1층, 2층의 회랑은 직사각형으로, 3층 중앙성소는 원형으로 지어졌으며 동문을 입구로 한다. 동문 앞은 물이 없는 작은 연못과 테라스가 자리하며, 1층은 이중 회랑으로 설계됐다. 전체 규모는 동서 230미터, 남북 150미터로 크다. 천천히 감상하다보면 한 시간이 훌쩍 흐른다.

3 거대한 얼굴의 주인공이 누구인지는 미스터리다

사면탑에 새겨진 얼굴이 부처 혹은 자야바르만 7세의 얼굴일 것이라는 추측은 정설처럼 굳어져왔다. 하지만 최근, 힌두교의 선신 데바와 악신 아수라, 그리고 여신 데바타를 표현한 것이라는 학설도 설득력을 얻고 있다. 자야바르만 7세가 죽고 난 후 힌두교도가 불교와 관련된 것들을 모조리 훼손했는데 사면탑만 그대로 남겨두었다는 게 의아하다는 점이 이 주장의 설득력을 높인다.

4 37개의 탑, 117개의 서로 다른 얼굴이 있다

사면탑은 본래 54개가 있었을 것으로 추측한다. 오랜 세월이 흐르면서 훼손되었고, 1930년대 이후의 복원 작업 중에도 착오가 있어 현재는 37개만 남았다. 이 중 온전한 얼굴은 117개다. 사면탑이 둘러싼 중앙성소 내에는 비교적 최근에 안치한 부처상이 있다. 본래의 부처상은 힌두교들에 의해 근처에 버려졌다가 1933년 찾아내 앙코르톰 내 쁘람뻴로벵에 모셔 놓았다.

5 가장 인기 있는 얼굴은 3층 북문 오른쪽 통로에 있다

사면탑은 3층 중앙성소를 둘러싸는 형태로 자리해 3층 중앙성소 외부를 한 바퀴 돌면 가깝게 감상할 수 있다. 수많은 거대 얼굴 중에서도 가장 인기 있는 얼굴은 바욘 3층 북문 오른쪽 통로에 조각된 얼굴이다. 가장 온화하고 아름다운 미소여서 사람들이 이 얼굴과 사진을 찍기 위해 줄을 서기도 한다.

6 1층 회랑 부조에서 과거 크메르인을 만나자

정문인 동문으로 들어왔다면 건물을 바라보고 왼쪽으로, 즉 시계 방향으로 회랑을 돈다. 부조의 총 길이는 약 748미터. 앙코르와트 부조와 비교하면 보존 상태가 썩 좋지 않고 작품성도 떨어지며 규모도 작은 편이지만 신화가 아닌 사실적인 풍경을 옮긴 조각이라 관람자 입장에서는 훨씬 친숙하고 생동감 있게 느껴진다. 부조에 대한 자세한 내용은 156쪽을 참고하자.

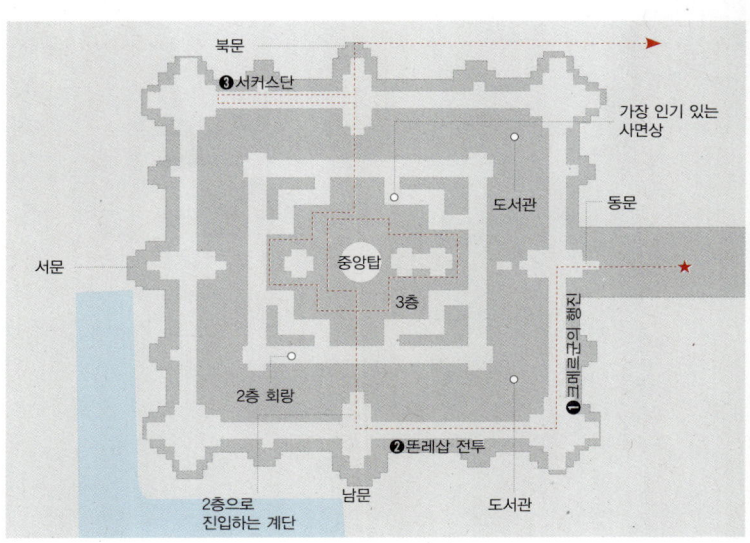

7 여유가 있다면 2층 회랑의 부조도 보기를 추천한다

2층은 회랑 중심부에 작은 방들이 있어 다소 복잡하게 보이지만 1층 회랑과 마찬가지로 동, 남, 서, 북 순으로 테라스를 돌면 된다. 부조에는 수행자들의 생애, 시바 이야기, 왕과 왕족들의 축제, 사냥꾼과 짐승, 코끼리와 군사 행렬 등이 담겨 있다. 훼손되거나 미완성인 부조가 많지만 여유가 된다면 돌아보자.

8 일출 직후 바욘에 왔다면 동쪽에 서서 사면탑을 바라보자

만약 앙코르와트에서 일출을 감상한 직후 여유가 된다면 곧바로 바욘으로 향하자. 아침 7시 전후에 바로 와도 좋다. 날이 좋다면 태양이 떠오르면서 바욘의 수많은 얼굴들에 차례로 햇빛을 드리우는 장관을 볼 수 있기 때문이다.

9 사진은 서쪽 방면에서 찍는 게 좋다

바욘의 전체 모습을 멋지게 담고 싶다면 출구인 서쪽 방면에서 앵글을 잡아보자. 여러 개의 사면탑과 건물의 윤곽이 네 방향 중 가장 또렷하게 보이는 편이다.

10 오전 8시부터 10시까지가 제일 붐빈다

이때 패키지 여행객이 몰리기 때문. 11시 이후에는 한산하지만 볕이 뜨거우니 한가로우면서 덜 덥게 감상하고 싶다면 이른 오전이나 늦은 오후에 찾는 게 좋다.

11 원래 화려한 황금빛 사원이었다

원나라 사신 주달관은 진랍국(크메르)을 방문하고 귀국 후 쓴 책 《진랍풍토기》에서 바욘을 금빛의 화려한 사원으로 묘사한다. 당시 중앙 사원을 비롯한 사면탑의 겉모습은 지금처럼 사암의 검은 빛깔이 아니라 도금이 되어 있고, 흰색으로 칠해져 있었을 것이라 추측된다. 또한 회랑은 목조 지붕으로 덮여 있었을 것이다.

12 바욘 다음은 바푸온이다

서쪽 문으로 나온 다음에는 코너를 돌아 북쪽으로 향한다. 북쪽 우거진 나무숲을 지나면 바푸온이 있다. 바욘에서 바푸온까지는 약 800미터. 바욘에 입장할 때 들어왔을 동문 맞은편의 오솔길이 소위 '귀신 문'이라 불리는 앙코르톰의 동문이다. 아스팔트 포장길을 계속 따라가면 코끼리 테라스와 왕실 광장(169쪽 참고)이 나온다.

1층 회랑에서 꼭 봐야 할 핵심 부조

바욘 1층 회랑은 크게 여덟 개 부분으로 나눌 수 있지만, 사실 미완성이거나 별다른 특징이 없는 부조도 있다. 다음은 꼭 봐야 할 부조다.

❶ 크메르 군의 행진: 동남쪽

밧줄을 X자로 몸에 두른 노예(크메르 병사라는 견해도 있다), 두 겹의 옷을 입고 귀가 큰 크메르 병사, 수염이 있고 묶은 머리에 관모 같은 것을 쓰고 있는 중국인 병사가 보인다. 한 번 출정하면 수년이 걸리기에 병사는 가족이 함께 전쟁터로 나섰다. 한 여자가 남자에게 자라를 건넨다. 보신용이거나 부적으로 생각된다. 가장 인기 많은 부조는 일명 '중국인 서당'이다. 맨 끝에 책상에서 엎드려 졸고 있는 학생이 눈길을 끈다. 이곳이 서당이 아니라 경매장이나 한의원일 거라는 해석도 있다.

❷ 똔레삽 전투: 남동쪽

상중하로 구성된 부조의 상단과 중간에는 크메르 군과 짬파 군의 똔레삽 해전이, 하단에는 똔레삽에서 사는 서민의 일상이 묘사되어 있다. 배를 타고 진격하는 병사 중 크메르 군은 미소를 머금은 반면 짬파 군은 어둡고 화가 난 것 같다. 노를 젓는 배 아래로는 배에서 떨어진 병사가 악어에 물렸고, 상대편 배에 구멍을 뚫고자 잠수를 한 병사의 모습도 보인다. 뭐니 뭐니 해도 인상적인 부분은 사람들이 편을 나눠 멧돼지 싸움, 닭 싸움을 하고 소를 사냥하며 함께 모여 끓는 물에 넣는 모습이다. 똔레삽에 그물을 던지고 뱃놀이를 하기도 한다. 산모가 아이를 낳는 모습, 중국인이 크메르 여인에게 구혼하는 모습, 서로 머리의 이를 잡아주는 모습 또한 인상적이다. 회랑을 모두 돌아보고 싶다면 시계 방향으로 돌면 된다.

❸ 서커스단: 북서쪽

돼지, 토끼, 사슴, 코뿔소 등이 줄지어 행진하고, 수레바퀴를 발로 돌리는 사람, 줄을 타는 사람, 격투를 벌이는 사람, 밧줄을 타는 사람들, 작은 사람들을 손으로 들어올린 거인 등이 보인다. 이들은 마을을 찾은 서커스단으로 추측된다. 서커스단 오른쪽에는 테라스에 앉아 행진을 구경하는 사람들도 보인다.

숨은그림찾기 하듯
바푸온
Baphuon

비밀 많은 바푸온은 여전히 그 속내를 다 보여주지 않는 신비의 사원이다. 바푸온 이라는 이름조차 '숨겨진 아들'이라는 뜻을 담고 있으니 이방인이 할 수 있는 건 이 커다란 돌산을 헤매는 것뿐인지도 모른다.

사원은 난간 없이 200미터인 긴 다리와 연결되어 있다. 밀림을 병풍으로 두른 피라 미드형의 3층 사원. 다리와 다리 양옆에 있는 연못, 그리고 서두름 없이 다리를 오 가는 사람들의 모습은 그 자체로 근사한 그림이다.

어떤 힌두교 사원이든 제일 높은 탑은 메루산에 비유되지만 바푸온은 사원 전체가 산인 듯 그 자체가 웅장하고 안정감이 느껴진다. 바푸온을 보는 법 또한 산을 대하 는 법과 다르지 않다. 멀리서 봐야 비로소 아름다운 윤곽을 눈에 담을 수 있고 안으 로 들어가봐야 어떤 나무들이 수려한 자태를 뽐내고 있는지 알 수 있다. 바푸온을 멀리서 봐야 할 이유는 사원 서쪽 벽의 거대한 와불을 마주했을 때 확실해지고, 자 세히 봐야 할 이유는 2층 고푸라(탑문)의 부조를 바라볼 때 깨달을 수 있다. 사실 바 푸온은 수십 년째 복원 작업 중이라 아직 불완전한 형태다.

소요 시간
한 시간
하이라이트
난간이 유실된 진입로 위에서 바라본 사원과 사원 정상에서 바라본 풍경

1 앙코르와트와 바욘보다 일찍 세워진 힌두교 사원이다

바푸온은 바욘이 세워지기 약 140년 전 우다야디트야바르만 2세가 시바에게 바치는 국가 사원으로 지었다. 해자 위 다리(참배로)는 수리야바르만 2세 때 건설한 것으로 추측된다. 《진랍풍토기》에서는 "금탑(바욘)에서 북쪽으로 1리쯤 가면 금탑보다 더 높은 동탑이 울창한 숲속에 있"다고 전하는데 그게 바푸온이라고 본다. 규모는 동서 425미터, 남북 125미터 정도다. 높이는 42미터인데 원래 높이는 50미터가 넘었을 것으로 추정한다.

2 들어갈 땐 동쪽, 올라갈 땐 남쪽, 내려올 땐 북쪽, 나갈 땐 서쪽이다

바푸온도 다른 사원과 마찬가지로 동쪽 입구가 정문이지만 동쪽 계단은 출입이 금지되어 있다. 이때 남쪽 계단으로 올라가 2층 남쪽 고푸라 부조를 보고, 동쪽 부조를 본 뒤 3층에서 바푸온의 풍경을 감상하고, 북쪽 계단으로 내려와 1층 서쪽 회랑에서 와불을 보면 된다.

3 2층 동쪽 고푸라 부조가 하이라이트다

앙코르와트나 바욘은 회랑 벽면에 부조가 새겨져 있지만 바푸온은 부조가 탑문에 새겨져 있다. 부조는 아래에서부터 위로 읽어야 흐름이 맞는다. 또한 반시계 방향(남, 동, 북, 서 순)으로 돈다. 가장 먼저 보이는 부조는 남쪽 고푸라(탑문) 양쪽 모서리에 새겨진 것이다. 비슈누의 여덟번째 화신인 크리슈나의 탄생과 어린 시절 이야기다. 동쪽 고푸라 부조는 시타가 정절을 의심하는 라마 왕자 앞에서 불에 뛰어드는 장면이 새겨져 있다. 판다바 형제가 카우라바 형제와 전투를 벌이는 장면도 동쪽 고푸라 부조다. 뿐만 아니라 동쪽 고푸라 북쪽면 회랑 부조는 당시 왕궁 모습을 섬세하게 새겨놓아 궁전의 모습을 추측해볼 수 있다.

4 2층 고푸라 주변에서는 낙상 사고를 유의해야 한다

2층 고푸라(탑문) 바깥쪽 부조는 발을 디딜 자리가 좁다. 따라서 비가 오는 날이나 미끄러운 신발을 신었다면 회랑 밖으로 나가는 행동은 자제하는 편이 좋다.

5 와불은 멀리서 봐야 제대로 보인다

1층 서쪽 회랑에는 거대한 와불이 있다. 가까이에서 보면 그냥 건물 옹벽처럼 보이기 때문에 사원 밖으로 완전히 나와 전체의 윤곽을 봐야 누워 있는 부처임을 알 수 있다. 와불은 16세기에 만들어진 것으로 추정한다. 길이는 75미터이고 사암을 모아 벽돌로 벽을 쌓듯 만들었다. 하지만 이 와불이 사원에 균열을 만들었고, 무게가 한쪽으로 쏠리면서 거의 붕괴된 것을 수십 년의 복원 작업을 통해 바로 세웠다.

6 바푸온은 '숨겨진 아들'이라는 뜻이다

'숨겨진 아들'이라는 이름은 오래전 크메르와 시암의 갈등을 다룬 전설에서 유래한다. 시암의 왕이 자신의 아들을 크메르 왕에게 맡긴다. 하지만 크메르 왕은 아이에게 왕위를 찬탈당할까봐 죽이고 만다. 이에 화가 난 시암의 왕은 크메르로 군사를 이끌고 오고, 크메르 왕비는 자기 아들인 왕자를 바푸온에 숨겼다.

7 복원 작업은 여전히 진행 중이다

1959년 프랑스 복원팀은 완전히 해체한 후 다시 돌을 쌓는 방법(아나스틸로시스)으로 바푸온의 복원을 시작했다. 해체하는 것만 10년이 걸렸고, 내전으로 20년 간 복원이 중단되었다가 1995년에 재개됐다. 지금의 형태는 2011년에 잡힌 것으로 2026~2030년에 완전히 복원될 것으로 예상된다.

8 사원 앞뜰은 포토존, 사원 뒤뜰은 쉼터다

앙코르 유적군의 많은 사원이 보는 각도에 따라 완전히 다른 건물로 보이는데 바푸온은 그중에서도 그 차이가 큰 건축물이다. 건물이 가장 웅장하면서도 비례가 맞아 보이는 위치는 사원의 입구 참배로다. 건물을 등지고 참배로 위에서 셀카를 찍어보자. 사원의 출구로 통하는 북쪽은 왕궁 터로 가는 길목인 동시에 울창한 나무 그늘이 있어 쉬었다 가기에 좋다.

9 서쪽 문으로 가면 피메아나까스와 왕궁 터가 나온다

정확히는 와불을 등지고 서쪽 문으로 나오면 북쪽으로 난 오솔길이 보인다. 그 오솔길을 따라 걸으면 커다란 스펑나무가 한 그루 서 있고 왕궁 터로 향하는 탑문이 있다. 이 탑문을 통과하면 왕궁 사원인 피에아나카스가 보인다.

사원 밖에서 본 서쪽 회랑 외불

앙코르톰 내 최상의 쉼터
피메아나까스와 왕궁 터
Phimeanakas and Royal Place

적지 않은 앙코르 유적 여행자가 의아해하는 것이 있다. 사원은 수도 없이 많은데 왕궁은 보이지 않는다는 것. 물론 '앙코르와트가 왕궁 아닌가' 하고 생각하는 이들도 있을 것이다. 아쉽게도 앙코르와트는 왕궁이 아닌 사원이다.

왕궁은 '터'만 남아 그저 그 모습을 상상할 뿐이다. 나무로 지은 건물이었기 때문이다. 그 많은 사원은 모두 돌로 지었는데 어째서 왕이 사는 건물은 나무로 지었을까. 이유는 간단하다. 왕궁은 인간이 사는 건물이고 사원은 신이 사는 건물이기 때문. 대신 나무로 지은 왕궁은 돌로 지은 건물보다 정교하고 화려한 아름다움을 뽐냈을 것이다.

이제 왕궁에는 과거 크메르인의 바람대로 불멸의 신만이 거처를 지키고 있다. 왕궁 건물 중에 유일하게 남은 사원, 피메아나까스는 다른 사원들에 비하면 규모도 작고 평범해 보이지만, 다섯 명의 왕이 대를 이어가며 정성스럽게 지은 것이다. 뜻조차 '천상의 궁전'이다. '자세히 들여다봐야 하나' 하는 부담은 완전히 떨쳐내도 좋다. 피메아나까스를, 그리고 왕궁 터를 온전하게 감상하는 방법은 나무 그늘 아래 가만히 앉아서 돌무더기와 공터로 남겨진 폐허를 바라보는 것이다.

피메아나까스와 왕궁 터
소요 시간
30분
하이라이트
나무 그늘에서 바라보는 피메아나까스

쁘레아빨릴라이 Preah Palilay
소요 시간
20분
하이라이트
나무에 잠식된 굴뚝처럼 생긴 탑

1 왕궁 창문은 금으로 만들었다

《진랍풍토기》에 따르면 왕궁은 1.2미터로 높게 다진 지반 위에 세워졌으며, 납과 흙으로 만든 기와로 지붕을 얹고, 창문은 금으로, 기둥은 부처상으로 장식했다고 한다. 프랑스 복원 전문가들에 의하면 왕궁은 나무로 만들어졌다. 왕궁의 모습은 바욘 2층 동쪽 고푸라 옆 회랑 부조에서 추측할 수 있다.

2 피메아나까스 3층은 왕궁 터 전망대다

나무가 아닌 사암으로 만들어 왕궁 건물 중 유일하게 남은 피메아나까스는 3단의 피라미드형 건물이다. 동서남북 모두 계단이 있으며, 계단 양옆에는 사자상이 서 있다. 관광객은 서쪽 나무 계단을 통해 사원에 오를 수 있다. 이 계단을 따라 3층 중앙 성소에 도착하면 북쪽에 있는 왕실 연못과 왕궁 터가 한눈에 보인다. 사원 꼭대기에는 황금탑이 있었다고 전해진다.

3 피메아나까스는 왕의 은밀한 공간이었다

크메르 왕이 아름다운 여인의 모습으로 나타나는 뱀의 정령과 피메아나까스의 탑 꼭대기에서 동침을 했다는 전설이 전해진다. 뱀은 크메르인의 토착 신앙에서 숭상받는 존재로, 왕이 뱀의 정령과 하루라도 동침하지 않으면 다른 부인과 잘 수 없을

뿐만 아니라, 나라에 큰 재앙이 일어난다고 믿었다. 이 전설을 근거로 이곳이 단순한 사원이 아니라 왕의 비밀 접견소, 보물 창고, 천문대였을 거라 추측한다.

4 왕궁 연못은 야외 목욕탕이었다

피메아나까스 근처에 있는 연못은 왕실의 야외 목욕탕으로, 서쪽은 여자 목욕탕, 동쪽은 남자 목욕탕으로 알려져 있다. 주달관의 《진랍풍토기》에는 왕궁에 사는 궁녀 3000여 명이 알몸으로 목욕을 즐겼고, 그들의 피부가 매우 희다고 적혀 있다. 연못 깊이는 5미터로 13개의 계단이 있고, 벽면에는 3단의 부조가 새겨졌다. 이 부조는 연못이 마르는 3월과 4월에 볼 수 있다.

왕궁 너머 더 깊은 곳을 보고 싶다면

쁘레아빨릴라이

왕궁 터를 모두 돌아본 다음에는 연못을 지나 동쪽 탑문으로 빠져나가는 길이 일반적인 동선이지만 더욱 한적하면서 독특한 분위기를 느껴보고 싶다면 연못 뒤쪽의 북쪽 탑문으로 나가보자. 뭐가 더 있을까 싶을 정도로 한가롭지만 이윽고 나무가 잠식한 굴뚝처럼 생긴 탑 하나를 만나게 될 것이다. 12~13세기에 지어진 것으로 추측되는 작은 불교 사원 쁘레아빨릴라이다. 고즈넉하고 오묘한 분위기를 간직하고 있어 가만히 쉬기에 참 괜찮은 장소다.

정글 속 축제에 온 듯
왕실 광장

나무를 울타리로 두른 아늑한 왕궁 터를 벗어나면 곧 너르고 푸른 광장이 펼쳐진다. 그 위로 여행자를 태운 뚝뚝이 오간다. 광장은 북문과 승리의 문으로 들고 나는 앙코르톰의 교차로이기에 늘 분주하다. 화려했던 제국은 세월 속에 묻혔지만 전 세계인들이 몰려드는 오늘날의 앙코르톰은 여전히 영화로운 시절 안에 있다.

왕이 된 마음으로 앙코르톰에서 가장 탁 트인 공간을 내려다본다. 4미터에 이르는 높고 긴 석조 단상은 코끼리 테라스로 과거 절대 권력자의 관람석이었다. 고깔 모양 관모를 쓴 크메르 왕은 호위를 받으며 그곳에 앉아 군사들의 행렬을 지켜보았을 것이다. 제국의 가장 신성한 광장 위에 선 자긍심과 애국심을 품은 군사들은 절도 있게 도열한다. 한편, 군사들의 시선에서 테라스는 마치 공연 무대를 보는 듯하다. 단상 외벽의 수려한 부조는 아름다운 무대미술로 봐도 손색이 없다. 그 위에 선 '황금빛' 제왕을 우러러 보는 군사들은 경외심을 갖지 않을 수 없었으리라. 그러나 오늘날 같은 자리에 선 여행자는 광장에 돗자리를 펴고 테라스 위의 밴드 공연을 감상하는, 아주 그럴싸한 '앙코르 뮤직 페스티벌'을 상상하게 되니 불경스러워도 어쩔 수 없는 일이다.

코끼리 테라스 Terrace of the Elephants
소요 시간
30분
하이라이트
단상 외벽의 코끼리 부조와 단상 위에서
바라보는 너른 광장

쁘라삿수오르쁘랏 Prasat Suor Prat
소요 시간
10분
하이라이트
코끼리 테라스에서 바라봤을 때 열을 지어 선 12개의 탑

레퍼킹 테라스 Terrace of the Leper King
소요 시간
20분
하이라이트
미로처럼 숨어 있는 부조들

1 왕실 광장은 국가 행사의 장으로 쓰였다

왕실 광장은 코끼리 테라스와 레퍼킹 테라스, 그리고 테라스 앞의 너른 뜰을 말한
다. 왕궁 터에서 동쪽 고푸라로 나오면 바로 만날 수 있는 코끼리 테라스는 웅장한
석조 테라스로 전쟁에 나가는 군사들을 사열하거나 전쟁에서 승리했을 때 환영하
는 장소로 쓰였다. 테라스 앞 광장과 더불어 국가 행사나 대규모 축제에도 활용되
었을 것으로 추측된다.

2 코끼리 테라스 외벽의 아름다운 부조를 감상하자

코끼리 테라스는 중앙 테라스를 중심으로 양쪽 각각 150미터씩 뻗어 있는 외벽의
부조가 아름다운 유적이다. 이름처럼 실물 크기에 가까운 코끼리 행렬이 새겨져 있
으며 무엇보다 먼저 눈길을 끄는 코끼리 조각은 남쪽 계단 및 북쪽 끝 부분의 아이
라바타다. 아이라바타는 인드라가 타고 다니는 머리 세 개의 코끼리로, 코끼리의 코
를 기둥 장식처럼 조각했다. 두 팔을 들어 테라스를 떠받치는 형상은 비슈누가 타
고 다니는 새 가루다다.

3 죄를 가리는 탑이 있다

코끼리 테라스 위에 서면 맞은편으로 12개의 석탑이 보인다. '밧줄 무용수의 탑'이라는 뜻의 쁘라삿수오르쁘랏은 크게 두 가지 용도를 가졌을 거라고 본다. 첫번째는 탑과 탑 사이에 밧줄을 연결해 광대가 줄타기 공연을 했을 것이라는 추측이다. 두 번째는 재판 판결의 수단으로 사용했다는 추측이다. 분쟁이 일어나면 양측을 각기 다른 탑에 머물게 한 후 며칠이 지나 두 사람 중 몸에 이상이 생긴 사람에게 유죄를 선고하는 것이다. 죄가 없으면 몸도 건강해야 한다는, 지금 보면 다소 어처구니없는 판결이다.

4 레퍼킹 테라스에는 정체가 확실치 않은 조각상이 있다

레퍼킹 테라스는 코끼리 테라스와 간격을 두고 북쪽에 위치한 약 6미터 높이의 테라스다. 테라스의 이름은 테라스 위에 자리한 조각상에서 유래한 것이다. 이 조각상의 주인공은 한센병 환자였던 자야바르만 7세로 알려졌다. 발견 때부터 조각상의 손과 발, 코 등이 무너져 있었기 때문이다. 그러나 이러한 형상은 세월이 흐르면서 훼손된 것이고 사실 조각상의 주인공은 죽음의 신 야마라는 추측이 더 설득력을 얻고 있다. 현재 테라스 위에 놓인 것은 복제품이고 진품은 프놈펜에 있는 캄보디아 국립박물관이 소장하고 있다.

5 왕실 광장에서 충분히 휴식 후 따쁘롬으로 가자

왕실 광장에서 다음 목적지로 갈 수 있는 선택안은 여러 가지다. 북문으로 나가서
쁘레아칸과 네악쀄안 등의 북부 유적군을 보거나, 승리의 문으로 나가서 따쁘롬과
쁘레룹을 보거나, 오후 3~4시라면 왔던 길을 다시 돌아 프놈바껭을 가는 것이다.
반떼아이삼레와 반떼아이스레이 등의 동쪽 외곽 유적을 보는 방법도 있다. 이 중
가장 일반적으로 택하는 경로가 승리의 문을 통해 따쁘롬으로 가는 것이다. 앙코르
유적의 '빅 3'가 앙코르와트와 바욘, 그리고 따쁘롬이기 때문. 왕실 광장에서 승리
의 문까지는 약 1.5킬로미터고 승리의 문에서 따쁘롬까지는 약 2.5킬로미터다. 가
는 길에 톰마논과 차우사이떼보다, 따께오(195쪽 참고)를 볼 수 있다.

6 화장실은 레퍼킹 테라스 북쪽 끝 건너편, 식당은 화장실 맞은편이다

왕실 광장에서 가까운 화장실은 레퍼킹 테라스 북쪽 끝에 있다. 테라스 위나 광장
중심에선 잘 보이지 않기 때문에 일단 레퍼킹 테라스 끝까지 걸어가야 한다. 식당
은 맞은편에 서너 곳이 위치하나 추천하지 않는다. 다만 근처에 나무 그늘이 많아
잠시 머물렀다가 가기 좋다.

코끼리 테라스에서 바라본 쁘라삿수오르쁘랏

위태로운, 그러나 황홀한 유혹
따쁘롬
Ta Prohm

나무인지 건물인지, 살아 있는 것인지 죽어 있는 것인지 알 수 없다. 예민한 사람이라면 이 불가해한 풍경 속에 서 있는 것조차 꿈인지 현실인지, 과거인지 현재인지 혼란스러울 것이다. 이도 저도 아닌 '경계'에 선 따쁘롬은 위태롭다. 얽히고설킨 나무와 건물은 서로에게 치명적인 존재다.

나무가 사원을 잠식한 듯, 사원이 나무를 떠받친 듯 기이한 형태가 여행자의 두 눈을 홀린다. 앙코르와트를 흔히 밀림 속 유적이라 하지만 정작 그 모습을 두 눈으로 확인했을 때는 느끼지 못한 울창한 숲의 분위기를 여기에서는 완연하게 느낄 수 있다. 그래서 프랑스 탐험가 앙리 무오가 가졌을 벅찬 마음까지도 공감할 수 있다. 그는 150여 년 전 정글 속 앙코르 유적을 목격하고 이 놀라운 장소를 유럽 전역에 알린 장본인이다. 당시에는 따쁘롬뿐 아니라 거의 모든 앙코르의 유적이 나무와 흙, 그리고 이끼에 묻혀 있었을 것이다. 자연에 묻힌 유적은 그 자체만으로 신비로웠으리라. 시간이 흐르면서 무수한 사원들이 탐험가와 복원 전문가, 역사학자에 의해 필연적으로 숲을 벗어났으나 그 와중에 따쁘롬은 원시에 남게 되었다. 사원을 잠식하다 못해 한몸으로 만들어버린 나무들 앞에서 인간은 어쩔 도리가 없었다.

소요 시간
두 시간
하이라이트
나무뿌리가 잠식한 사원의 신비한 분위기

1 스펑나무가 휘감은 진정한 정글의 사원이다

스펑나무는 우리나라에서는 벵골보리수라고 불린다. 열대지방에 사는 속이 빈 나무로 생장이 왕성해 어디든 뿌리를 내리면 하늘 높은 줄 모르고 쭉쭉 자란다. 사원을 복원하기 위해서는 나무를 제거한 후 완전 분해해야 하지만 현재 상황에서는 나무를 무리하게 들어냈다가 오히려 사원이 더 크게 훼손될 가능성이 커서 부분적으로만 복원을 하고 있다. 또한 사원을 감싼 나무들의 성장을 막기 위해 성장 억제제를 나무에 투여하고 있다.

2 자야바르만 7세가 어머니를 위해 지은 곳이다

자야바르만 7세가 1186년 경 어머니를 위해 지은 불교 사원이다. 아버지가 아닌 어머니를 위해 지은 까닭은 어머니가 왕족의 혈통이라 왕위 계승에 대한 정당성을 확보할 수 있었기 때문. 이 내용은 따쁘롬의 비문에서 확인된 사실이다. 따쁘롬은 '브라흐마의 조상(彫像)'이라는 뜻이다. 1885년, 이곳에서 프랑스 학자가 머리가 다섯개인 브라흐마 석상을 발견한 데서 유래했다. 비문에는 이 사원이 라자비하라(Raja Vihara, 왕실 사원)로 적혀 있다.

3 시간을 넉넉하게 잡고 헤매도 좋다는 마음으로 보자

다 그런 것은 아니지만 대개 앙코르와트나 바욘 같은 피라미드형은 신에게 봉헌된 곳, 평면배열형은 인간을 위해 지었거나 특수한 용도로 쓰였던 곳인 경우가 많다. 따쁘롬은 평면배열형이지만 중앙성소를 둘러싸고 있는 벽이 네 개나 되고, 스펑나무 및 여러 요인에 의해 훼손되어 동선이 복잡하게 느껴질 수 있다. 따라서 시간을 여유롭게 잡고 관람하길 추천한다.

4 동문으로 들어가서 다시 동문으로 나온다

뚝뚝이든 자전거든 뭔가를 타고 왔다면 동문으로 들어가서 다시 동문으로 나가야 하는 경우가 많다. 다수의 뚝뚝 기사가 뚝뚝을 주차하기 쉽고 이동하기에 효율적인 동문을 고집하기 때문. 다시 왔던 길을 돌아가야 한다고 아쉬워하지 말고 사원 외부 남문 방향으로 원을 그리듯 돌아나오는 걸 추천한다. 담과 사원 사이의 풍경이 또 다른 감동을 전해준다.

5 포토존은 네 곳, 최고의 시간은 이른 아침이다

앙코르 유적 인증샷의 배경은 앙코르와트와 따쁘롬을 빼고 논할 수 없다. 아침 8시 이전에는 사원에 사람이 적을 뿐만 아니라 햇볕이 쨍하지 않고 적절히 어둠에 스며들어 분위기 있는 사진을 찍기에 그만이다. 스펑나무와 사원이 하나된 근사한 풍경은 대략 13곳이지만 유독 눈을 사로잡는 곳은 네 곳이다. DSLR 카메라를 쓴다면 광각렌즈를 사용하자.

6 가슴 두드리면 크게 울리는 방이 있다

제3 벽의 동쪽 탑문을 지나면 비교적 넓은 북쪽 마당이 나온다. 여기에 가짜 문을 달고 있는 작은 탑들이 있는데 이 중 통곡의 방이라 불리는 한 곳에 들어가 가슴을 손으로 두드리면 방 전체가 크게 울린다. 사실 이런 현상은 앙코르와트 십자회랑 부근의 작은 방(125쪽 참고)에서도 체험할 수 있다.

7 나무 속에 압사라의 미소가 숨겨져 있다

두 눈을 잘 뜨고 자세히 봐야 보이는 '숨은 압사라의 미소'는 제2 벽에서 제1 벽을 통해 중앙성소로 가는 회랑에 있다. 머리가 닿을 듯 낮은 회랑의 바깥쪽 벽을 보면 땅으로 내려앉은 스펑나무의 뿌리 사이로 얼굴과 상체 일부가 일부러 감춘 듯 은근히 드러난 압사라가 보인다.

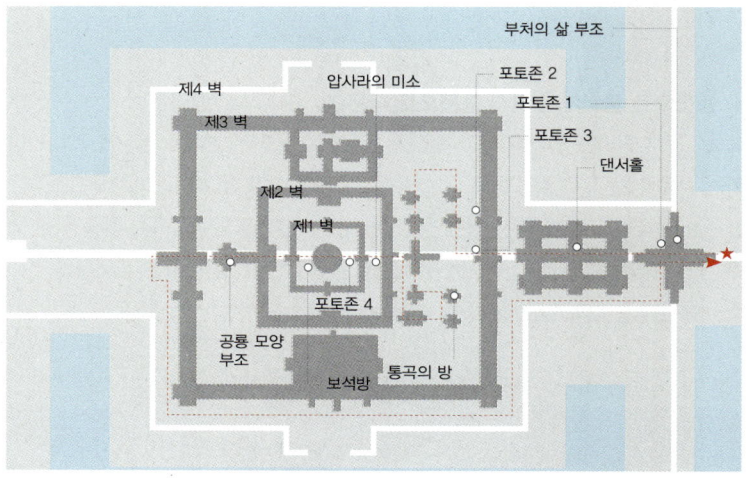

8 중앙성소는 보석 없는 보석 방이다

굽이굽이 스펑나무 사이를 지나 벽 네 개를 통과하면 이윽고 사원의 중심, 중앙성
소다. 보석 방이라 불리는 내부는 작은 구멍이 일정한 간격을 맞춰 뚫려 있고 상단
의 창은 크리스마스트리 형태로 나 있다. 구멍의 용도는 확실치 않은데 많은 이들
이 금, 은, 동 등의 보석을 장식했던 구멍이거나 보석을 붙이기 위한 용도의 버팀쇠
를 넣었던 구멍이 아닐까 추측하고 있다.

9 의문의 공룡 모양 부조가 있다

사원을 거의 다 둘러보고 제2 벽의 서쪽 탑문을 나갈 때 볼 수 있다. 공룡 중에서도
'스테고사우루스'를 닮은 이 부조는 무엇을 대상으로 한 것인지 현재에도 확실하게
알려진 바가 없다. 그런데 너무나 공룡과 흡사해서 이제는 따쁘롬의 숨은 명물이
됐다.

10 빈 벽에는 부처가 있었다

제4 벽 동쪽 탑문에서 북쪽 출입문 부근에는 보리수 아래 부처를 아리따운 여성들
이 유혹하려는 모습을 표현한 부조가 있었다고 한다. 지금은 보리수 아래 부처가
사라진 밋밋한 벽만 있을 뿐이다. 자야바르만 7세 사후 지워졌을 거라 추정된다.

언덕에서 맞는 낮의 끝
프놈바껭
Phnom Bakeng

프놈바껭으로 가는 길은 야트막한 산을 오르는 것과 같다. 20분이면 정상에 도착하지만 경사 진 숲길을 걷다보면 이내 숨이 거칠어지고 사원은 언제쯤 모습을 드러낼까 마음이 보챈다. 언덕을 오르는 일은 곧 사원을 오르는 일이다. 그럼에도 여행자가 힘들여 프놈바껭을 오르는 이유는 단 하나, 일몰을 보기 위해서다. 앙코르 유적 중 유일하게 '코끼리 길'이 따로 나 있어 발품을 아껴 코끼리를 타고 사원을 오르는 이들도 있다.

사람들은 해가 지기 한참 전부터 일찌감치 자리를 잡고 오늘의 해와 이별할 준비를 한다. 프놈바껭에서 낮을 마감하는 일은 앙코르와트에서 아침을 맞이하는 일만큼이나 오랫동안 곱씹을 추억으로 남는다. 풍경도 풍경이지만 사실 그 어느 유적에서도 한자리에 그토록 긴 시간 앉아 있기가 쉽지 않기 때문이다. 그러나 프놈바껭을 단순히 일몰 전망대쯤으로만 생각하면 아쉽다.

태양이 정글로 사라질 즈음, 잠시 해에게서 눈을 떼고 중앙성소 벽면으로 고개를 돌려보자. 그곳에 금빛을 한껏 머금은 수호신 데바타가 석양보다 더 아름다운 모습으로 당신을 바라보고 있을 것이다.

소요 시간
한 시간(일몰을 본다면 최소 두 시간)
하이라이트
사원 정상 혹은 남동쪽 전망대에서 보이는 앙코르와트와 석양

1 일몰을 감상하기 좋은 자리에 앉고 싶다면 오후 4시 전에 도착해야 한다

좋은 자리에 앉아서 일몰을 보려면 최소한 오후 4시 이전에는 프놈바껭에 도착하는 편이 좋다. 이미 사원 내에 300명이 들어간 경우 사원 관계자는 나오는 사람 수에 맞춰 들여보낸다. 성수기에는 오후 3~4시에 자리를 맡고 앉아 있는 이들이 많아 긴 줄 끝에서 발걸음을 돌려야 할 수도 있다. 오후 5시 30분이 되면 입구를 막아 더 이상 들어갈 수 없다.

2 코끼리를 타고 올라갈 수도 있다

프놈바껭 입구에 가면 관광객을 태우고 오르락내리락하는 코끼리를 볼 수 있다. 올라갈 때 20달러, 내려올 때는 15달러다. 현지 물가에 비춰보면 저렴한 가격은 아니지만 앙코르 유적군에서 코끼리를 탈 수 있는 곳은 이곳이 유일하므로 특별한 체험을 하고 싶다면 추천한다.

3 오르는 길에 박세이참끄롱도 들러보자

첫번째 전망대에서 숲 사이로 비죽 솟아난 한 사원의 상단부가 보인다. 박세이참끄롱(Baksei Chamkrong)이다. 프놈바껭으로 올라가기 전 앙코르톰 남문 방향으로 약 200미터만 걸어가면 만날 수 있는 시바를 모시는 사원이다. 사원의 이름은 '날개로 보호하는 새'로 커다란 새가 날개를 펴 적군으로부터 왕을 보호했다는 전설이 스며 있다. 박세이참끄롱 전망대에서 조금 더 걸어 올라가면 멀리 서 바라이를 조망할 수 있는 전망대가 나온다.

4 앙코르 제국 초기에 세워진 최초의 산사다

프놈바껭은 907년 앙코르 제국 초기 왕 야소바르만 1세가 지은 힌두 사원으로 '중앙에 솟은 산'이란 뜻을 지니고 있다. 7단 피라미드 사원으로 앙코르 유적 중 최초로 층을 쌓고 산을 깎아 지은 산사로 알려져 있다. 사원의 남쪽과 서쪽 계단 앞에 남아 있는 난디(시바가 타고 다니는 소)를 보고 알 수 있듯 시바에게 바쳐진 사원이다.

5 108개의 탑과 부처님의 발자국이 있다

사원은 정사각형 기단을 쌓아 이루어진 형태이며 1단부터 5단까지 각각 12개의 탑이, 6단과 정상에는 총 네 개의 탑이 있다. 사원을 둘러싼 44개의 탑까지 합하면 모두 108개의 탑이 동서남북 강 방향으로 세워져 있는데 108은 힌두교의 우주관을 구성하는 숫자다. 사원의 동쪽 입구 참배로 부근에 '부처님 발자국'이라고 불리는 지붕이 씌워진 작은 유적이 보인다. 전설에 따르면 부처님이 바다를 건너 한 발은 프놈끄롬, 다른 한 발은 프놈바껭에 디딘 후 성산인 프놈꿀렌으로 들어갔는데 그때 남겨진 발자국이라고 한다. 부처님의 발자국 주변에 링가(89쪽 참고)도 보인다.

6 사원 동쪽에 앙코르와트를 볼 수 있는 전망대가 있다

프놈바껭이 전반적으로 복원 중이라 주변이 정돈되지 않은 데다가 사람들의 시선이 해가 지는 서쪽으로만 향하다보니 상대적으로 동쪽은 언제나 한가한 편이다. 그러나 프놈바껭의 동남쪽에는 앙코르와트를 감상하는 훌륭한 전망대가 조성되어 있다.

해 질 무렵 중앙 성소에서 바라본 서쪽 하늘

7 중앙성소의 데바타상은 일몰 때 가장 아름답다

프놈바껭의 중앙성소는 동서남북의 모든 문이 모두 뚫려 있으며 문 양쪽에는 수호신 데바타가 있다. 성소 내부에는 링가를 안치해 시바를 기렸다. 데바타상은 반떼아이스레이의 데바타에 비하면 정밀하지 않지만 서쪽으로 지는 햇빛이 비출 때는 무척 아름답다. 풍만하면서도 굴곡진 몸매와 삼뽓이라 불리는 통치마의 결을 주목하자. 해가 지기 시작하면 '해'만 보지 말고 등지고 앉은 중앙성소의 데바타상을 꼭 관찰해볼 것.

8 마실 물을 준비하고 화장실은 미리 다녀와야 한다

언덕을 따라 사원에 올라가면 화장실도 매점도 없다. 올라가기 전 입구, 즉 코끼리들이 서 있는 장소 맞은편에 화장실이 있으니 미리 다녀오자. 주변 노점상에서 물과 음료를 판매하니 마실 것을 챙기는 것도 잊지 말자.

로맨틱한 핑크빛 사원
반떼아이스레이
Banteay Srei

시내에서 30킬로미터나 떨어져 있다고 해도, 왕이 아닌 신하가 세운 사원이래도 '핑크빛 사원'이라는 수식에 솔깃하지 않을 수 없다. 불경스러운 표현일지 모르겠지만 반떼아이스레이는 사랑스러운 곳이다. 들판을 가로질러, 지평선을 바라보며 사원으로 향하는 길조차도 낭만적이다. 올라야 할 계단도, 우러러봐야 할 신상도 없는 평면의 사원은 그저 오밀조밀한 부조로 표현된 신화로 가득 차 있다. 부조는 어느 한 곳도 거친 데 없이 매끄럽고 섬세하다.

잘 다듬어진 유적은 곧잘 인간의 몸에 비유되곤 하지만 반떼아이스레이는 곧잘 여성으로 비유된다. '여인의 성채'라는 본래 뜻을 차치하더라도 사원의 전체적인 분위기는 물론 내부 부조까지도 정교하게 세공된 장신구처럼 섬세하고 곱기 때문일까. 그중에서도 가장 눈길을 끄는 부조가 힌두교의 수호신 데바타다.

1923년, 스무살을 갓 넘긴 프랑스의 청년은 데바타에게 반해 통째로 들어낸 후 훔쳐 달아났다. 결국 그는 적발되었고 데바타상은 천신만고 끝에 본래의 자리로 돌아왔다. '동양의 모나리자'로 불리는 데바타상을 양심 없이 '보쌈'해갔던 청년은 20세기 세계적인 석학으로 이름을 날렸던 앙드레 말로다.

소요 시간
두 시간
하이라이트
린텔과 프론톤의 섬세한 부조와 붉은빛의 외관

1 사원의 빛깔이 붉은 이유는 붉은 사암과 라테라이트로 지었기 때문이다

현지인들은 반떼아이스레이를 두고 '핑크 템플'이라고 부른다. 앙코르 유적 내 많은 사원들이 회색빛 사암으로 지어진 것과 달리 반떼아이스레이는 붉은 사암으로 지어졌기 때문이다. 사실 반떼아이스레이 외에도 반떼아이삼레, 쁘레룹 등도 붉은 사암으로 지어졌다.

2 하이라이트는 나무에 조각한 듯 섬세한 부조다

이곳의 부조는 다른 곳의 부조와는 전혀 다른 느낌이다. 액세서리나 의류에 들어가는 문양처럼 오밀조밀해 마치 돌이 아닌 무른 나무에 조각을 한 듯 정교하다. 부조 내용은 다른 사원들에서 이미 보았을 〈라마야나〉와 〈마하바라타〉 속 이야기다.

3 왕이 지은 사원이 아니다

반떼아이스레이가 특별한 이유 중 하나는 이 사원을 왕이 아닌 신하가 세웠다는 점이다. 사원은 통상 왕이 업적을 남기기 위한 일환으로 세워지는데 이곳은 야즈나바라하라는 이름을 가진 왕족 출신인 브라만 계급의 인물이 967년에 시바와 비슈누를 위해 지었다. 이 시기는 수도를 꼬께르에서 쁘레룹으로 수도를 옮겨온 라젠드라바르만 2세가 집권하던 때였다. 보통 주신은 한 명만 있기 마련인데 두 신 모두에게 봉헌되었다는 점도 특별하다. 이러한 사실은 반떼아이스레이에서 발견된 비문에 자세하게 적혀 있다.

4 부조를 자세히 보고 주변 산책로를 걷는다면 두 시간이 걸린다

중앙성소는 유적을 보호하기 위해서 출입을 금하고 있다. 따라서 중앙성소로 바로 갈 수는 없고 성소를 중심으로 벽을 따라 오른쪽으로 돌면서 사원을 관람한다. 사원은 세 개의 벽으로 둘러싸인 구조며 외벽 내의 해자는 동서 100미터, 남북 95미터이며 중앙성소는 동서 38미터, 남북 42미터로 작은 규모이지만 부조를 관람하고 주변 산책로까지 걷는 시간을 포함하면 두 시간 정도 걸린다. 주변 산책로에서는 캄보디아의 농촌 풍경을 한껏 느낄 수 있다.

5 화려한 린텔과 프론톤 부조에 주목하자

린텔(lintel)이란 건축물에서 창이나 출입구 등에 수평으로 가로질러서 놓은 석재로 상인방(上引枋)이라고도 한다. 윗부분의 무게를 구조적으로 지탱해주는 뼈대 역할을 한다. 프론톤(fronton)은 린텔 상단에 박공지붕처럼 올라간 돌조각을 가리킨다. 반떼아이스레이는 바로 이 린텔과 프론톤의 부조가 유명하다. 특히 삼각형의 화려한 린텔과 이중 삼중의 프론톤은 이곳에서만 볼 수 있는 독특한 구조다. 사원 입구와 도서관 부근이 핵심이다.

6 비슈누 사당과 시바 사당을 지키는 건 아름다운 수호신 데바타다

각 사당 출입문의 양쪽에는 수호신인 남신상 드바라팔라와 여신상 데바타가 조각되어 있다. 드바라팔라는 창과 연꽃을 들고 있고 발밑은 비슈누가 타고 다니는 가루다가 받치고 있다. 데바타는 풍성하고 주름진 하의에 머리는 땋아서 내리거나 둥글게 말아 묶었다. 여신상의 발밑은 브라흐마가 타고 다니는 거위 또는 백조인 함사가 받치고 있다. 앙드레 말로가 훔치려 했던 데바타상은 중앙성소 안쪽 측면에 있어 잘 보이지 않는다.

7 서쪽 출입문 프론톤에서는 원숭이 형제 전투 장면을 볼 수 있다

〈라마야나〉에 등장하는 이야기가 펼쳐진다. 원숭이 제국의 왕자인 수그리바는 형 발리가 동굴에서 악마와 싸울 때 비명 소리를 듣고 죽은 것으로 착각해 동굴을 막아버리고 왕이 된다. 몇 년 뒤 돌아온 발리는 동생이 왕이 되기 위해 자신을 죽이려 했다고 오해한다. 결국 내쫓긴 수그리바는 숲속을 도망 다니다가 라마를 만나 동맹을 맺는다. 원숭이 형제와 라마의 모습은 1930년대 복원된 것이다. 부조가 새겨진 출입문을 통과하면 반떼아이스레이 바깥 산책로가 나온다.

8 앙코르 유적 복원의 모범 답안이다

프랑스인들은 1930년대 건축물을 완전히 해체한 후 다시 쌓는 공법인 아나스틸로시스로 치밀하고 정확하게 복원했다. 당시 그들은 인도네시아의 보로부두르 사원을 같은 방법으로 복원한 경험이 있었기에 큰 시행착오 없이 복원을 완료할 수 있었다.

9 석양에 물드는 사원을 감상하자

인기 사원이어서 아침 9시 이전이나 점심 시간인 12~2시, 오후 4시 이후에 찾으면 덜 붐빈다. 특히 오후 4시 이후에 이곳을 찾으면 석양에 붉게 물드는 아름다운 사원을 감상할 수 있다. 사원 자체가 붉은 빛깔을 띠고 있어 해가 질 때 해보다 사원을 봐야 하는 유적으로도 널리 알려져 있다.

10 사원 입구에 식당과 가게, 화장실이 모여 있다

외따로이 떨어진 사원이지만 앙코르 인기 유적이기도 해서 사원 주변에 작은 가게들이 모여 있다. 입구에는 공중화장실과 유적안내소, 쾌적한 분위기의 카페가 있고, 그 앞에는 식당과 기념품 가게, 옷 가게 등이 모여 있다. 식당에서 파는 메뉴는 다른 유적지 식당과 비슷하다.

11 프놈복, 반떼아이삼레, 지뢰박물관을 묶어 하루를 보내도 좋다

시내에서 약 20킬로미터 떨어진 프놈복을 시작으로 반떼아이삼레, 지뢰박물관, 반떼아이스레이 순으로 하루를 보내보자. 프놈복(194쪽 참고)은 시엠립에서 드문 산인 동시에 크메르 초기 사원이다. 다만 인적이 드무니 너무 이른 시간에는 가지 말자. 반떼아이삼레(192쪽 참고)는 특유의 신비로움으로 나홀로 여행자들에게 사랑받아왔다. 지뢰박물관(249쪽 참고)은 오랜 시간 전쟁을 겪은 캄보디아의 현주소를 잘 알 수 있는 곳이다.

은은한 향기가 고여 있는
반떼아이삼레
Banteay Samre

반떼아이스레이처럼 겉으로 또렷하게 드러나는 특징을 지닌 것도 아니고 핵심 유적군과
도 멀리 떨어져 있어 마음먹고 가야 하는 곳임에도 이곳이 "가장 좋다"고 말하는 이들이
적지 않다. 반떼아이삼레는 '쌈레족의 성채'라는 뜻으로 후대에 인근에 사는 부족 이름을
따서 붙였다. 린텔과 프론톤에 새겨진 부조와 고푸라의 형태, 가짜 문 등의 특징뿐만 아
니라 건축 양식이 앙코르와트와 유사해 수리야바르만 2세 때 건축된 게 아닐까 추측한
다. 복원이 잘되어 있는 이곳은 매무새가 단정한 사람 같아 보이기도 하고, 쩜빠이(프랑지
패니)처럼 은은하고 그윽하기도 하다. 사원의 정문인 동문은 이제 아무도 살지 않는, 아
무도 지나지 않는 깊은 밀림을 향해 나 있다. 사원을 제집 삼은 고양이 두 마리와 관람객
이 반가운 관리인, 그리고 뜻밖의 멋진 장소를 오래도록 마음에 담아두고 싶은 이방인만
이 담담한 시선을 주고받는다. 떠나기 아쉬워 발걸음이 느려진다.

훼손된 돌창살(Baluster)

630개의 계단 끝에서 만끽하는 수려한 전망
프놈복
Phnom Bok

프놈복은 해발 221미터인 작은 산이자 사원이다. 프놈끄롬과 프놈바껭과 함께 야소바르만 1세가 세웠다. 시엠립 시내를 중심으로 동북쪽에 있다. 방문자가 거의 없어 탐험가가 된 것과 같은 기분이 드는 곳이다. 조금 걸어 올라가면 시멘트 계단이 나오는데 사원까지 총 630개다. 숨이 가쁘긴 하지만 15~20분이면 오를 수 있고, 오르고 나면 멀리 똔레삽과 프놈꿀렌이 지평선에 맞닿아 있는 대평원이 파노라마처럼 펼쳐진다. 경비 초소를 지나 2~3분 더 걸어 정상으로 가면 프랭지패니나무가 뿌리를 내린 건물 안쪽으로 총 세 개의 탑으로 구성된 중앙 사원이 보인다. 무너질 듯 겨우 형태만 유지한 탑은 각각 브라흐마, 시바, 비슈누에게 바친 것이다. 여기서 서북쪽으로 약 50미터 걸으면 지붕을 씌워놓은 거대한 바위가 보이는데 그냥 바위가 아니라 링가다. 파손된 채 누워 있는 링가 옆에는 커다란 구덩이, 즉 요니가 있다. 캄보디아에서 발견된 것 중 가장 큰 크기다.

총크니아스로 가는 길목에 있고, 반떼아이삼레와 멀지 않아서 프놈복, 반떼아이삼레, 총크니아스(205쪽 참고) 순으로 가는 것도 좋다. 프놈복은 입장권 확인을 철저히 하니 잘 챙겨서 가자.

마주 본 아담한 두 사원
차우사이떼보다와 톰마논 Chau Say Tevoda & Thommanon

앙코르톰 승리의 문을 나와 550미터쯤 지나면 길 양쪽으로 작은 사원 두 곳이 보인다. 오른쪽이 차우사이떼보다, 왼쪽이 톰마논이다. 두 곳 모두 수리야바르만 2세가 지었다. 차우사이떼보다는 시바를 위한 사원이지만 린텔과 프론톤에 비슈누가 새겨진 것을 볼 수 있다. 톰마논은 출입문 양쪽의 데바타상과 린텔의 부조가 아름답다.

웅장한 미완성 사원
따께오 Ta Keo

승리의 문을 빠져나와 시엠립강을 건너 400미터쯤 지나 코너를 돌면 보이는 제법 거대한 사원이다. 전체가 사암으로 지어진 초창기 앙코르 제국의 사원으로 시바를 위해 지었으나 무슨 까닭인지 완공하지 못했다. 그래서 그 흔한 부조 하나 없이 매끈하다. 적당한 그늘을 찾아 앉아 있으면 시간이 어떻게 흘러가는지 모르게 넋 놓게 된다.

아는 사람만 찾는 숨은 보석
따네이 Ta Nei

따네이는 따께오의 동문에서 조금 나와 북쪽으로 향하는 오솔길을 따라 약 800미터 들어가면 만날 수 있는 사원이다. 집라인 플라이트 오브 더 기번 앙코르(Flight of the Gibbon Angkor)로 가는 길목에 있어 찾기가 까다롭진 않다. 거의 무너져내린 사원과 기단의 일부를 감싼 스펑나무의 뿌리, 드문 관광객, 온전히 정글 속에 묻힌 폐허의 모습은 강렬한 인상을 전한다.

산책하기 좋은 사원과 호수
반떼아이끄데이와 스라스랑과 쁘라삿끄라반
Banteay Kdei & Srah Srang & Prasat Kravan

1 반떼아이끄데이는 '재판의 성' 또는 '재판정'이라는 뜻의 불교 사원으로, 건축 기법은 바욘과 비슷하고 형태는 따쁘롬이나 쁘레아칸과 유사하지만 규모는 훨씬 작다. 과거 수도승들을 중심으로 법적 업무를 수행하던 기관이 아니었을까 추측한다.

2 스라스랑은 반떼아이끄데이 정문 건너편에 있는 작은 호수다. 저수지로 보이지만 사실은 왕실 전용 목욕탕이었다. 서쪽 테라스 기단을 장식한 나가상에 날개를 접은 가루다상이 부조된 점이 독특하다. 한적해 일출과 일몰을 감상하기에도 괜찮다.

3 쁘라삿끄라반은 비슈누에게 바쳐진 최초의 사원이다. 독특하게 한 기단 위에 다섯 개 탑을 세웠다. 가루다를 탄 비슈누, 비슈누의 다섯번째 화신 바마나, 비슈누의 아내인 행운의 여신 락슈미 등이 새겨진 중앙탑 내부도 볼 만하다.

해넘이 때 바라봐야 할 사원
쁘레룹 Pre Rup

과거 왕족의 화장터 역할을 했다. 자세히 보면 작은 통풍구가 보이는데 화장할 때 연기를
빼내기 위한 용도였을 것으로 추측된다. 쁘레룹이라는 이름 자체가 '몸을 뒤집는다'라는
뜻으로 시신을 한 번 뒤집어 화장하는 캄보디아의 전통 방식을 함축하고 있다. 3층 난간
에 앉아 서서히 밀림 속으로 넘어가는 해를 감상하기 좋은 장소다. 쁘레룹은 반떼아이스
레이와 같이 붉은빛을 띠는 사원으로, 석양을 받을 때 더 없이 황홀한 빛깔을 자랑한다.

말라버린 저수지와 물 없는 수중 사원
동 바라이와 동 메본 East Baray & East Mebon

동 메본이 있던 자리는 사실 물로 가득 차 있었던 호수였다. 서 바라이는 현재까지도 물
이 가득 차 있는 반면, 동 바라이는 물이 없다. 중앙성소에 안치되어 있는 링가에서 흘러
나온 물이 바라이로 들어가는 구조로 만들어졌다. 1층과 2층 기단 모서리에 서 있는 실
물에 가까운 코끼리상은 커다란 두 귀와 부드럽게 떨어지는 등의 곡선을 섬세하게 표현
해 동 메본의 상징으로 남아 있다. 동 메본은 동선상 쁘레아칸과 네악뻬안, 따솜 등 앙코
르 북쪽 유적군과 연계해 둘러보아도 좋다.

끄발스삐안 Kbal Spean
시내에서 47Km

네악삐안
Neak Pean

쁘레아칸
Preah Khan

따솜
Ta Som

서 바라이

앙코르톰

앙코르와트

로열가든스

프놈끄롬

똔레삽
Tonle Sap

프놈꿀렌 Phnom Kulen
시내에서 67Km

꼬께르 Koh Ker
시내에서 120Km

벵메알레아 Beng Mealea
시내에서 60Km

롤레이
Lolei

쁘레아꼬
Preah Ko

바꽁
Bakong

메츠레이
Mechrey

쁘렉또알

프놈끄롬 5.6Km

총크니아스
Chong kneas

깜뽕플룩
Kampong Phluk

깜뽕클레앙
Kampong Khleang

똔레삽 지도

가보지 않으면 후회할 한나절 여행

1 현지 투어 상품을 이용하자

개인적으로 갈 경우 매번 흥정해야 하고, 바가지를 쓸 확률도 높다. 이런 이유로 똔
레삽과 외곽 명소(북부 유적군과 롤루오스 유적군은 예외)는 한인 업소나 시엠립 현지
여행사를 통하는 것이 훨씬 편리하다. 최소 3인부터 출발하는 경우도 적지 않고, 차
와 기사만 예약해서 움직일 수도 있다. 여행사 정보는 77쪽을 참고하면 된다.

2 취향에 따라 꼼꼼하게 업체를 선택하자

한인 업소에서 투어를 신청할 경우, 소통이 수월하고 차와 배가 쾌적하다. 반면 당
일 예약이 어려울 수 있고, 가격은 현지 여행사보다 조금 높은 편이다. 현지 여행사
는 상품이 다양하고, 가격이 저렴한 편이지만, 차와 배가 낡은 경우가 많고, 영어로
진행된다. 업체에 따라 비싼 음료를 사도록 유도하기도 한다.

3 외곽 명소는 오전, 똔레삽은 오후에 출발하는 것을 추천한다

똔레삽은 현지 투어 상품을 이용하면 보통 오후 3시 전후로 출발해 일몰을 보고 돌
아온다. 똔레삽 일몰은 놓치기 아쉬운 풍경이므로, 북부 유적군이나 롤루오스 유
적군, 벵메알레아 등 외곽 명소는 오전에 가는 것이 좋다. 특히 끄발스뻬안은 오후
3시 30분 이후에 입장이 안 되니 꼭 오전에 가자. 다만 프놈꿀렌은 오가는 시간과
물놀이를 한다는 점을 고려했을 때, 똔레삽과 묶으면 꽤 피곤할 수 있다.

4 외곽 명소와 똔레삽을 묶은 상품도 있다

한인 업소 상품은 주로 똔레삽과 벵메알레아를 묶는 경우가 많다. 멀리 떨어진 프놈
꿀렌도 보통 벵메알레아와 묶어서 간다. 그러나 차와 기사만 신청해 원하는 코스대
로 여행을 즐길 수도 있다. 오전에 북부 유적군이나 롤루오스 유적군을 가고 오후에
똔레삽을 가거나, 오전에 벵메알레아를 가고 오후에 똔레삽을 가는 것도 괜찮다.

5 간식을 준비하는 것도 좋다

북부 유적군이나 롤루오스 유적군은 시내로 돌아가서 먹어도 된다. 다른 곳은 여행
사나 현지인 기사가 데려다주는 식당이 있기는 하지만 마땅치 않다. 가는 길 노점
상에서 찹쌀과 코코넛밀크로 만든 끄럴란을 사거나, 빵과 과일, 마실 것을 준비하는
것도 좋다.

6 입장권을 따로 사야 할 때도 있다

북부 유적군, 롤루오스 유적군, 끄발스뼤안은 앙코르 유적군과 마찬가지로 앙코르
입장권이 있으면 된다. 그러나 프놈꿀렌은 20달러, 꼬게르는 10달러, 벵메알레아는
5달러가 필요하다. 여행사를 통해 가면 입장료가 포함되어 있다.

7 외곽 명소와 똔레삽은 우기 때 가는 것이 낫다

가장 가기 좋은 때는 7~10월이다. 대부분이 건기를 선호하지만 외곽 명소와 똔레삽
은 우기나 우기가 막 끝나 건기로 넘어가는 시점에 특히 매력적이다. 벵메알레아는
물에 젖었을 때 더욱 선명해 보이고, 프놈꿀렌의 폭포도 더욱 장쾌하게 흐른다. 깜
뽕플룩의 하이라이트로 꼽히는 맹그로브 숲 쪽배 체험은 똔레삽의 수위가 높을 때
만 할 수 있어 물이 본격적으로 마르기 시작하는 2~6월인 건기에는 이용이 어렵다.

호숫가에서 보내는 한나절
똔레삽 수상 마을

앙코르와트가 캄보디아의 어제를 대변하는 찬란한 문화유산이라면 똔레삽은 캄보디아의 오늘을 보여주는 생생한 삶의 현장이다. 시엠립의 유적권과는 전혀 다른 분위기와 색깔을 가진 똔레삽은 캄보디아 여행에서 놓칠 수 없는 코스다. 바다처럼 큰 호수에 자리 잡은 수상 마을의 이색적인 풍경과 수평선 너머의 아름다운 일몰을 감상해보자. 쪽배 타기와 같은 특별한 체험도 잊지 말자. 개인적으로 가는 것보다 현지 투어 상품을 이용해서 가는 편을 추천하며, 주민들이 살고 있는 곳이니 시끄럽거나 무례할 수 있는 행동은 삼가자.

해 질 무렵 총크니아스

총크니아스
Chong Kneas

총크니아스는 규모가 제법 큰 마을로, 시엠립 시내와 제일 가까워 투어 비용도 저렴하고, 건기와 우기의 풍경이 크게 다르지 않아 똔레삽 대표 코스로 통한다. 10~20분 지류를 따라 들어가면 어느덧 탁 트인 '바다 같은 호수'가 펼쳐지고, 그 너른 호수 위에 집이 떠 있다. 배를 개조해 만든 집으로, 물 위에 있다는 점 말고는 지상의 집과 다를 바가 없다. 호수 위에는 집만 있는 게 아니다. 학교와 매점, 당구장과 노래방, 돼지우리와 악어사육장도 있다.

다섯 살 꼬마가 어렵지 않게 노를 젓고, 해먹을 그네 삼아 노는 아이들 곁으로 개나 고양이가 뛰어논다. 여행자의 시선이 주민들에게 일상이 된 지는 오래다. 문득 마주친 얼굴에 환한 미소가 비친다.

옵션인 쪽배 체험을 하면, 모터보트로 가까이 가지 못하는 마을 구석구석을 소음 없이 조용하게 둘러볼 수 있을 뿐 아니라 사공이 영어나 한국어로 짤막하게 마을을 소개해준다. 보통 5달러 정도이며, 1달러의 팁을 준다.

소요 시간 세 시간
하이라이트 쪽배를 타고 둘러보는 마을 풍경

프놈끄롬
Phnom Krom

시내에서 총크니아스로 가는 길목 오른쪽에 야트막하면서 길게 누운 프놈끄롬이 보인다. 해발 100미터로 낮지만, 이 산 정상에 있는 사원에 오르면 주변의 논과 마을, 똔레삽까지 시원하게 내려다보인다. 보통 총크니아스에서 일몰을 보고 오지만, 일몰 전에 투어가 끝난다면 이곳에서 지는 해를 바라보는 것도 좋다. 단, 사원에 입장하려면 앙코르 유적 입장권이 필요하다. 참고로 인근 연꽃 농장 주변에는 뱀을 주재료로 요리하는 식당이 많아 모험을 즐긴다면 방문해보자.

깜뽕플룩
Kampong Phluk

배를 타고 마을에 들어서면 수상 가옥은 수면 위로 줄을 선 듯 긴 지지대를 보이며 양쪽으로 가지런히 늘어서 있다. 연방 카메라 셔터를 누르게 되는 이색적인 풍경이다. 배 지붕 위로 올라가 수상 가옥을 배경으로 사진을 찍는 이들도 적지 않다. 배는 다시 호수를 향해 나아간다. 정확히는 '숲'을 가로지른다. 깜뽕플룩 여행의 하이라이트로 꼽히는 맹그로브 숲이다. 우기에 호수를 채운 물은 그 수위가 나무 몸통까지 올라와 거대한 수상 정원을 만든다. 사람들은 이 정원에서 쪽배를 탄다. 고요하고 울울한 숲 사이를 쪽배로 가로지르면 이윽고 수평선이 보이고, 황혼이 물드는 그림 같은 하늘이 펼쳐진다.
맹그로브 숲 쪽배 체험으로 유명한 마을이다. 꼭 맹그로브 숲이 아니더라도 똔레삽 수상 마을 중 여행자들에게 가장 인기가 많은 곳이기도 하다. 단, 2~6월은 물이 말라 수상 마을까지 배로 들어가는 데도 애를 먹고, 맹그로브 숲도 땅이 드러나 쪽배 체험을 할 수 없으므로 피하는 것이 좋다.

소요 시간 세 시간
하이라이트 물길 양쪽으로 나란히 선 목조 지지대의 수상 가옥들, 맹그로브 숲 쪽배 체험

깜뽕클레앙
Kampong Khleang

어부들은 배 위에서 혹은 맨몸으로 물속에 들어가 그물을 던지고 끌어올리는 일을 반복한다. 큼지막한 생선은 손질해 볕에 말린 후 훈연하고, 작은 생선은 캄보디아의 젓갈 쁘라혹을 만들기 위해 소금에 절인다. 훈연하는 동안 집집마다 연기가 피어오르고, 바쁘게 움직이는 손놀림이 기계처럼 숙련된 모습이어서 마을 전체가 대규모 수작업 공장처럼 보인다. '항구'와 '창고'라는 의미가 담긴 마을 이름과 쏙 어울리는 풍경이다. 부산했던 풍경은 물길을 타고 나아가 수평선을 만났을 때 퍽 여유로워진다.

다른 수상 마을에 비해 투어 상품이 적고, 비용도 조금 높은 편이다. 또 거의 모든 투어 일정이 오전 8시 전후로 출발해 오후 3시쯤 시엠립 시내로 돌아오는 것이라 호수에서 일몰도 볼 수 없다. 하지만 가는 길 중간에 현지 시장과 벽돌 공장 등을 둘러보는 등 캄보디아 사람들의 진짜 삶을 엿볼 수 있으며, 거기에도 생동감이 넘치니 가볼 만하다. 원한다면 마을에 있는 수상 가옥 민박(ST 63 Home Stay & Tour Kampong Khleang)에서 하룻밤 보내는 체험을 할 수 있다. 숙박과 아침식사가 제공되며, 1박에 10달러다.

소요 시간 네 시간
하이라이트 어부들의 생생한 작업 현장

메츠레이
Mechrey

가장 작고 고요하며, 신선하고 차분한 아침 분위기가 꽤 인상적인 수상 마을이다. 목조 지지대 없는 아담한 집들이 적당히 떨어져 있고, 물옥잠과의 수생식물이 작은 화단처럼 군데군데 퍼져 있다. 사람들도 고요한 풍경을 닮아 사붓이 움직이고 고요하게 미소 짓는다. 맑은 날이면 파란 하늘이 마을의 물길 위로 아름답게 반영된다. 집도, 배도, 그 위의 사람도 거울처럼 비춰진다. 새가 날 때, 아이들이 뛰어들 때 잠시 파동이 일 뿐이다. 모터보트에 탔다면 반드시 시동을 꺼달라고 얘기할 것. 그래야 완벽한 평온을 만끽할 수 있다.

시엠립 시내와 가깝지만 방문자가 적어 저렴하진 않다. 보통 30~40달러 선으로 협상할 수 있고, 세 명 이상이면 미니밴, 한두 명은 뚝뚝으로 간다. 약 20킬로미터 떨어진 쁘렉또알(Prek Toal)은 유네스코 생물권보호구역으로 지정된 세계적인 철새도래지다. 여행사를 통해 가볼 수 있다. 쁘렉또알 여행 상품을 운영하는 대표적인 곳으로 샘베스나 센터(www.samveasna.org, 063-963-701)가 있다.

소요 시간 세 시간
하이라이트 작은 수상 마을의 고요한 정취

앙코르 유적군의 신스틸러
북부 유적군

언제 가도 붐비지 않는, 참신한 풍경의 크메르 제국을 만나고 싶은 이들이라면 앙코르톰 북문을 넘어가보자. 앙코르 유적군과 비교해 '필수 볼거리'로 꼽히는 곳은 아니지만, 적어도 북부 유적군을 보고 후회할 일은 없다. 개성 있는 분위기를 자랑하는 세 곳의 사원은 분명 숨은 보석 같은 곳이다.

북부 유적군 추천 코스
쁘레아칸 → 네악뻬안 → 따솜

네악뻬안 중앙성소

쁘레아칸
Preah Khan

'신성한 칼'이라는 이름만큼 강직한 느낌의 사원으로 자야바르만 7세가 아버지에게 바친 곳이다. 웅장한 규모로 다른 사원들에서 볼 수 없는 구조물과 부속 건물 등이 있어 많이 무너졌음에도 위용이 느껴진다. 앙코르톰 남문을 들어갈 때와 마찬가지로 '우유 바다 휘젓기' 다리를 건너면 서문에 닿는다. 정문처럼 쓰이는 서문은 주로 신하들이 드나들던 곳으로 통로가 낮고 좁다. 문은 중앙에 가까워질수록 점점 커지는데 이는 침입자를 막는 역할을 함과 동시에 신을 모시는 장소에서 몸을 낮추라는 의도가 담겼다.

내부 구조가 꽤 복잡하게 느껴지지만 그저 중앙 통로를 따라 걸으면 된다. 중앙성소에 들어서면 다른 곳에서 볼 수 없었던 사리탑 스투파가 자리한다. 무희의 홀에서 북쪽을 바라보면 여러 개의 원통형 기둥이 늘어선 2층 건물이 있다. 쁘레아칸의 상징으로 다른 곳에서 볼 수 없다. 아직까지 용도도 밝혀지지 않았으나 '신성한 칼'이라는 사원 이름과 어울리게 칼을 보관한 곳은 아니었을까 추측한다. 사원 밖으로 나왔을 때 보이는 외벽의 72개 거대 가루다상도 주목하자.

소요 시간 한 시간 이상
하이라이트 평면배열형 사원임에도 웅장하게 느껴지는 분위기, 동문 외벽의 큰 가루다상과 동북쪽 원형 기둥의 2층 건물

네악뻬안
Neak Pean

자야바르만 7세가 만든 인공저수지인 자야따따까 위에 지어진 사원은 물 위를 가로지르는 다리와 연결된다. 하늘과 숲을 그대로 반영한, 늪인 듯 호수인 듯 얕고 너른 저수지. 그 위로 고목의 둥치와 숨 없이 마른 나무들이 뿌리를 내리고 있는 모습은 아름답고도 쓸쓸하다. 앙코르 유적 중 가장 아름다운 참배로라 해도 과하지 않다.

사원 입구에서 가장 먼저 보이는 말 조각상은 관세음보살의 화신인 바라하다. 지금은 한 개가 남았지만 원래 동서남북 네 개였을 것이다. 사원에 들어가면 총 다섯 개의 연못이 있다. 사원의 역할이 병원이었을 거라는 추측은 바로 이 연못 때문이다. 동쪽은 사람, 서쪽은 말, 남쪽은 사자, 북쪽은 코끼리 석상이 있고, 이 석상들에서 물이 나오는데, 각기 다른 효능을 지녀 아픈 이들의 치료제가 됐을 것이다. 원래 사원의 이름은 '왕의 영광'이라는 뜻의 라자스리였으나, 1900년대 프랑스 학자들에 의해 지금 이름으로 불리게 되었다.

소요 시간 40분
하이라이트 사원으로 향하는 물 위의 데크길, 섬 같은 사원과 사원 앞 말 조각

따솜
Ta Som

쁘레아칸과 마찬가지로 자야바르만 7세가 아버지를 위해 지은 사원으로 알려져 있으나 정확하게 밝혀지지는 않았다. 다만 쁘레아칸의 비문에 따르면 따솜은 '가우라스리가자라트나'라는 이름의 사원이었다.

작고 아늑한 사원은 동네 공원처럼 대단한 볼거리가 있는 것은 아니지만 마음이 편해지는 아지트 같다. 낯선 공간에서 편안함을 느끼는 건 따솜이 다른 사원들을 조금씩 닮은 까닭이기도 하다. 동문과 서문 고푸라 사면상은 바욘을, 전체적인 구조는 따쁘롬과 반떼아이 끄데이를, 동쪽 도서관은 쁘레아칸을 닮았다.

조용한 산책의 끝을 알리는 동문에 닿으면 길이 없다고 섣불리 돌아서지 말자. 문을 완전히 빠져나온 후 돌아서면 보리수나무 뿌리가 머리처럼 자라 문을 휘감은, 판타지 애니메이션에서나 볼 법한 풍경이 눈앞에 서 있다.

소요 시간 40분
하이라이트 보리수나무 뿌리가 감싼 동문 사면상

크메르 제국의 처음
롤루오스 유적군

크메르 제국 초기 건축물이 있는 곳으로 시간에 흐름에 따라 건축 양식이 어떻게
변했는지 느낄 수 있는 장소. 한적한 농촌 풍경과 때 묻지 않은 아이들을 만날 수
있으며 특히 해 질 무렵 분위기가 근사하다.

롤루오스 유적군 추천 코스
롤레이 → 쁘레아꼬 → 바꽁

바꽁에서 바라본 정글로 지는 해

롤레이
Lolei

롤루오스 유적군에서 가장 먼저 들르는 사원이다. 롤레이는 크메르 제국의 첫번째 수상 사원으로 롤루오스 유적의 세 개 사원 중에는 가장 나중에 지어진 것이다. 현재는 아래 흐르던 물이 말라 사원만 높게 서 있고, 그마저도 최근 시작된 복원 작업으로 구조물을 보기 어려워 실망할지도 모른다. 그러나 선 자리에서 롤레이 아래 낮은 지대를 둘러보자. 이제 상상의 나래를 펼칠 차례다. 어렵지 않다. 그저 사원 주변을 물로 채우면 된다. 저수지는 종교적인 관점에서는 우주의 바다이고, 실용적인 용도로는 농업용수였을 것이다. 이러한 저수지를 짓고 그 위에 메루산을 상징하는 사원을 지은 왕은 현세의 신이나 다름없는 강력한 힘의 소유자였을 것이다. 하물며 건기 때 저수지의 물을 끌어 논농사를 짓게 해주는 왕이라면, 신보다 신성한 존재가 아니었을까. 상상에 빠져 있을 때쯤 사원 옆 어린 수도승들의 학교와 진입로에 있는 일반 학교에서 아이들의 웃음소리가 들린다. 다시 현실로 돌아갈 시간이다.

소요 시간 30분
하이라이트 벽돌로 쌓은 초기 크메르 유적의 특징과 주변 마을 풍경

쁘레아꼬
Preah Ko

쁘레아꼬는 현재까지 발굴된 유적 중 크메르 제국이 남긴 가장 오래된 사원이다. 다른 유적과 마찬가지로 외벽도 고푸라도 모두 무너져 내린 탓에 사원은 벌거벗고 있는 듯 휑하지만, 오롯하게 남아 있는 여섯 개의 탑, 사실상 대칭을 이루지 않은 채 제각기 세월의 녹을 입고 서 있는 성소들 사이에 서면 단단하고 견고한 압도적인 기운이 느껴진다. 벽돌로 쌓은 탓과 탄탄해보이는 기단 탓일까. 앙코르 초기 유적들은 이처럼 벽돌로 건물을 쌓은 후 회반죽으로 벽을 덮고 그 위에 조각을 했다.

성소 앞에는 난디가 충직한 자세로 시바를 기다리고 있다. 이 덕분에 사원은 '신성한 소'라는 이름을 얻게 되었다. 많은 학자들은 사원을 둘러싼 해자의 흔적을 증거로 초기 크메르, 즉 하리할랄라야의 왕궁이 쁘레아꼬 뒤편에 있었을 것이라고 추측한다.

소요 시간 40분
하이라이트 각 탑에 새겨진 드바라팔라와 데바타, 기단 앞의 난디상

바꽁
Bakong

롤루오스 유적 중 가장 깊은 곳에 있는 바꽁은 크메르 제국의 첫 피라미드형 국가 사원
으로 잘 손질된 정원을 둔 고성 같은 분위기를 풍긴다. 쁘레아꼬에서 400미터밖에 떨어
지지 않았지만 울창한 나무와 해자에 둘러싸여 있다. 참배로 앞에 서면 크고 작은 꽃나
무가 양옆으로 늘어서 있고, 눈앞에 촛대처럼 곧게 솟은 중앙성소가 보인다.

사원으로 들어서는 길, 눈길을 끄는 나가상은 난간 기둥과 후광이 있는 크메르 제국 중
기의 것과 달리 후광이 없으며 몸통을 바닥에 대고 있다. 1층 남문에는 꼬리가 훼손되지
않은 사자상이 있는데, 후대와 달리 엉덩이를 바닥에 거의 붙이고 있으며, 갈퀴도 풍성
하다. 주요 유적군과 떨어져 있어 다른 곳보다 고즈넉하게 석양에 물드는 사원과 정글을
바라볼 수 있는 일몰 포인트로 유명하다.

소요 시간 한 시간
하이라이트 참배로 초입에서 바라보는 사원 풍경과 사원 위에서 바라보는 일몰

자연으로 돌아간 연꽃 사원
벵메알레아
Beng Mealea

앙코르와트만큼이나 큰 규모, 그러나 대부분이 무너져 내려 폐허가 된 사원이다. 특별한 분위기 덕분에 '미스터리한' '비현실적인'이라는 수식을 얻고 오랜 시간 여행자들을 유혹해온 곳이다. 무너져 내린 돌무더기 위로 이끼가 덮여 있고 고목이 둘러싸고 있다. 그 돌무더기 사이에 '타잔의 밧줄' 혹은 '제인의 그네' 같은 나무줄기가 뻗어 있다. 길을 안내하겠다고 손짓하던 동네 아이들이 사라지고, 편의를 위해 데크가 설치됐지만, 여전히 중앙성소를 기준 삼아 마음대로 돌아다닐 수 있다. 사진이나 영상을 통해 접했던 몽환적인 분위기의 사원을 기대했던 여행자에게 추천할 만한 곳이다. 우기 때 가면 더욱 선명한 초록 빛깔의 사원을 볼 수 있다.

소요 시간 한 시간
하이라이트 정해진 길이 없는 천년의 폐허

남쪽 외벽 위 벤치에서 보이는 가짜 문

키워드로 보는 벵메알레아

연꽃 연못
벵메알레아는 '연꽃 연못'이라는 뜻이다. 흔적만 남아 있지만, 본래 동서로 약 1.2킬로미터, 남북으로 약 900미터 크기의 커다란 해자에 둘러싸여 있었다. 다른 사원에 비해 창과 벽이 높은 것으로 볼 때 건물이 물에 잠겨 있는 수중 사원이었을 가능성이 크다. 하늘에서 보면 사원 자체가 물 위에 떠 있는 꽃처럼 보였을 것이다.

타잔의 사원
복원이 불가능해 보일 만큼 무너져 내린 돌무더기 위로 이끼가 덮여 있고 타잔이 타고 다닐 법한 나무줄기들이 바닥을 향해 축축 내려와 있다. 많은 방문자가 줄기를 잡거나 탄 채 기념사진을 찍는다. 우기 때 돌도 나무도 물기를 머금어 선명하게 보여 아름답지만, 그만큼 미끄러우니 넘어지지 않도록 주의하자.

시엠립에서 가장 신성한 놀이터
프놈꿀렌
Phnom Kulen

캄보디아 사람들에게는 크메르 제국의 발상지이자 앙코르 사원들의 채석장인 신성한 장소로 평생 한 번 이상 가봐야 하는 순례지로 통한다. 여행자들도 예외 없이 프놈꿀렌, 즉 꿀렌산을 가봐야 진정한 시엠립 여행을 했다고 할 수 있다. 아름다운 풍경 속에서 물놀이를 해보고 싶은 여행자에게 추천한다. 단기 여행자일 경우 하루는 앙코르와트를, 남은 하루는 프놈꿀렌을 간다 해도 후회하지 않을 것이다. 입장 시간은 오전 6시 30분부터 오후 12시까지이며 이후에는 하산만 가능하다.

프놈꿀렌 추천 코스
왓쁘레아앙톰 → 프놈꿀렌 폭포

프놈꿀렌 폭포 하층부에서 물놀이하는 모습

왓쁘레아앙톰
Wat Preah Ang Thom

프놈꿀렌 정상 부근에 위치한 사원으로 차로 갈 수 있다. 오르는 길에 늘어선 행상 사이로 프놈꿀렌에서만 나는 붉은 껍질의 바나나가 보인다. 사원 입구 계단에 돈다발을 쌓아놓은 행상도 볼 수 있는데 이들은 시주용으로 깨끗하고 빳빳한 100리엘 지폐를 10장 이상의 뭉치 단위로 판매한다. 이 사원이 유명한 까닭은 9.4미터의 자연 암벽 위에 열반에 든 거대한 불상이 누워 있기 때문. 이제껏 보아온 캄보디아 사찰과는 전혀 다른 분위기다.

소요 시간 30분
하이라이트 거대한 와불상

모터사이클 투어

좀더 특별한 모험을 원하는 여행자라면 스라담레이(Srah Damrei)로 향하는 모터사이클 투어를 추천한다. 엘리펀트폰드(Elephant Pond)라는 이름으로 더 잘 알려져 있는 스라담레이는 실물 크기에 가까운 코끼리상와 사자상 등이 모여 있다. 결코 혼자서는 찾아갈 수 없어 왓쁘레아앙톰 앞에서 현지 오토바이 기사들에게 8~10달러를 내고 45분쯤 달려야 한다. 거친 산길을 달리는 것이 꽤 스릴 있다. 다만 외진 곳이라 일행이 두 명 이상일 때 가는 것을 추천한다. 덧붙여 아직 곳곳에 수습되지 않은 지뢰가 남아 있으니 정해진 길을 절대 이탈해서는 안 된다.

프놈꿀렌 폭포
Phnom Kulen Waterfall

폭포는 상층부와 하층부로 이루어져 있다. 하층부 폭포는 영화 〈툼 레이더〉에서 안젤리나 졸리가 등장한 촬영지다. 수영은 주로 하층부에서 하는데, 흙 색깔 때문에 물이 뿌옇지만 깨끗하니 안심해도 된다. 다만 내려가는 철제 계단이 미끄럽고 간격이 있으니 넘어지지 않게 조심하자. 상층부는 얕아 바닥이 잘 보이는데, 특히 줄이 쳐 있는 곳은 링가와 요니, 비슈누와 락슈미, 브라흐마 부조 등이 새겨져 있다.

물놀이를 위해 챙겨온 수영복과 여벌의 옷은 1달러를 받고 보관해주는 이에게 맡기거나, 한 시간에 5달러인 상층부 오두막을 빌려 보관할 수도 있다. 오두막을 빌렸다면 주변 식당이나 노천 가게에서 민물새우 튀김과 바나나 튀김을 사서 맥주와 함께 출출함을 달래거나 식사할 수도 있다.

<u>소요 시간</u> 세 시간
<u>하이라이트</u> 상층부 강바닥 부조와 하층부 폭포의 시원한 물줄기

신을 만나러 가는 특별한 등산
끄발스뻬안
Kbal Spean

땅을 덮어버린 강인한 나무와 거대한 사암, 화려한 무늬의 나비들 덕분에 원시 자연의 기운이 완연하게 느껴지는 곳이다. 목적지인 폭포에 닿으면 이곳의 백미로 꼽히는 강바닥 부조를 볼 수 있다. 프놈꿀렌(220쪽 참고)과 비교할 수 없을 만큼 다양한 부조가 150미터에 걸쳐 넓게 분포한다. 부조를 제대로 보고 싶다면 건기에, 숲을 느끼고 싶다면 우기에 가는 것이 좋다. 곳곳에 누워 있는 비슈누를 찾아보자.

프놈꿀렌에서 발원한 '성스러운 물'은 앙코르와트와 시엠립강을 거쳐 똔레삽으로 흘러드는데 프놈꿀렌의 여러 물줄기 중에서도 주요 발원지로 꼽는 곳이 바로 끄발스뻬안이다. 프놈꿀렌 자락이지만 가는 방향은 정반대로, 반떼아이스레이와 지뢰 박물관을 하루 코스로 묶기에 괜찮다. 40분 정도 오르면 되니 힘들지 않게 등산하면서 이색적인 숲을 경험하고 싶은 여행자에게 추천한다. 오후 3시 30분까지 입장이 가능하다.

소요 시간 두 시간 이상
하이라이트 강바닥에 새겨진 1000개의 링가와 신들의 부조

바위에 새겨진 다양한 부조

크메르 제국의 이단아
꼬께르
Koh Ker

잃어버린 도시, 좀더 극단적으로 표현하면 버려진 도시 꼬께르는 마치 한 사원의 이름처럼 불리지만 10세기 초, 약 16년간 앙코르 제국의 왕도였던 곳이다. 앙코르 지역의 유적과는 달리 견고한 벽돌로 지어 상당부분 무너졌음에도 강인하고 단단한 인상을 준다. 저수지 라할을 중심으로 사원이 있어 북쪽을 시작으로 남쪽까지 도는데 걷기에는 무리가 있어 자동차로 한 곳씩 들른다. 시엠립에서는 두 시간 반을 차로 달려야 한다.

꼬께르 추천 코스
쁘라삿톰 → 쁘라삿트넹과 쁘라삿레웅 → 쁘라삿쁘람

사원 정상에서 본 옛 왕도의 모습

쁘라삿톰
Prasat Thom

피라미드형 사원 쁘라삿프랑(Prasat Prang)과 붉은 벽돌 사원인 쁘라삿끄라홈(Prasat Krahom)외 몇몇 부속 건물로 이루어진 복합 단지다. 쁘라삿프랑은 거대한 7층 구조로, 이런 사원은 흔히 메루산을 의미하지만, 이곳은 높이 4미터의 링가를 정상에 세워두기 위한 기초라고 봐야 한다. 북쪽에 설치된 나무 계단을 통해 정상에 오르면 사방으로 펼쳐진 정글과 평원을 볼 수 있다.

쁘라삿끄라홈은 사원을 붉은 벽돌로 지은 데서 이름이 유래해 붉은 사원이라는 의미를 지닌 곳이다. 쁘라삿프랑의 동쪽에 위치해 간혹 문으로 오해하지만 동문이 아닌 사원이다. 초기 나가의 특징대로 난간 없이 몸통이 땅에 닿아 있다. 이곳에서 발견된 춤추는 시바상은 프놈펜에 있는 캄보디아 국립박물관에서 전시 중이다.

소요 시간 30분
하이라이트 쁘라삿프랑에 올라 바라보는 광활한 평원

네악뻬안으로 향하는 데크 위

쁘라삿트넹과 쁘라삿레웅
Prasat Thneng & Prasat Leung

시바에 대한 신앙심이 열렬했던 자야바르
만 4세는 꼬께르 곳곳에 시바를 상징하는
링가를 무수히 남겼다. 꼬께르는 촉가르
샤르라는 옛 이름 외에도 링가의 도시라
는 뜻의 '링가푸라'라고도 불렸다. 쁘라삿
톰과 약 500미터 떨어진 이 사원들에서는
원형이 잘 보존된 비교적 큰 규모의 링가
를 볼 수 있다.

<u>소요 시간</u> 30분
<u>하이라이트</u> 시엠립 시내와 가까운 앙코르 유적군에서 보기 어려운 큰 링가

쁘라삿쁘람
Prasat Pram

가장 남쪽에 있어 보통 일정 마지막에 들른
다. '쁘람'은 다섯이라는 뜻으로 다섯 개의
탑이 남아 있는 사원이다. 두 개의 탑이 앞줄
에, 세 개의 탑이 뒷줄에 세워져 있다. 나무
뿌리에 잠식된 사원 건물들은 다른 곳에도
많지만, 쁘라삿쁘람은 고유한 느낌이 있다.
나무뿌리가 두 개의 탑을 감싸고 있는데 삼
키는 느낌이라기보다 공생하듯 안착하고 있
어 인상적이다.

<u>소요 시간</u> 30분
<u>하이라이트</u> 나무가 감싼 탑과 탑 내부의 링가

목적에 맞춘 장소 선택

똔레삽 수상 마을과 외곽 명소에서는 캄보디아의 자연을 더욱 가깝게 느낄 수 있다. 동시에 크메르 초기 유적들과 제국의 역사를 지탱해준 근원적 토대도 알아갈 수 있다.

쪽배 체험 똔레삽 수상 마을
유적 관람 북부 유적군, 롤루오스 유적군, 꼬께르

물놀이 프놈꿀렌
등산 끄발스빼안, 프놈끄롬
일몰 감상 똔레삽 수상 마을, 바꽁

일정 짜는 방법

똔레삽 수상 마을

대부분 투어를 신청해서 가기 때문에 구체적인 일정을 알고 갈 필요는 없다. 다만 점심식사 시간을 전후해서 오전 투어와 오후 투어 중 선택할 수 있는데 메츠레이의 경우 아침의 고요한 시간에 들러도 괜찮은 곳이다. 그러나 똔레삽의 일몰과 밤하늘의 별을 보고 싶다면 오후에 가는 것을 추천한다.

북부 유적군

앙코르톰의 북문을 통과하면 곧 만난다. 앙코르와트나 앙코르 유적군과 묶어 하루를 보낼 수 있다. 오전에 북부 유적군을 본 다음, 오후에 롤루오스 유적군이나 반떼아이스레이를 가서 해가 질 때까지 시간을 보내는 것도 괜찮다. 뚝뚝으로 이동할 수 있다.

롤루오스 유적군

시내에서 동쪽으로 약 15킬로미터 떨어져 있어 뚝뚝으로 40분가량 걸린다. 앙코르와트 및 앙코르 유적군과 묶거나 북부 유적군과 묶어 하루 코스로 다녀올 수 있다. 가는 길에 시엠립 최대 시장인 쌀르에 들러도 좋다. 오전에 롤루오스, 오후에 반떼아이스레이를 가는 방법도 있다. 다만 이 경우 뚝뚝을 타는 시간이 길어져 추가 요금을 내야 한다.

벵메알레아

뚝뚝을 타고 가기도 하지만, 왕복으로 네 시간이 걸리므로 여행사를 통해 기사가 지원되는 차를 빌려서 가는 편을 추천한다. 벵메알레아만 갈 수도 있지만 프놈꿀렌이나 꼬께르, 혹은 똔레삽 수상 마을 등과 묶어 다녀올 수도 있다.

프놈꿀렌

현지 여행사를 통해 한 시간쯤 자동차를 타고 가야 하며 오후 12시 이후 입산은 금지된다. 많은 여행사가 벵메알레아와 묶어 하루 코스 상품으로 내놓고 있다. 기사가 있는 자동차를 빌릴 경우 좀더 자유롭게 다닐 수 있다.

끄발스뻬안

뚝뚝으로 갈 수 있는 가장 먼 곳이다. 시내에서 출발하면 약 한 시간 반이 걸린다. 지뢰박물관과 끄발스뻬안, 반떼아이스레이를 묶어 뚝뚝을 타고 하루 코스로 돌아보는 것도 좋다. 단 끄발스뻬안은 오후 3시 30분 이후 입장이 금지된다.

꼬께르

차로 편도 두 시간 반이 걸린다. 현지 여행사에서 꼬께르와 벵메알레아를 묶은 투어 상품으로 가거나 자동차를 빌려서 가면 된다.

작가 추천 코스 베스트 5

똔레삽과 외곽 명소는 개인적으로 가기 어렵기 때문에 대부분 여행사를 통해 간다. 이때 다양한 선택지 중 다음을 택하면 후회 없이 다녀올 수 있다. 앞에 쓰인 장소가 오전, 뒤에 쓰인 장소가 오후다.

1 벵메알레아와 똔레삽 수상 마을
2 프놈꿀렌과 벵메알레아
3 끄발스뻬안과 똔레삽 수상 마을
4 벵메알레아와 롤루오스 유적군
5 북부 유적군과 롤루오스 유적군

지뢰박물관

앙코르톰 ▫

○ 서 바라이

앙코르와트

시엠립국제공항 ▫

왓트메이
Wat Thmei

6번 국도 NR6

샤를 드 골 Charles De Gaulle

전쟁박물관 ○

앙코르국립박물관
Angkor National Museum

캄보디아민속촌 ○

로열가든스
Royal Gardens

6번 국도 NR6

펍스트리트
Pub Street

쌀르
Psar Leu

시엠립 시내
상세 지도

앙코르국립박물관
Angkor National Museum

쁘레아앙첵쁘레아앙촘

캄보디아민속촌 4Km
전쟁박물관 5Km
서 바라이 11Km

칼텍스 주유소
Caltex Gas Staion

6번 국도 NR6

로열가든스
Royal Gardens

왓트메이
Wat Thmei

지뢰박물관 27Km

샤를 드 골 Charles De Gaulle

리버로드 River Road

럭키 몰

왕실 별장

때플로드 Taphul Road

시바타블라바드 Sivatha Blvd

쌀르
Psar Leu

앙코르 입장권
매표소 가는 길

시엠립우체국

포킴보애비뉴 Pokambor Ave

Achar Sva St

앙코르어린이병원
Angkor Hospital
for Children

소키멕스 주유소
Sokimex

칸달 빌리지 Kandal Village

시엠립주립병원
Siem Reap
Provincial Hospital

앙코르나이트마켓

펍스트리트
Pub Street

Angkor Night Market Street

Street 7

폴리스박스

Street 8

왓보로드 Wat Bo Road

스트리트8

앨리웨스트 Alley West

속산로드 Sok San Road

스트리트9 Street 9

메이드인캄보디아마켓

킹스 로드 앙코르 King's Road Angkor

올드마켓

앙코르나이트마켓스트리트

앙코르 트레이드 센터 Angkor Trade Cente

아트센터나이트마켓

올드마켓브리지 Old Market Bridge

아트마켓브리지 Art Market Bridge

관광안내소

아르티장 당코르

베스트
일정

쌀르

뚝뚝으로 10분

왓트메이

뚝뚝으로 5분

앙코르국립박물관

걸어서 8분

로열가든스

뚝뚝으로 3분

펍스트리트

걷기 난이도 ★★☆☆☆.

주로 뚝뚝이나 자전거로 이동할 수 있는 코스다. 카페나 식당이 곳곳에 있어 쉬기에도 좋다.

언제 가면 좋을까

1월	2월	3월	4월	5월	6월	7월	8월	9월	10월	11월	12월

좋은 때

11~2월. 다만 시엠립 시내를 목적으로 오는 경우는 거의 없으니 건기에 오는 편이 낫다.

괜찮은 때

7~10월. 우기다. 이때엔 휴업하거나 단축 영업을 하는 상점도 있지만, 그 한산함이 나름의 매력이다. 무엇보다 숙박 요금이 저렴한 것이 장점이다.

피할 때

없다. 사실 날씨의 영향을 받지 않아 언제 와도 좋다.

베이스캠프에서 체험 즐기며 알찬 하루 보내기

1 앙코르와트 여행의 베이스캠프다

앙코르와트와 일대 유적지, 똔레삽 수상 마을에는 갈 만한 숙소나 식당, 편의시설이
거의 없기 때문에 시엠립 시내를 베이스캠프로 삼고 이곳에서 해결하는 것이 좋다.
여행자가 어려움 없이 먹고 쉬고 움직일 수 있는 곳은 펍스트리트를 중심으로 한
시내가 유일하다.

2 시내 안에서 뚝뚝을 타면 1~2달러다

시내에서 뚝뚝을 타려면 협상이 필요한데, 대부분이 1~2달러면 충분하다. 다만 쌀
르(재래시장)은 도심에서 3킬로미터 정도 떨어져 있어 3달러는 예상해야 한다.

3 자전거 타고 돌아다니기도 좋다

시내에서는 1~2킬로미터의 단거리 이동이 많기 때문에 자전거를 이용하는 것도 괜
찮다. 바구니가 달린 '시티바이크'는 하루 대여료가 1~2달러다.

4 충분히 둘러보려면 하루를 비워야 한다

야간 펍스트리트뿐 아니라 앙코르국립박물관과 왓트메이, 시장 구경도 빼놓을 수 없다. 캄보디아의 다양한 모습을 만나고 싶다면 제시한 일정을 참고해 하루를 온전히 시내에서 보내보자.

5 체험 예약은 늦어도 하루 전까지 해야 한다

세계적인 관광 도시라 여행자를 대상으로 하는 일일 강좌나 승마, 경비행기 타기 같은 체험 프로그램이 많지만, 대부분 예약을 해야 이용할 수 있다. 프로그램 소개와 예약 방법은 272~297쪽을 참고하자.

6 사람이 많은 곳에서는 절도와 성추행을 조심하자

시엠립은 다른 도시에 비해 강도나 폭행 등의 범죄율은 낮은 편이다. 다만 클럽이나 주점 등 사람들과 접촉이 많은 곳에서 절도와 성추행을 조심해야 한다. 특히 낯선 이가 주는 술은 경계하자.

1 로열가든스에서 쩜빠이 향기 맡으며 군것질하기. 256쪽 참고.

2 펍스트리트 야외 테이블에서 생맥주 한 잔 마시기. 262쪽 참고.

3 맛있는 음식과 압사라 춤을 볼 수 있는 디너쇼 즐기기. 290쪽 참고.

4　캄보디아 음식을 만들거나 경비행기를 타고 유적 위로 날아보기. 272쪽 참고.

5　개성 있는 마켓에서 실속 있게 쇼핑하기. 298쪽 참고.

6　'시엠립 앙코르'라고 쓰인 스탬프가 찍힌 엽서를 사랑하는 이에게 보내기. 86쪽 참고.

시엠립에서 가장 큰 현지인 시장
쌀르
Psar Leu

여행지의 '참모습'을 보려면 시장으로 가야 한다는 의견에 동의한다면 쌀르로 가자. 시엠립에서 가장 규모가 큰 주민들의 부엌이자 보물 창고다. 곡물과 채소, 똔레삽에서 잡아올린 수산물, 육류와 가공육, 의류와 잡화까지 그야말로 없는 게 없다. 캄보디아 특산물로 익히 알려진 상황버섯과 후추, 팜슈가도 저렴하게 살 수 있다.

시장을 보는 방법은 특별할 게 없다. 그저 방황하듯 걸으면 된다. 구경이 목적인 여행자에게는 파는 물건에 따라 분류된 가게들의 위치와 세세한 동선은 큰 의미가 없다. 그저 건물 내부에는 주로 공산품이, 건물 외부에는 토산품이 있다는 것만 알면 된다.

곳곳에 간단한 식사와 주전부리를 파는 행상도 보인다. 갓 구운 코코넛밀크빵이나 와플이 반가워 하다가도 식재료로 판매하는 뱀과 거미를 보고 깜짝 놀랄 수도 있다. 옷 한 벌을 구입하거나 가방을 사는 데는 10달러 내외면 충분해서 의류 상가를 서성이게 될 수도 있다. 더불어 '원 달러'를 외치는 호객꾼들 때문에 불편할 일이 없으니 부담 없이 구경할 수 있어 좋다. 다만 흥정을 해야 할 때는 영어가 통하지 않기 때문에 간단한 캄보디아 말을 익히고 가면 편하다.

소요 시간
40분

하이라이트
올드마켓과 나이트마켓에서는 볼 수 없는 다양한 식재료와 물건

1 현지인들의 종합재래시장이다

쌀르에서 쌀(Psar)은 시장을 뜻한다. 시장은 일출 이후 열어 일몰쯤 닫는다. 시내 중심가에서 조금 떨어져 있어 관광객의 방문은 뜸한 편이다. 오가는 시간과 구경하는 시간까지 넉넉하게 한 시간 정도 잡으면 된다.

2 뚝뚝으로 왕복 5달러면 충분, 왓트메이까지 간다면 2달러 추가해야 한다

펍스트리트에서 쌀르까지 왕복하고, 시장 구경을 할 동안 기다리는 시간을 포함해 5달러면 충분하다. 이 책에서 제안하는 다음 코스인 왓트메이까지는 거리가 좀더 머니 2달러 정도 추가해 7달러 선에서 협상해보자.

3 자전거를 타고 가는 것도 좋다

펍스트리트에서 약 3킬로미터 떨어진 곳으로 자전거를 타고 가기에 적당한 거리다. 6번국도 쪽 시장 앞 주차장에 주차하면 안전하다. 비용은 500리엘로 1달러를 냈다면 거슬러달라고 할 것.

4 올드마켓이나 대형 마트보다 저렴하게 물건을 살 수 있다

확실히 현지인들이 드나드는 시장이라 관광객을 타깃으로 하는 올드마켓이나 시내 마트보다 저렴하다. 냉장고 자석이나 동전 지갑 같은 기념품도 있다. 상황버섯은 1kg에 10~15달러로 판다. 통후추는 100g 단위로 산다면 1~2달러에 살 수 있다. 깜뽓 지방의 후추는 세계적인 명성을 얻고 있다. 팜슈가는 1kg당 1~2달러다. 상황버섯은 캄보디아말로 '프썻쓰끄럼', 후추는 '므레잇'이라고 부르고 팜슈가는 '쓰커트나웃'이라 부른다. 올드마켓과 대형 마트에 관해서는 298~319쪽을 참고하자.

5 캄보디아 대명절인 쫄츠남 이전에 가면 더욱 풍성하다

캄보디아의 새해 명절이자 최대 명절인 쫄츠남을 앞둔 보름간은 풍년이 든 것처럼 먹을 것으로 가득하다. 특히 화려하게 포장된 채 잔뜩 쌓여 있는 과자와 빵, 새해 케이크 등이 눈길을 끈다. 쫄츠남은 보통 4월 13일쯤 시작되며 일주일간 연휴다.

킬링필드의 비극을 애도하는 시간
왓트메이
Wat Thmei

볼거리를 원한다면 차라리 시내에 있는 다른 사원을 가는 편이 낫다. 펍스트리트에서도 제법 거리가 있어 근처에서 묵지 않는 이상 뚝뚝을 타야 한다. 그럼에도 불구하고 왓트메이를 소개하는 건 사원 중앙에 자리한 위령탑 때문이다. 위령탑 안에는 해골이 쌓여 있다. 모형이 아닐까 싶을 정도로 적나라하게 모아둔 해골들은 크메르루주에 의해 불과 40여 년 전 죽임을 당한 신원을 알 수 없는 희생자들의 것이다. 여행이 낯선 문화와 역사와 사람을 알아가는 과정이라고 할 때 캄보디아에서 킬링필드는 차마 밟지는 못하더라도 모르고 갈 수는 없는 단어다. 사실 캄보디아 땅 전체가 킬링필드 그 자체라 해도 과언은 아니다. 단순히 그들만의 역사라고 할 수도 없다. 우리나라의 현대사는 물론 세계 역사에서 무수히 자행되어 온 제노사이드, 그 잔인함과 어리석음의 총체를 킬링필드에서 환기할 수 있다.

오늘날 만나는 캄보디아인의 대부분은 직계든 사촌이든 친구든 가까운 누군가를 1970년대에 잃었다. 그들은 여전히 상실의 시대를 살고 있다. 그 슬픔이 바로 와닿지 않을 수도 있고 반대로 과장된 연민이 생길 수도 있다. 중요한 것은 그 역사를 '기억하고 있다'는 사실일 것이다.

소요 시간
한 시간
하이라이트
사원의 위령탑

1 크메르루주에 의해 희생된 이들을 기리는 사원이다

왓트메이에서 왓은 사원을 뜻하고 트메이는 '새로 지었다'는 의미다. 왓트메이는 그 이름처럼 1992년 지어진 역사가 짧은 불교 사원이다. 사원은 급진적인 좌익 무장단체 크메르루주가 시민을 가두고 학살했던 감옥이 있던 자리에 지어졌으며 이때 무고하게 희생된 이들을 애도하는 위령탑을 사원 중앙에 세웠다. 지난했던 역사를 되새기는 공간으로 별도의 입장료나 입장 시간은 없다.

2 30분이면 둘러볼 수 있다

불상이 안치되어 있는 사원의 법당에는 부처의 일대기가 벽화로 그려져 있다. 법당 맞은편 건물은 일본의 원조로 세워진 학교가 있는데 현재는 수업을 하지 않고 방치된 상태다. 위령탑 건너편에는 한국어로 '캄보디안 역사 그림 박물관 전시'라 쓰인 작은 건물이 있다. 내부에는 크메르루주 정권 당시 잔인하게 자행된 고문과 비참했던 삶을 묘사한 그림들이 전시되어 있다. 입장료는 없다.

3 사원 안내판에 역사의 참상이 잘 적혀 있다

위령탑 앞과 사원의 담 안쪽을 따라 세워진 여러 개의 안내판에는 크메르루주 정권 당시와 전후의 정치 상황, 탄압 사례가 영어와 캄보디아어로 자세히 적혀 있다.

4 유서 깊은 시내의 다른 사원들도 가보자

대표적으로는 왓보(Wat Bo)가 있다. 왓보는 18세기 말에 지어진, 시내에서 오래된 사원 중 한 곳이다. 세계 10대 스님 중 한 사람으로 꼽히는 보우 스님의 사리를 모셔둔 곳이자 법당 내부의 세밀한 벽화로 '아는 사람만 들르는' 곳이기도 하다. 벽화에는 〈라마야나〉의 내용과 캄보디아 시장 풍경, 식민지 시대 프랑스 군대의 모습이 담겨 있다. 이 외에도 왕궁으로 쓰였던 왓담낙(Wat Dam Nak), 500년 된 와불이 있는 왓쁘레아쁘롬랏(Wat Preah Prom Rath), 시내에서는 한참 떨어져 있으나 승마 체험을 할 경우 들를 수 있는 왓아트베아(Wat Athvea) 등이 있다.

위령탑 속 희생자들의 유골

희생자들의 유골을 모셔둔 위령탑과 사원 전경

크메르루주와 킬링필드

크메르루주는 '유토피아적 공산주의 농촌 사회' 꿈꾼 급진적인 좌익 무장단체로, 베트남 전쟁 당시 친미 군사정권인 론 놀 정부와 대립했다. 론 놀 정부는 '반 베트남 캠페인'을 실시해 캄보디아 내 베트남인을 박해했고, 크메르루주는 자신들의 이상을 위해 상상할 수 없을 만큼 잔인하고 끔찍하게 민간인을 고문하고 살해했다. 이로 인해 인구의 25%에 해당하는 200만에 가까운 민간인이 죽었다. 사망자 중엔 캄보디아 국경 지대를 통해 북베트남 군이 남베트남으로 가는 것을 막기 위해 미군이 융단폭격을 가해 희생된 사람들도 많았다. '킬링필드'는 학살된 양민의 시신을 묻은 곳을 일컬으며 캄보디아 전역에 걸쳐 2만여 곳 넘게 발견됐다. 가장 대표적인 곳이 프놈펜에서 약 14킬로미터 떨어진 쩡아엑(Choeung Ek)이다. 쩡아엑은 약 1만7000명의 캄보디아인들이 교도소에서 고문 당한 후 처형된 곳이다.

전쟁박물관과 지뢰박물관

불과 10년 전만 해도 시엠립 시내에서는 다리 한 쪽이 없는 꼬마들을 자주 마주칠 수 있었다. 베트남전 당시 미군이 투하한 폭탄 중 남은 불발탄과 내전 때 묻은 지뢰가 많다보니 긴 시간이 흐른 오늘날에도 한 해 평균 100명이 피해를 입고 있다. 전쟁과 대학살의 시대가 남긴 유산이 이토록 참혹하다.

❶ 전쟁박물관 War Museum
오전 8시~오후 5시 30분, 입장료 5달러

캄보디아민속촌에서 약 1.6킬로미터 떨어진 곳에 있다. 미국의 개입으로 캄보디아의 내전이 심화되던 1970년대 이후부터 크메르루주의 무장 해체가 이루어진 1999년까지를 탱크나 총 같은 무기로 설명해주는 곳이다. 이곳에 상주하는 박물관 해설자에게 안내를 부탁하면 영어로 설명해준다. 안내 요금은 입장료에 포함되어 있다.

❷ 지뢰박물관 Cambodia Landmine Museum

오전 7시 30분~오후 5시, 입장료 5달러

반떼아이스레이에서 남쪽으로 약 6킬로미터 지점에 있다. 이곳의 관장인 아키 라는 10살 때부터 지뢰 매설을 배웠다. 오늘날까지 약 4만 명의 민간인이 사지를 잃거나 목숨을 잃는 것에 큰 죄책감을 느낀 그는 1992년부터 지뢰 제거 작업을 해 5만 개에 다다르는 지뢰를 제거했고 그렇게 제거된 치명적인 무기를 모아 지뢰박물관을 열었다. 영어 오디오 가이드를 빌려 해설을 들을 수 있다. 별도의 요금은 없다.

❶

❷

❷

유적 여행의 에필로그
앙코르국립박물관
Angkor National Museum

뜨거운 날씨 탓에 체력이 방전되거나 폭우가 쏟아져서 유적지에 가기가 망설여질 때, 아니면 어딜 가기에도 시간이 어중간할 때 좋은 대안이 있다. 앙코르국립박물관이다. 박물관의 존립 이유를 뒷전으로 한 다소 오만한 방문 같지만 도시 전체가 지붕 없는 박물관인 시엠립에서 실내 박물관의 중요성은 아무래도 덜할 수밖에 없다. 그럼에도 불구하고 굳이 '휴식'을 하러 카페가 아닌 박물관을 추천하는 까닭은 이왕 쉬는 거 좀더 '앙코르'답게 쉬자는 취지다. 시원한 에어컨 바람을 쐴 수 있는 공간에서, 어려울 것이라는 편견이나, 꼭 알아야 한다는 부담 없이 '실내형 앙코르 유적'을 산책하자.

앙코르와트의 탑 형태를 따온 지붕, 대리석과 라테라이트를 연상시키는 흰색과 주홍색 겉면은 얼핏 봐서 세련된 호텔 같기도 하다. 안내소에서 박물관 내부를 설명하는 한국어 팸플릿과 오디오 가이드를 빌려 2층부터 관람을 시작하자. 종합 갤러리(천불상 갤러리)의 수메다상과 나가의 보호를 받고 있는 불상, 갤러리 A의 비슈누상, 갤러리 B의 가네샤상, 갤러리 C의 반떼아이스레이 스타일 린텔 등이 주요 전시 작품이다. 눈여겨볼 것은 작품에 표기된 시대와 스타일이다.

소요 시간
두 시간

하이라이트
1000개의 불상이 전시된 종합 갤러리와 앙코르와트의 미니어처가 있는 갤러리 D

1 입장권은 여행사에서 바우처로 사는 게 싸다

원래 입장료는 12달러인데 한인 숙박업소나 현지 여행사에서 바우처를 사면 10달러 선에서 관람할 수 있다.

2 한두 시간이면 둘러보는 중소형 박물관이다

앙코르 유적군에서 발굴된 국보급 유물은 프놈펜에 있는 캄보디아국립박물관에 있다. 이곳에는 복제품이나 그보다 조금 가치가 낮은 유물을 전시한다. 불상과 힌두교 석상이 대부분이며, 이들을 통해 캄보디아의 종교, 크메르 왕과 업적, 앙코르와트와 앙코르톰 등의 유적, 크메르인의 문화 예술을 설명하고 있다. 여러 언어로 재생할 수 있는 영상과 터치스크린이 있어 관람하기에 편하다.

3 한국어 오디오 가이드를 대여할 수 있다

박물관 안내소에서 한국어 오디오 가이드를 빌릴 수 있다. 각 전시관의 주요 유물을 한국어로 설명해줘 전시를 관람하는 데 확실히 도움이 된다. 전시관으로 들어가기 전에 오디오 소리가 잘 들리는지 확인할 것. 대여료는 3달러다.

4 브리핑 룸에서 나오는 영상은 한국어가 지원된다

전시관에 본격적으로 입장하기 전 브리핑 룸에서 박물관 소개 영상을 볼 수 있다. 영상을 관람할 당시 다수의 관객이 서로 다른 국가일 때는 영어로 서비스되며 그렇지 않을 경우 한국어로 선택할 수 있다. 이 밖에도 각 유물에 대한 음성 안내 서비스 시스템과 영상이 재생되는 자리가 몇 곳 있는데 역시 한국어 서비스가 된다.

5 수메다상을 보아야 한다

볼 만한 주요 유물로는 종합 갤러리의 수메다상이 있다. 수메다는 석가모니의 전생이며, 연등불은 수메다의 전생이다. 석상은 수메다가 자신에게 성불할 것을 예언한 연등불에게 다리가 되어주기 위해 엎드린 모습을 표현하고 있다. 12세기 말쯤 만들어졌을 것으로 추측된다.

6 기념품을 사고 요기도 할 수 있다

출입구에는 박물관 기념품 가게가 있는데, 석상과 건축물을 미니어처로 만든 기념품을 판다. 외부에서 파는 물건보다 가격이 높지만 완성도는 훨씬 좋다. 로비에는 카페가 있는데 음료와 쿠키 등 간단한 것을 판다. 박물관 1층과 면세 쇼핑몰인 T갤러리아의 통로가 이어져 있어 박물관 관람 후 쇼핑도 편하게 할 수 있다.

7 오전 8시 30분에 문을 연다

4~9월은 오전 8시 30분에 열어 오후 6시에 닫는다. 성수기인 10~3월에는 오전 8시 30분에 열고 30분을 더 운영해 오후 6시 30분에 닫는다. 박물관에 대한 정보는 공식 홈페이지(angkornationalmuseum.com)를 참고해도 좋다.

한 박자 쉬어가는 시엠립의 센트럴 파크
로열가든스
Royal Gardens

푸른 잔디밭과 색색의 꽃들로 가꾼 화단, 그늘을 만들어주는 키가 큰 나무들, 벤치에 앉은 여유로운 사람들. 로열가든스는 전형적인 도심 정원의 풍경을 지니고 있다. 그렇다고 이곳만의 개성이 없는 것은 아니다. 공원 중앙에 선 키다리 나무들 아래에는 언제나 많은 사람이 모여 고개를 든 채 나무 끝을 바라본다. 일명 '황금박쥐'로 불리는 과일박쥐를 구경하기 위해서다. 가만히 귀를 기울이면 낭랑한 음색의 꽁통 연주도 들린다. 왕실 별장 방향에 있는 사원에서 울려 퍼지는 라이브 음악이다.

공원 서쪽에는 근사한 외관의 빅토리아 앙코르 리조트 앤드 스파가 있다. 2003년 문을 열었지만 건물 외관은 고풍스러운 근대 유럽의 건축 양식을 본떴다. 북쪽에 자리 잡은 래플스 그랜드 호텔 당코르는 프랑스 식민지였을 때 지어진 호텔이다. 로열가든스에서 가장 화려한 정원을 거느리고 있는 호텔로 1932년 지어졌고 샤를 드 골을 포함한 수많은 프랑스 인사와 부호가 이곳을 거쳐갔다. 서로 다른 사연을 가진 풍경들이지만 눈앞에서 만큼은 이보다 조화로울 수 없다.

이곳에선 굳이 나서서 봐야 할 것도, 시간에 쫓겨 서두를 일도 없다. 적당한 자리를 찾아 게으른 시간을 갖자.

소요 시간
머물기 나름
하이라이트
과일박쥐와 정돈된 정원

1 이 공원의 마스코트는 과일박쥐다

공원 큰 나무들이 집단 서식지여서 언제든 나무 높은 곳 가지에 무리를 지어 매달린 과일박쥐들을 볼 수 있다. 나무마다 서식하는 박쥐의 수는 1000마리가 넘는다. 일몰 무렵 방문하면 석양빛으로 물든 잔디밭과 중앙 가로수로 모여든 황금색을 띤 과일박쥐 떼를 볼 수 있다.

2 쩜빠이 때문에 공원이 향기롭다

로열가든스에는 프랭지패니나무가 많다. 플루메리아라고도 불리는 이 꽃은 동남아와 하와이, 괌 등에서 흔히 볼 수 있는 향기로운 꽃으로 향수의 주원료로도 사용된다. 꽃잎은 하얗고 꽃술이 있는 안쪽은 노란 프랭지패니를 현지에서는 '쩜빠' 혹은 '쩜빠이'라고 부른다.

3 애프터눈 티 세트나 군것질을 즐길 수 있다

래플스 그랜드 호텔 당코르와 빅토리아 앙코르 리조트 앤드 스파에서는 애프터눈 티 세트를 맛볼 수 있다. 두 곳 모두 숙박하지 않아도 된다. 래플스 그랜드 호텔 당코르는 차와 커피를 무한 제공하며 20달러 선이다. 빅토리아 앙코르 리조트 앤드 스파는 8달러에 샌드위치와 차, 커피를 제공하고 수영장을 이용하면 18달러다. 금요일이나 주말에는 뷔페나 라이브 공연 등이 있으니 호텔에서의 여유로운 오후를 만끽하고 싶다면 가보자. 호텔이 부담스럽다면 로열가든스 곳곳에 행상이 있으니 벤치에 앉아 볶음라면이나 바나나구이를 먹으며 여유를 부리는 것도 괜찮다.

4 왕실 별장 내부는 관람할 수 없다

왕실 별장은 외관을 보는 것으로 만족해야 한다. 이 별장을 주로 이용했던 노로돔 시아누크 캄보디아 전 국왕은 1941년부터 1955까지, 그리고 1993년부터 2004년까지 재위했으며 2012년 사망했다. 그는 이곳 별장에서 프랑스로부터의 독립을 계획했고 그러한 의지와 노력을 바탕으로 1953년에 비로소 90년간의 프랑스 식민지에서 벗어났다. 현재의 국왕은 그의 아들인 노로돔 시아모니다. 호텔이나 식당 로비,

거리에서 이 부자의 사진을 쉽게 볼 수 있다. 부자 사진과 나란히 걸리는 여성의 사진은 전 국왕의 부인, 즉 왕비였던 모니크 이지다.

5 외부인도 기도하고 축복받을 수 있는 사원이 있다

불공을 드리러 온 현지인들로 늘 붐비는 로열가든스 남쪽의 사원은 쁘레아앙첵쁘레아앙촘(Preah Ang Chek Preah Ang Chorm)이다. 두 부처를 모시는 사원으로 현지인들은 이들이 시엠립을 보호해준다고 여긴다. '기도 잘 들어주는' 곳으로도 유명해 특히 젊은 커플들이 이곳을 찾아 영원한 사랑을 기원한다. 외부인도 사원으로 들어가 기도할 수 있으며 기부금을 내면 승려가 와서 축복을 빌어준다.

6 공원 이름은 왕실 별장으로 인해 붙여진 것이다

공원 남쪽으로 길 건너 있는, 경사가 가파른 벽돌색 지붕의 하얀 건물이 왕실 별장이다. 출입구 상단에는 왕실을 상징하는 금장이 새겨져 있지만 건물 규모가 그리 크진 않다. 로열가든스라는 이름이 이곳에서 기원했다.

시엠립에서 가장 '핫'한 밤의 거리
펍스트리트
Pub Street

매일 밤 화려한 조명과 흥겨운 음악, 달뜬 얼굴들이 교차한다. 길 따라 머리 위로 장식된 조명이 거리를 밝히고 활짝 문을 연 가게들은 흥겨운 분위기와 갖가지 먹거리로 유혹한다. 한낮의 열기를 식히며 생맥주를 들이켜는 사람과 일렬로 누워 다리 마사지를 받는 사람, 캄보디아식 바비큐 식당에서 고기를 구워 먹는 사람, 캔 맥주와 꼬치구이를 들고 거리를 쏘다니는 사람까지. 그 모두가 펍스트리트의 풍경을 만든다. 펍스트리트에서 살짝 벗어나 나이트마켓에서 쇼핑을 하는 이들도 적지 않다. 전구가 비춘 갖가지 기념품은 낮에 봤던 것보다 어쩐지 더 매력적으로 느껴진다.

밤에 비한다면 해 지기 전 펍스트리트는 꽤 심심한 풍경이지만 뜨거운 햇볕을 피해 여유롭게 시간을 보내기에는 호텔 수영장 다음으로 제일이다. 삼삼오오 모인 여행자들은 카페에서 휴식을 취하거나 여행사에 투어를 문의한다. 쿠킹 클래스나 압사라 댄스 클래스 같은 특별한 체험을 하는 이들도 적지 않다. 장기 여행자는 시엠립 유일의 극장에서 시원한 에어컨 바람을 쐬며 영화를 보기도 한다. 누구나 기분을 내면서 마음대로 자유롭게 거닐 수 있는 공간. 이곳을 즐기는 방법 또한 낮이든 밤이든 수십, 수백 가지다.

소요 시간
머물기 나름
하이라이트
일몰 후 화려한 조명으로 반짝이는 펍스트리트 중심과 주변 나이트마켓

1 '레드 피아노'가 랜드마크이자 중심이다

펍스트리트는 레스토랑이자 바인 레드 피아노를 중심으로 200미터가량 이어진 골목을 일컫는다. 상권이 점차 확대되면서 현재는 이웃한 골목 앨리웨스트, 시엠립강을 따라 이어진 왓보르도, 길 건너편의 앙코르나이트마켓 일대에 이르기까지 꽤 넓은 지역을 아울러 펍스트리트라고 부른다.

2 아기자기한 것이 좋다면 앨리웨스트로 가면 된다

앨리웨스트(Alley West)는 펍스트리트 메인 로드와 올드마켓 사이의 좁은 골목이다. 기념품 가게와 아이스크림 가게, 아기자기한 바와 작은 식당이 속속 들어차 있고 탁 트인 메인 로드와는 또 다른 아늑한 분위기라 둘러볼 만하다. 북쪽으로 한 블록 건너 나 있는 메인 로드 뒤편의 좁은 골목들도 마찬가지.

3 나이트마켓과 숨은 맛집을 찾는다면 속산로드로 가자

속산로드(Sok San Road)는 펍스트리트로 들어가는 입구를 등지고 길을 건너 앙코르나이트마켓 쪽으로 이어진 골목이다. 게스트하우스와 부티크 호텔이 자리 잡고 있으며 사이사이 세련된 식당이 있다. 이 길을 통해 앙코르나이트마켓으로 들어설 수도 있다. 나이트마켓에 관해서는 304쪽을 참고하자.

4 편리하고 한적한 분위기를 원한다면 킹스 로드 앙코르로 가자

킹스 로드 앙코르는 다국적 음식을 판매하는 여러 개의 식당과 카페가 한 건물에 입점해 있는 복합 푸드몰이다. 이 주변으로 세계 여러 도시에 체인을 둔 하드록 카페와 고급 식당이 모여 있다. 또한 몰의 정원에선 벼룩시장 느낌이 나는 메이드인캄보디아마켓이 매일 열린다. 올드마켓브리지(Old Market Bridge)를 통해 시엠립강을 건너면 바로 보인다.

5 바와 클럽은 오후 9시부터 분위기가 달아오른다

펍스트리트가 흥성이는 시간은 거리에 조명이 켜지는 일몰 후부터다. 초저녁에는 식사와 함께 맥주를 마시러 오는 이들과 길거리 음식을 맛보는 이들이 대부분이고 밤이 무르익는 오후 9시부터는 바와 클럽이 달아오른다. '치어스'나 '엑스 바' '앙코르 왓? 바' 등 인기 있는 곳은 오전 3시 또는 4시까지 영업을 한다.

6 한산함과 저렴함을 동시에, '해피아워'를 공략하자

해가 지기 전 이른 오후 시간에 펍스트리트에 왔다면 저렴한 가격에 맥주를 즐기는 '해피아워'를 누릴 수 있다. 보통 오후 5~7시에 진행되며 맥주 한 잔을 사면 한 잔을 무료로 주는 1+1 행사, 음식을 시키면 맥주나 탄산음료를 무료로 주는 행사, 맥주나 칵테일 등을 50%가량 할인해주는 행사 등을 한다. 인기 있는 주점은 대부분 다 '해피아워'를 한다고 보면 된다.

7 다양한 체험을 신청하고 즐길 수 있다

펍스트리트 주변에는 체험 프로그램 신청을 대행하는 여행사와 한인 업소가 많다. 물론 직접 신청할 수 있는 업체들도 주로 펍스트리트를 중심으로 자리한다. 캄보디아 음식을 만들어보는 쿠킹 클래스부터 저녁식사를 즐기며 전통춤 감상하기, 크메르식 마사지 받기, 하늘을 날아 앙코르 유적을 돌아보는 경비행기 체험까지 다양한 프로그램이 있다. 시엠립 시내에 머물며 즐길 수 있는 체험에 어떤 것들이 있는지 알고 싶다면 272~297쪽을 참고해보자.

펍스트리트의 뒷골목 풍경

야외공연은 여기가 최고
캄보디아민속촌
Cambodian Cultural Village

캄보디아민속촌의 테마존은 총 13곳으로 캄보디아에 사는 여러 소수민족 마을을 주제로 꾸몄다. 대표적인 형태의 가옥을 각각 한 채씩 지었고, 그 앞마당에서 소수민족과 관련한 공연을 한다. 공연은 오후 2시 30분부터 8시까지 장소를 옮겨가며 약 15분 간격으로 30분간 진행하며, 배우들은 풍습을 보여주는 무언극이나 전통춤을 보여준다. 가장 인기가 좋은 공연은 크롱 마을의 '신랑 고르기'다. 마을의 아름다운 아가씨가 여러 신랑 후보감을 만나 겪게 되는 에피소드가 익살맞고 유쾌하다.

금, 토, 일 저녁 7시부터 한 시간 동안 펼쳐지는 '자야바르만 7세 대제전'은 크메르 왕국의 번영을 이끈 자야바르만 7세의 리더십과 업적을 공연으로 재현해 화려하고 웅장하다. 입장권은 15달러이지만 한인 숙박업소나 현지 여행사에서 바우처로 사면 12달러 선이다. 매표소에서 입장권을 발급받을 때 한국어 팸플릿과 공연 시간표를 꼭 받도록 하자. 식사할 곳이 마땅치 않으니 간식을 싸오거나 점심을 든든하게 먹고 가는 게 좋다.

손으로 짜낸 고운 비단결
아르티장 당코르와 앙코르 실크 팜
Artisans d'Angkor & Angkor Silk Farm

아르티장 당코르에서는 석공예, 목공예, 옻칠 등을 배우는 훈련생들의 작업 과정을 볼 수 있다. 직원에게 설명을 부탁하면 무료로 내부 시설 가이드를 해준다. 아르티장 당코르를 둘러보았다면 하루 두 차례(오전 9시 30분과 오후 1시 30분) 운행하는 무료 셔틀버스를 타고 서 바라이 인근의 앙코르 실크 팜에도 가보자. 앙코르 실크 팜에서는 뽕나무의 재배부터 고치에서 실을 뽑아 베틀로 실크를 짜는 전 과정을 돌아볼 수 있다. 작업장 옆에는 아르티장 당코르 제품을 파는 매장과 디저트 카페 블루 펌프킨이 있다. 두 곳 모두 둘러보는 데 한 시간쯤 걸린다.

해 질 녘 서정적 풍경
서 바라이
West Baray

인도차이나 반도를 지나는 메콩강 물이 흘러든 호수는 흙탕물이다. 그러나 한낮에는 새파란 하늘을, 해가 질 무렵에는 금빛 석양을 고스란히 담아낸다. 건기에는 호수 변에 해먹이 설치되는데 이곳에 가만히 누워 바라보는 풍경이 그림 같다. 그물을 거두는 어부와 물장구치는 동네 꼬마들이 있어 눈도 귀도 심심치 않다. 이따금 단체 여행객이 들면 소란스러워지기도 하지만 잠시뿐이다. 시엠립에서 가장 평화로운 일몰의 순간이다.

서 바라이는 앙코르 유적군에서 가장 큰 인공 호수로 1050년경, 수리야바르만 1세 때 지어졌으며 동서 8킬로미터, 남북 2.2킬로미터에 달한다. 20달러로 정원 여덟 명인 보트를 빌려 한 시간쯤 호수를 돌아볼 수도 있다. 호수 중앙에는 서 메본(West Mebon)이 있는데 이제껏 알려진 크메르 청동 조각 중 가장 큰 크기의 비슈누상이 발견되었다.

해먹 하나를 빌리는 데는 약 5000리엘이다. 서 바라이는 시내로부터 10킬로미터가량 떨어져 있으며 뚝뚝으로 왕복할 경우에는 기다리는 시간을 포함해 10달러면 충분하다. 자전거를 타고 갈 수도 있지만 차량 통행이 많고 비포장도로를 달려야 하는 곳도 있어서 평소 자전거를 잘 타던 사람이 아니면 힘들다. 시엠립 도착 시간이 낮이라면 착륙 직전 기내에서 서 바라이의 전경을 볼 수 있다.

앙코르와트 베이스캠프
완전 정복

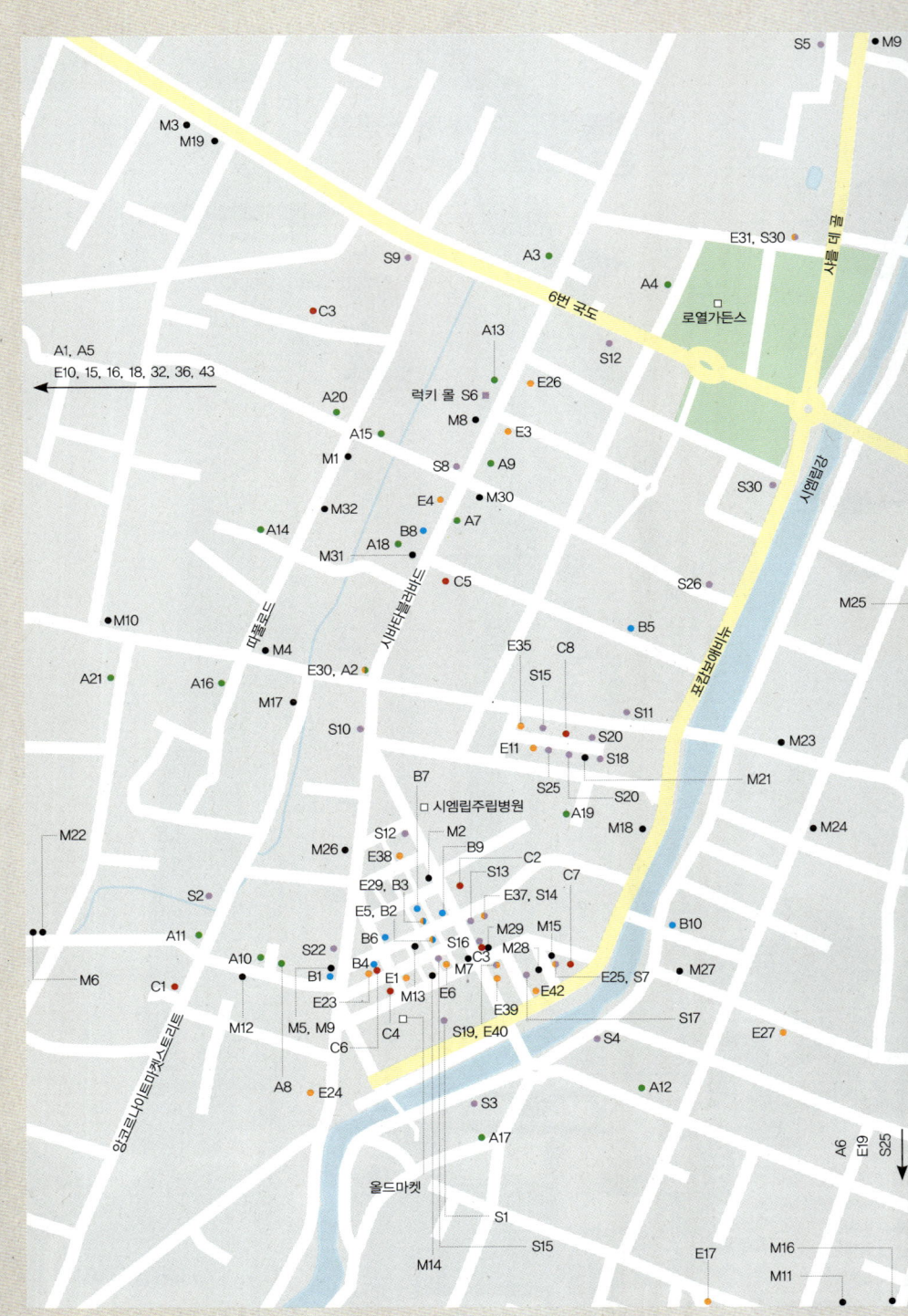

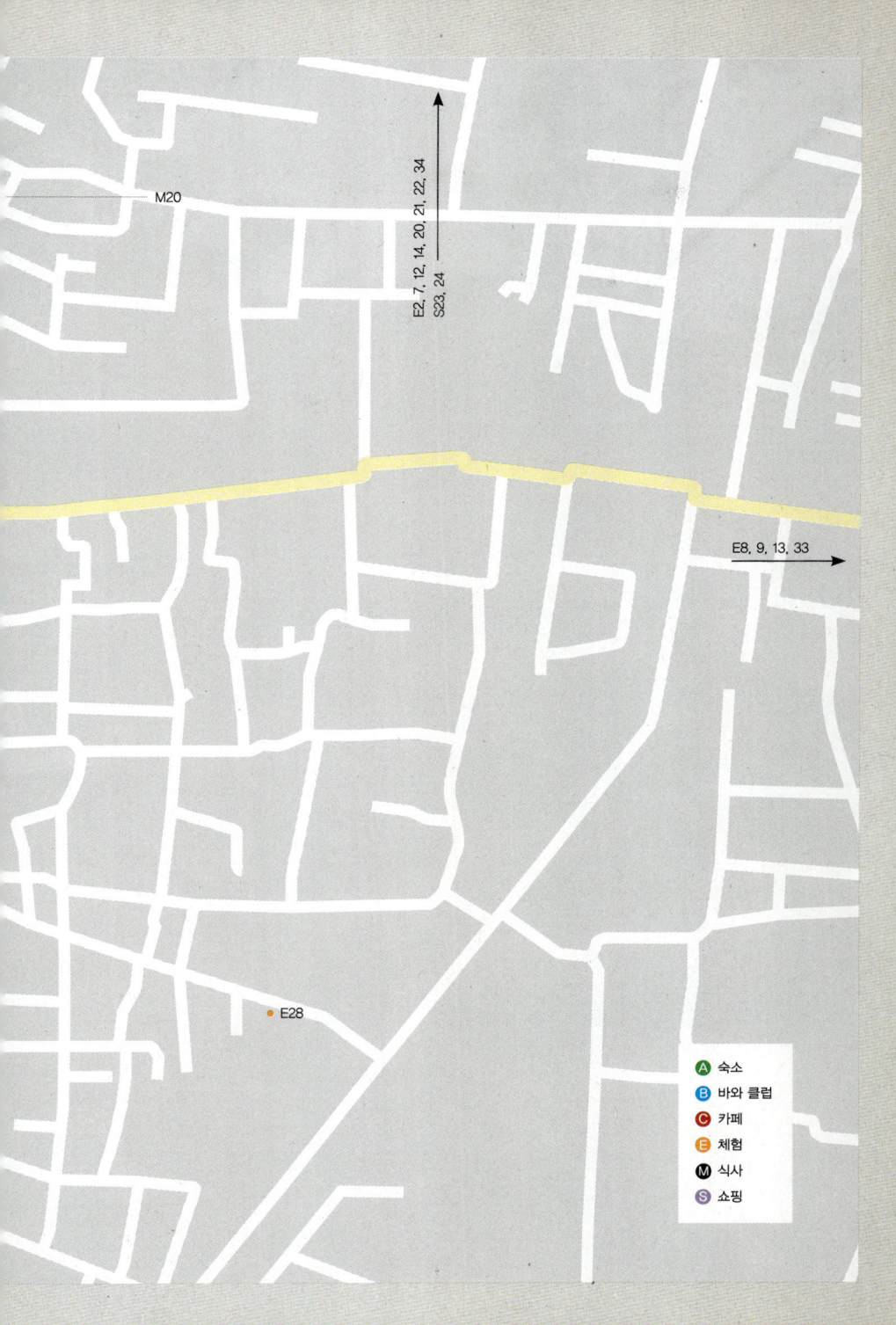

M20

E2, 7, 12, 14, 20, 21, 22, 34
S23, 24

E8, 9, 13, 33

• E28

| Ⓐ 숙소 |
| Ⓑ 바와 클럽 |
| Ⓒ 카페 |
| Ⓔ 체험 |
| Ⓜ 식사 |
| Ⓢ 쇼핑 |

E
체험

1 시엠립에서는 다양한 체험을 즐길 수 있다. 춤부터 요리, 익스트림 스포츠, 공연, 마사지까지 취향에 맞는 걸 최소 한 가지 이상 해보자.

2 체험할 곳으로 직접 찾아가서 예약하는 것보다 예약 대행을 맡고 있는 여행사를 찾아가 예약하는 것이 더 저렴하다. 예약은 최소 하루 전에만 하면 된다.

3 여유로운 체험을 위해 한나절은 일정을 비워두는 편이 좋다.

4 경비행기, 집라인, 쿼드바이크 등은 안전에 각별히 유의하자.

5 현지인 가이드가 도움을 주는 체험이 많다. 필수는 아니지만 서비스가 마음에 들었다면 팁을 건네는 것도 좋다. 단, 마사지는 꼭 팁이 줘야 한다.

압사라 춤 배우기

압사라 춤 원데이 클래스는 펍스트리트에 위치한 '압사라 댄스 클래스'와 펍스트리트에서 약 3킬로미터 떨어진 '백스트리트 아카데미'가 대표적이다. 각각 한 시간, 한 시간반 동안 배울 수 있다. 압사라 댄서로 활동하고 있는 전문가가 기본 동작을 가르쳐준다. 신청자가 한 명이라도 수업을 한다.

E1 압사라 댄스 클래스 Apsara Dance Class

위치 펍스트리트 안쪽 골목 앨리웨스트 내

시간 월~금, 오후 4시~5시

신청 전화, 이메일, 홈페이지 예약, 수업 15분 전까지 현장 접수 가능

문의 012-301-170, apsaradanceactivity@gmail.com, www.cambodianapsaradanceclass.com

비용 25달러

E2 백스트리트 아카데미 Backstreet Academy

위치 로열가든스에서 북쪽으로 2.6킬로미터, 리버로드와 스트리트 60이 만나는 지점에서 오른쪽으로 200미터, 앙코르 크래프트 연합 내

시간 오전 9시~오후 4시

신청 수업 하루 전까지 홈페이지 예약

문의 098-382-046, info@backstreetacademy.com,
www.backstreetacademy.com/siem-reap

비용 22달러

압사라 전통 복장 입고 사진 찍기

원하는 색상의 압사라 복장을 고르면 머리부터 발끝까지 착용과 장식을 도와준다. 강렬한 메이크업과 머리치장까지 하는데 '분장' 수준에 가깝다. 한 시간 정도 준비를 하고 나면 스튜디오로 이동해 전문 사진사가 사진을 찍어준다. 포즈는 시키는 대로 따라하면 된다. 사진은 앙코르와트를 배경으로 합성한 후 총 네 장을 출력해주며 두세 시간 이후에 나온다.

E3 L.P.C 디지털 센터 앤드 스튜디오 Laor Penh Cheth Digital Centre & Studio

__위치__ 럭키 몰 바로 맞은편
__시간__ 오전 8시~오후 5시
__신청__ 현장 접수
__문의__ 063-652-6666
__비용__ 복장 착용, 메이크업, 사진 모두 포함 25달러

E4 시엠립 트메이 포토숍 앤드 스튜디오 Siemreap Thmei Photoshop & Studio

__위치__ 럭키 몰에서 시엠립주립병원 방향으로 약 300미터, 시바타블러바드
__시간__ 오전 7시~오후 8시
__신청__ 현장 접수
__문의__ 063-969-393
__비용__ 복장 착용, 메이크업, 사진 모두 포함 25달러

캄보디아 전통 음식 쿠킹 클래스 듣기

보통 한나절 정도 진행되는 쿠킹 클래스는 올드마켓에 방문해 재료를 알아보는 것부터 시작한다. 캄보디아에서 많이 쓰이는 식재료가 무엇인지, 수업에서 만들 요리의 재료는 어떤 것인지 시장을 구경하며 설명을 듣는다. 식재료는 준비되어 있으므로 사지 않는다. 장보기가 끝나면 이후 쿠킹 스튜디오(시내 식당)로 이동해 본격적으로 요리를 시작한다.

E5 르 티그르 드 파피에 Le Tigre de Papier

시엠립에서는 요리 교실의 '원조'로 통한다. 인기가 많아 하루 세 차례 연다. 모두 영어로 진행되지만 5시 수업은 프랑스어로도 진행한다. 수업 때 배운 레시피는 이메일로 보내주고 수료증도 준다.

위치 펍스트리트 메인 로드 내 위치, 템플 클럽 맞은편
시간 오전 10시, 오후 1시, 오후 5시. 세 시간 동안 진행
신청 전화 예약, 하루 전에 직접 방문
문의 012-265-811
비용 일반 코스(세 가지 요리) 15달러, 저식 코스(다섯 가지 요리) 24달러

E6 쩜빠이 레스토랑 Champey Restaurant

깨끗하고 싱싱한 재료로 조미료 없는 건강한 음식을 만든다. 크메르식 레스토랑 쩜빠이에서 운영하며, 개인 조리대가 마련되어 있다. 모든 과정을 마치면 수료증과 함께 향신료와 레시피북 등의 기념품을 준다.

위치 올드마켓 북쪽 입구 앞, 아목 레스토랑 맞은편
시간 오전 9시 30분~오후 1시, 오후 3시~6시 30분
신청 전화, 이메일 예약, 하루 전에 직접 방문
문의 077-566-455, reservation@angkorw.com
비용 세 가지 요리 및 향신료, DVD, 레시피북 등 포함 25달러

E7 피스 카페 Peace Cafe

크메르식 채식 요리를 만들 수 있다. 완성한 요리를 카페의 정원 테이블에 앉아 여유롭게 먹거나 포장해갈 수도 있다.

위치 로열가든스에서 시엠립강 건너 리버로드 따라 550미터 북쪽으로 직진
시간 오후 1시~2시 30분
신청 시간에 맞춰 가면 예약 없이 바로 참여 가능
비용 세 가지 20달러

경비행기 타보기

유적을 보호하기 위해 앙코르와트 바로 위를 날지는 않지만 충분히 가깝게 볼 수 있을 만큼 근접하게 비행한다. 마을을 지날 때면 주민들이 비행기를 향해 열심히 손을 흔들어준다. 해가 질 무렵에 타면 멀리 똔레삽 너머로 석양이 물드는 아름다운 풍경을 볼 수 있다. 따로 보험은 없고 탑승 전 위험과 안전에 대한 책임은 본인에게 있음을 확인하는 사인을 한다. 공중에서 떨어질 수 있는 물건은 절대 소지하고 탈 수 없으며, 카메라는 상체에 X자로 맸을 때만 가지고 탈 수 있다. 헬멧과 헤드폰을 쓰고 타며 조종사의 음성이 헤드폰을 통해 들린다. 상공을 날 때 조종사가 어디 위를 날고 있는지 친절하게 설명해준다.

두 업체의 경비행기 크기가 다른데 스릴을 즐기면 비행기가 좀 더 작은 마이크로라이트 캄보디아를, 안정감을 원하면 마이플라이 캄보디아를 선택하면 된다.

E8 마이크로라이트 캄보디아 Microlight Cambodia

위치 6번 국도를 따라 동쪽(롤루오스 방면), 펍스트리트에서 약 5킬로미터
시간 오전 7시~10시, 오후 3시~6시, 우기(6~11월)에는 유동적
신청 여행사, 전화, 이메일 예약
문의 096-620-3676, 069-220-806
비용 롤루오스 20분 코스 75달러, 똔레삽 20분 코스 75달러, 앙코르 유적군 30분 코스 125달러, 앙코르 유적군 및 프놈꿀렌 일대 한 시간 코스 225달러

E9 마이 플라이 캄보디아 My Fly Cambodia

위치 6번 국도를 따라 동쪽(롤루오스 방면), 펍스트리트에서 약 5킬로미터
시간 오전 7시~10시, 오후 4시~6시
신청 여행사, 전화, 이메일 예약
문의 068-704-601, contact@myfly.aero
비용 롤루오스 20분 코스 98달러, 똔레삽 35분 코스 125달러, 롤루오스와 앙코르 유적군 일대 30분 코스 140달러

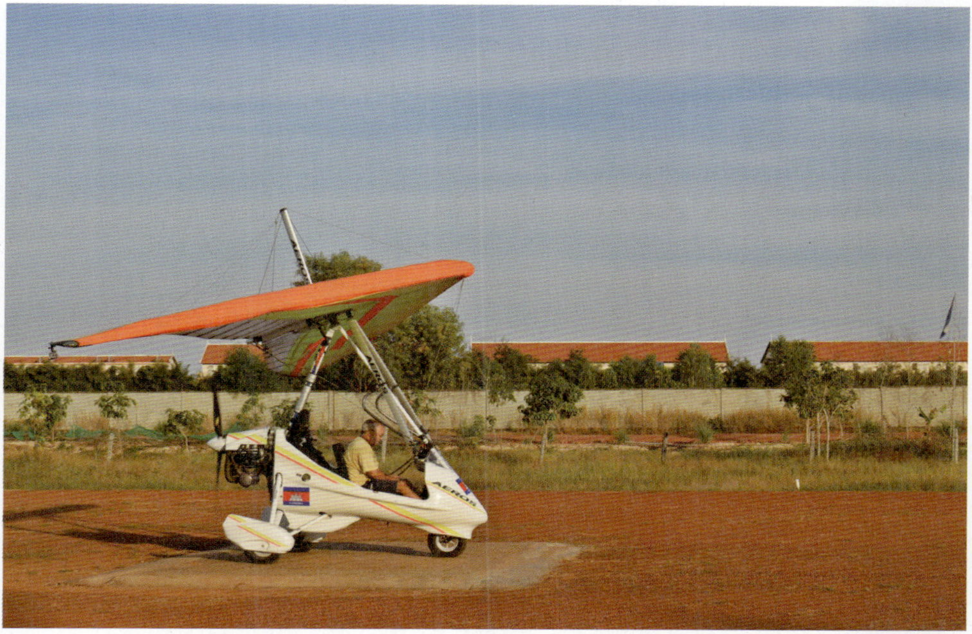

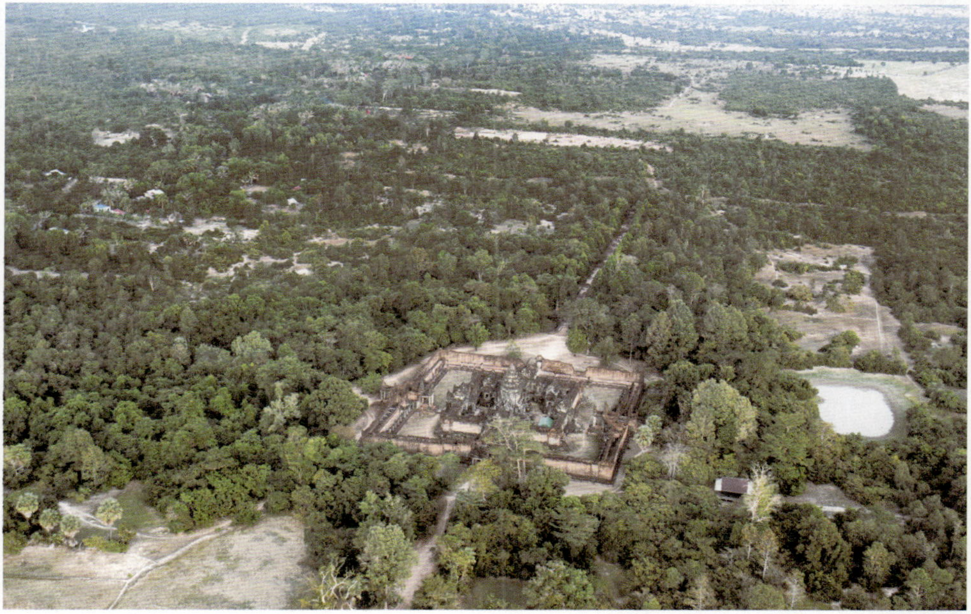

헬리콥터 타고 유적 돌아보기

일행과 함께 앙코르와트를 하늘에서 바라보고 싶다면 헬리콥터를 타보자. 시엠립에는 두 곳의 헬리콥터 업체가 있는데 비행경로와 가격은 동일하다. 최소 8분부터 최대 50분까지 시간에 따라 다섯 개 코스로 나뉜다. 파일럿을 제외하고 최대 다섯 명이 탈 수 있고 출발할 수 있는 최소 인원은 세 명이다. 혼자 가거나 둘이 간다면 사람을 충원하거나 출발이 확정된 날을 선택해야 한다. 최단 시간 코스인 8분 코스는 앙코르와트 언저리를 돌고 오며 14분 코스는 앙코르와트를 포함해 프놈바껭, 스라스랑, 쁘레룹 등 주변 유적군이나 반떼아이스레이를 둘러본다. 가장 이상적인 코스는 앙코르와트 일대와 똔레삽 수상 마을을 포함하는 20분 코스다. 탑승자를 위한 보험에 가입되어 있다. 예약은 필수고 체험 당일에 숙소로 데리러 온다.

E10 헬리스타 캄보디아 HeliStar Cambodia

__위치__ 펍스트리트에서 공항 방향으로 2.8킬로미터, 6번 국도에 있는 보레이 앙코르 쇼핑 아케이드 내
__시간__ 오전 7시~오후 5시 30분
__신청__ 홈페이지, 이메일, 방문 예약
__문의__ reservations@helistarcambodia.com helistarcambodia.com
__비용__ 90달러부터

E11 헬리콥터스 캄보디아
Helicopters Cambodia

__위치__ 시엠립주립병원과 앙코르어린이병원 사이 칸달 빌리지 내
__시간__ 오전 8시~오후 5시
__신청__ 홈페이지, 이메일, 방문 예약
__문의__ helicopter.cam.s@online.com.kh
www.helicopterscambodia.com
__비용__ 90달러부터

열기구 체험하기

이동은 다소 제한적이지만 '풍선 기구'를 타고 앙코르 유적군을 감상하고 싶다면 두 가지 방법이 있다. 첫번째는 앙코르와트와 가까운 곳에 있는 고정형 열기구를 타는 것. 두번째는 롤루오스 유적군 근처에 있는 비행장에서 이동형 열기구를 타는 것이다.

E12 앙코르 벌룬 Angkor Balloon

앙코르 벌룬은 열기구를 닮은 풍선형 비행체로, 기구를 끈으로 연결해 약 100미터 높이까지 수직으로 올라갔다 다시 내려온다. 아쉽게도 직사각 형태의 앙코르와트 전체 모습을 내려다볼 수는 없고 지상에서 보이는 전면부를 조금 더 잘 볼 수 있는 수준이다. 10분쯤 상공에 머문다.

위치 앙코르와트 서쪽 입구(앙코르 카페)에서 서쪽으로 약 1킬로미터 떨어진 곳
시간 일출~일몰, 바람 및 우천 시 운행 안 함
신청 전화 예약(예약 없이 갈 경우 한 시간 이상 기다려야 함)
문의 097-896-5834, booking@angkorballoon.com, www.angkorballoon.com
비용 일출 때 25달러, 주간 15달러

E13 앙코르 핫 에어 벌룬
Angkor Hot Air Balloon

앙코르 핫 에어 벌룬에서는 진짜 열기구를 탈 수 있다. 비행장이 롤루오스 유적군 근처에 있어 바꽁, 쁘레아꼬, 롤레이 등의 유적과 주변 마을을 둘러볼 수 있다. 롤루오스 유적군도 중요한 유적들이지만 앙코르와트나 그 주변에 있는 핵심 사원을 볼 수 없다는 점이 아쉽다. 그러나 노을이 질 때 근사한 풍광을 눈에 담을 수 있고, 소음 없이 유유하게 하늘을 '떠다니는' 기분은 특별하다. 체험 당일에 업체 차량이 숙소로 데리러 온다.

위치 롤루오스 유적지 부근 열기구 이륙장
시간 12~3월 오전 6시 10분~6시 40분, 오후 5시~5시 30분
신청 여행사 전화, 이메일 예약(이메일보다는 전화가 확실)
문의 069-558-888, info@angkorballooning.com
비용 30분 100달러

집라인 타고 정글 즐기기

가장 인기 많은 체험으로 앙코르톰 동문 밖에 있는 정글에서 즐길 수 있다. 총 15개의 코스(15개 트리)로 되어 있고, 안전 교육과 식사 시간을 포함해 세 시간쯤 걸린다. 모든 코스가 끝나면 수직 하강으로 지상에 내려오는 데 짜릿하다. 앙코르 유적군에 있으므로 날짜가 유효한 입장권이 반드시 있어야 한다.

ⓔ⁴ 앙코르 집라인 Angkor Zipline

위치 앙코르 유적군 내, 따네이 안쪽 길 따라 약 1킬로미터

시간 오전 7시~오후 2시(픽업 오전 6시 30분~7시 30분, 오전 10시~11시, 15분 간격)

신청 홈페이지, 전화 예약, 한인 숙박업소 바우처

문의 096-999-9101, info@treetopasia.com, www.treetopasia.com

압사라 앙코르 투어 cafe.naver.com/apsaraangkor, 카카오톡 apsaraangkor

현지인 한국어 가이드 커뮤니티 070-854-500, cafe.naver.com/cambodiafairtour

비용 식사 및 왕복 교통 포함 99달러

승마 체험하기

더 해피 랜치 호스 팜은 시엠립 번화가에서 약 1.5킬로미터 떨어진 말 농장이다. 한 시간부터 네 시간까지 코스가 나뉘어 있고 조련사가 선두에서 안내한다. 말을 처음 타는 사람도 안전 교육을 받은 후 함께할 수 있다. 기존 승마 체험과 다른 것은 트랙이 아닌 마을과 평원을 돈다는 것. 초보라면 한두 시간 코스가 적당하며 오전 7시에서 10시 사이, 오후 3시에서 6시 사이에 말을 타기에 좋다. 정오 전후로는 볕이 매우 뜨거워서 말도 사람도 힘들다. 예약이 필수다.

E15 더 해피 랜치 호스 팜 The Happy Ranch Horse Farm

위치 올드마켓에서 속산로드 따라 서쪽으로 약 2킬로미터
시간 오전 6시~오후 6시
신청 홈페이지, 이메일, 전화 예약
문의 012-920-002, 016-920-002, info@thehappyranch.com, www.thehappyranch.com
비용 한 시간 28달러, 두 시간 46달러, 세 시간 59달러, 네 시간 69달러

쿼드바이크 타고 시골길 달리기

활동적인 사람이라면 좋아할 만한 체험이다. 원동기나 자동차 면허증이 없어도 쉽게 조작할 수 있어 14세 이상이면 탈 수 있다. 다만 속도가 제법 빠르니 운전에 주의해야 한다. 코스는 시내에서 2킬로미터쯤 떨어진 마을과 평야다. 가이드가 앞서고 행렬 맨 뒤로 보조 가이드가 따라가며 챙긴다.

E16 쿼드 어드벤처 캄보디아 Quad Adventure Cambodia

위치 펍스트리트에서 남동쪽으로 약 2킬로미터
시간 오전 7시~오후 6시
신청 홈페이지, 전화 예약
문의 017-784-727, 092-787-216, www.quad-adventure-cambodia.com
비용 일몰 투어 한 시간 32달러부터

E17 캄보디아 쿼드바이크 Cambodia Quad Bike

위치 올드마켓에서 올드마켓브리지 건너 동남쪽으로 약 1.5킬로미터, A6에서 500미터
시간 오전 5시 30분~오후 6시
신청 홈페이지, 이메일, 전화 예약
문의 012-893-447, 097-670-1777, sales@cambodiaquadbike.com,
www.cambodiaquadbike.com
비용 일몰 투어 한 시간 30달러부터

버펄로 마차 타기

소가 이끄는 마차를 타고 느린 속도로 시엠립 풍경을 감상할 수 있다. 서 바라이로 가는 길에 잠시 '체험'을 하고 싶다면 버펄로 파크를, 소달구지를 타고 교외 마을에 방문해 주민들과 함께 수공예품을 만드는 체험을 하고 주민의 집도 방문하며 한나절을 보내고 싶다면 버팔로 트레일의 여행 상품을 추천한다. 둘 다 숙소로 픽업하러 온다.

E18 버펄로 파크 Buffalo Park

<u>위치</u> 로열가든스에서 공항 방면으로 약 8킬로미터, 서 바라이로 들어가는 길목

<u>시간</u> 오전 7시 30분~오후 5시 30분

<u>신청</u> 한인 숙박업소를 통해 바우처 구입

<u>문의</u> 현지인 한국어 가이드 커뮤니티 070-854-500, cafe.naver.com/cambodiafairtour

<u>비용</u> 바우처 구매 시 10달러

E19 버펄로 트레일스 Buffalo Trails

<u>위치</u> 펍스트리트에서 올드마켓브리지 건너 남서쪽으로 약 2킬로미터

<u>시간</u> 오전 7시~오후 5시

<u>신청</u> 홈페이지, 전화, 이메일 예약

<u>문의</u> 012-297-506, 093-832-812, info@buffalotrails-cambodia.com, www.buffalotrails-cambodia.com

<u>비용</u> 80달러부터, 2인은 한 명당 45달러

코끼리 타기

시엠립에서 코끼리를 탈 수 있는 곳은 프놈바껭 단 한 곳뿐이다. 입구에서 코끼리를 타고 사원을 오르내리는 것. 특히 올라갈 땐 20분 정도 오르막인 산길이라 체험도 할 겸 발품도 아낄 겸 코끼리를 타는 이들이 의외로 많다.

E20 프놈바껭 코끼리 타는 곳

위치 프놈바껭 진입로 바로 앞
시간 오전 7시 30분~오후 5시
신청 현장
문의 현장
비용 올라갈 때 20달러, 내려올 때 15달러

나만의 작품 만들기

현지에서 활동하는 예술가들을 멘토로 삼아 여행자가 체험할 수 있도록 주선해주는 곳이 많다. 그림 그리기부터 나무 공예까지 다채로운 예술 활동 프로그램이 있어 인기가 높은 백스트리트 아카데미, 소규모 사진 투어만을 전문적으로 진행하는 앙코르와트 포토그래피 워크숍 앤드 투어, 전통 방식을 따르면서도 나만의 도자기를 만들 수 있는 크메르 세라믹 파인 아츠 센터 등이 대표적이다.

㉑ 백스트리트 아카데미 Backstreet Academy

동남아 여러 곳에 지점을 두고 있다. 간단한 스케치는 물론 수채화나 유화 그리기, 가죽 공예, 석공예, 도자기 공예, 나무 공예 등 70여 개에 달하는 프로그램이 있다. 철저한 예약제로 운영되며 홈페이지에서 프로그램 정보를 확인하고 예약할 수 있다. 실내 교육장은 펍스트리트에서 5~10분 뚝뚝을 타고 가면 된다.

<u>위치</u> 로열가든스에서 북쪽으로 2.6킬로미터, 리버로드와 스트리트 60이 만나는 지점에서 오른쪽으로 200미터, 앙코르 크래프트 연합 내
<u>시간</u> 오전 9시~오후 4시, 수업 시간은 선택
<u>신청</u> 수업 하루 전까지 홈페이지 예약
<u>문의</u> 098-382-046, info@backstreetacademy.com, www.backstreetacademy.com
<u>비용</u> 유적 스케치 22달러, 바나나잎 공예 16달러, 대나무 피리 만들기 19달러, 가죽 공예 30달러 등

🔴E22 앙코르와트 포토그래피 워크숍 앤드 투어
Angkor Wat Photography Workshops and Tours

시엠립을 무대로 활동해온 전문 작가들이 사진을 찍기 좋은 최적의 포인트와 시간 등을 알려준다. 장소별로 한나절 코스와 하루 코스가 있으며, 두 명부터 여섯 명까지만 신청을 받는다.

위치 로열가든스에서 샤를 드 골을 따라 북쪽으로 약 2.5킬로미터
시간 투어 상품마다 다름
신청 전화, 이메일, 홈페이지 예약
문의 973-612-648, tour@angkor-wat-photography.com, www.angkor-wat-photography.com
비용 앙코르와트 종일 사진 투어 79달러부터, 입장권 별도

🔴E23 크메르 세라믹 파인 아츠 센터 Khmer Ceramics Fine Arts Centre

개성 있는 모양과 색감으로 여행자들 사이에 인기가 높은 도자기를 판매하는 가게의 공방이다. 물레를 돌려 나만의 그릇을 만들 수 있다. 총 다섯 개를 만들고 이 중 한 개에 유약을 바르면, 구워서 다음 날 숙소로 배달해준다.

위치 펍스트리트 내 앨리웨스트
시간 오전 8시~ 오후 6시 30분, 약 한 시간 45분 진행
신청 홈페이지, 이메일, 전화, 방문 예약
문의 063-210-004, info@khmerceramics.com, www.khmerceramics.com
비용 20달러

영화 보기

시엠립에는 최근에 문을 연 플래티넘 시네플렉스라는 최초의 현대식 극장과 앙코르 트레이드 센터에 위치한 앙코르 시네마라는 DVD 상영관이 있다. 두 곳 모두 쾌적해 더위를 식히며 느긋하게 시간을 보내기에 좋다.

E24 플래티넘 시네플렉스 Platinum Cineplex

위치 펍스트리트에서 시바타블러바드 따라 남쪽으로 약 200미터, 회전교차로 전
시간 오전 9시~오후 11시
문의 063-900-901, www.platinumcineplex.com.kh
입장료 2D 영화 1인 3달러, 3D 영화 1인 6달러

E25 앙코르 시네마 Angkor Cinema

위치 올드마켓 동문에서 약 200미터, 앙코르 트레이드 센터 내
시간 오전 11시~오후 10시
문의 017-799-809, www.angkorcinema.com
입장료 1인 10달러, 2인 이상일 경우 1인당 5달러

캄보디아 전통춤 감상하기

저녁 시간이면 시엠립 시내 곳곳에서 압사라 댄싱쇼가 열린다. 압사라 춤 외에도 '공작 새 춤' '코코넛 춤' '대나무 춤' '고기잡이 춤' 등을 함께 공연한다. 이 중 가장 인기가 좋은 코코넛 춤은 여러 쌍의 남녀가 코코넛을 부딪쳐가며 추는 경쾌한 춤으로 캄보디아 남동 지방의 결혼식에서 유래했다.

E26 꿀렌 삐 레스토랑
Koulen II Restaurant

시엠립에서 가장 큰 규모의 극장형 레스토랑이다. 오후 6시 30분부터 뷔페를 즐길 수 있고, 7시 30분부터 한 시간가량 공연이 진행된다. 음식은 크메르식과 서양식이 고루 준비되어 있고, 공연도 괜찮지만 문제는 언제나 붐빈다는 것. 좌석이 600개가 넘는데 모두 다 찰 때가 많다. 일찍 가서 음식을 준비해 앉아야 관람이 수월하다. 공연과 뷔페를 포함해 12달러인데, 바우처로 사면 더 저렴하다.

위치 럭키 몰 맞은편
시간 오후 7시 30분~9시
신청 전화, 홈페이지 예약, 바우처 구매
문의 092-630-090,
　　　www.koulenrestaurant.com
　　　압사라 앙코르 투어
　　　카카오톡 apsaraangkor,
　　　cafe.naver.com/apsaraangkor
　　　현지인 한국어 가이드 커뮤니티
　　　070-854-500,
　　　cafe.naver.com/cambodiafairtour
비용 바우처 구매시 1인당 10달러

E27 앙코르 빌리지 압사라 시어터
Angkor Village Apsara Theatre

50명 정도가 입장할 수 있는 앙코르 빌리지 호텔의 전용 극장에서는 코스로 나오는 요리를 먹으며 전통춤을 감상할 수 있다. 약 50명을 수용할 수 있는 작은 규모로, 1층은 좌식, 2층은 테이블로 고급스럽게 꾸몄다. 내부까지 직원이 안내하며, 여성에게는 예쁜 연꽃 한 송이를, 모든 관람객에게는 공연 설명이 담긴 얇은 책자를 제공한다. 식사는 아목과 꾸이띠유, 파파야샐러드 등 캄보디아 전통식으로 여행자 입맛을 고려해 깔끔하고 정갈하게 나온다. 공연은 총 여섯 개 테마로 구성된다. 예약은 호텔 프런트나 트립어드바이저를 통해 할 수 있다. 4~7월에는 공연이 없는 날도 있으니 미리 확인해야 한다.

위치 펍스트리트에서 강 건너 스트리트 26 따라 180미터
시간 오후 8시~9시 30분, 4~7월 비수기에는 유동적
신청 전화, 앙코르 빌리지 호텔에서 직접 예약
문의 063-963-361,
　　　www.angkorvillagehotel.asia
비용 1인당 27달러

E28 포 퀴진
Por Cuisine

시내에서 조금 떨어져 있지만 플로이 쑤이 춤이나 카더멈 수확 춤 등 다른 곳에서 볼 수 없는 전통춤도 볼 수 있다.

위치 펍스트리트에서 강 건너 스트리트 20 따라 약 2킬로미터
시간 오후 7시 30분~8시 30분
신청 전화, 이메일 예약
문의 078-969-997, reserve@porcuisine.com, www.porcuisine.com
비용 1인당 20달러

E29 템플 발코니
Temple Balcony

매일 저녁 한 시간가량 2층의 작은 중앙무대에서 전통춤의 레퍼토리를 무료로 공연한다.

위치 펍스트리트 내
시간 오후 7시 30분~8시45분, 4~10월 비수기에는 토, 일 휴무
신청 예약하지 않아도 가능
문의 015-999-922
비용 1인당 약 10달러

E30 파크 하얏트 시엠립
Park Hyatt Siem Reap

저녁에 호텔 정원에서 공연이 열린다. 식사를 함께 할 경우 39달러이고 칵테일과 맥주 등 음료를 따로 시켜 먹을 수 있다.

위치 시바타블러바드, 소키 멕스 주유소 맞은편
시간 매주 월, 화, 목, 토, 일 오후 7시~8시
신청 전화, 이메일 예약
문의 063-211-234, diningroom.repph@hyatt.com, www.siemreap.park.hyatt.com
비용 무료(식사할 경우 39달러)

E31 래플스 그랜드 호텔 당코르
Raffles Grand Hotel d'Angkor

호텔 야외 압사라 테라스에서 뷔페와 공연을 함께 즐길 수 있다. 비용은 46달러다.

위치 로열가든스
시간 매주 월, 수, 금 오후 7시 45분~9시 15분
신청 전화, 이메일 예약
문의 063-963-888, siemreap@raffles.com
비용 1인당 46달러

공연 관람하기

압사라 춤과 같은 전통춤 외에도 화려한 연출과 숙련된 배우들, 지루할 틈 없는 무대, 캄보디아만의 전통과 역사, 현실을 반영한 상설 공연도 경험해보자.

E32 파르, 더 캄보디안 서커스 Phare, The Cambodian Circus

흔한 기예를 보여주는 서커스가 아니다. 크메르루주의 집권 당시 일어났던 학살로 공포에 떨었던 사람들과 남겨진 이들의 트라우마, 공부할 수 없는 현실과 지독한 가난, 사람들간의 의심과 차별 등 캄보디아 사회의 문제를 몸짓과 표정으로 풀어낸다. 2013년부터 공연을 시작해 시엠립의 대표적인 공연으로 자리매김했다. 커다란 원형의 천장이 높은 서커스장에서 한 시간가량 맨몸으로 보여주는 공연에 몰입하게 된다. 담고 있는 메시지로 인해 어두운 분위기로 흘러갈 것 같지만, 전반적으로 흥겹고 유쾌하며 배우와 관객의 소통도 활발하다. 대중성과 예술성에 있어 모두 훌륭한 평가를 받고 있는 공연이다.

위치 펍스트리트에서 속산로드 따라 공항 방면으로 약 2킬로미터
시간 오후 8시
신청 홈페이지, 이메일, 전화 예약, 바우처 구매
문의 015-499-480, 092-225-320, ticketing@pharecircus.org, pharecircus.org
비용 A석 35달러, B석 25달러, C석 18달러

E33 로산나 브로드웨이 Rosana Broadway

그들이 추는 춤은 지구 한 바퀴를 돌 듯 다양한 국가를 테마로 하고 있다. 압사라 춤을 비롯한 전통춤은 물론 브로드웨이 스타일의 댄스와 브라질 삼바까지 버라이어티쇼 그 자체다. 주요 관객층은 중국, 일본, 우리나라사람들이다. 우리나라의 테마는 부채춤과 K-pop 댄스. 화려한 무대 의상과 메이크업도 눈길을 끈다. 노련한 무희이자 배우인 출연진은 대부분이 트랜스젠더로 태국의 알카자 쇼, 티파니 쇼, 칼립소 쇼 등을 접했던 이들이라면 공연의 흐름이나 전반적인 느낌이 익숙할 것이다.

위치 로열가든스에서 6번 국도 따라 동쪽으로 약 3킬로미터
시간 오후 7시 30분~8시 40분
신청 한인 숙박업소를 통한 바우처 구매
문의 063-769-991, sales@rosanabroadway.com, www.rosanabroadway.com
　　　압사라 앙코르 투어 cafe.naver.com/apsaraangkor, 카카오톡 apsaraangkor
　　　현지인 한국어 가이드 커뮤니티 070-854-500, cafe.naver.com/cambodiafairtour
비용 바우처 기준 A석 25달러, B석 20달러
※성수기에는 오후 6시, 오후 7시 30분, 오후 9시 세 차례 공연하기도 한다.

E34 더 스마일 오브 앙코르 The Smile of Angkor

시엠립에서는 가장 볼 만한 공연으로 꼽힌다. 크메르 왕국의 역사와 그에 얽힌 신화를 수많은 배우들의 군무와 화려한 무대 연출로 표현했다. 공연 연출을 중국의 영화 감독인 장예모가 담당했다. 캄보디아 전통춤, 〈라마야나〉 속 이야기도 볼 수 있다. 무대 상단에 한국어와 중국어, 일본어 번역이 동시에 나와서 내용을 이해하는 데에 어려움이 없다. 기승전결이 있는 스토리를 보여주는 공연은 아니지만 레이저 조명과 다채로운 영상 효과, 박진감 넘치는 사운드가 돋보이는 공연으로 어린이들도 재미있게 볼 수 있다.

위치 로열가든스에서 동쪽으로 약 5킬로미터, 앙코르 유적 입장권 매표소 부근
시간 오후 7시 30분~8시 45분
※성수기에는 오후 6시, 오후 7시 30분 두 차례 공연하기도 한다.
신청 한인 숙박업소를 통한 바우처 구매
문의 063-655-0168, 097-4551-717, info.smileofangkor@gmail.com,
　　　www.smileofangkor.info
　　　압사라 앙코르 투어 cafe.naver.com/apsaraangkor, 카카오톡 apsaraangkor
　　　현지인 한국어 가이드 커뮤니티 070-854-500, cafe.naver.com/cambodiafairtour
비용 바우처 기준 A석 25달러, B석 20달러(식사할 경우 10달러 추가)

마사지 받기

안정된 서비스와 편안한 분위기를 원한다면 고급 호텔 스파로, 가볍게 발만 풀어주고 싶다면 저렴한 업소도 괜찮다. 팁은 한 시간에 1~2달러를 주면 되고, 마사지사가 별로라면 다른 사람을 요청할 수 있다. 세게 해달라고 할 때는 '쏨 클랑클랑' 살살해달라고 할 때는 '쏨 띡띡'이라고 말하면 된다.

E35 프랭지패니 스파 Frangipani Spa

고급스러우면서도 아늑한 분위기의 마사지숍으로 30대 이상 여성들에게 인기가 좋다. 가장 기본적인 마사지는 지압과 스트레칭이 가미된 트로피컬 마사지로 타이 마사지에 지압과 스트레칭이 가미됐다. 강한 자극의 마사지를 원한다면 스포츠 마사지도 괜찮다. 대표적인 마사지는 스톤 마사지로 몸의 부위에 따라 핫 스톤과 콜드 스톤을 두루 사용해 뭉친 근육을 풀고 붓거나 염증이 생긴 부분을 완화시킨다. 단 고혈압이 있는 이들에게는 추천하지 않는다. 상대적으로 가격대가 높은 마사지숍이지만 그만큼 만족스러운 곳이다.

위치 시엠립주립병원 뒤편 칸달 빌리지 내
시간 오전 10시~오후 8시, 월요일 휴무
문의 063-964-391, info@frangipanisiemreap.com, www.frangipanisiemreap.com
비용 한 시간 35달러부터

E36 티안 유안 풋 마사지 Tian Yuan Foot Massage

캄보디아민속촌 매표소 옆에 있어서 이른바 '민속촌 마사지'로 불린다. 한국인 손님이 많고 우리나라 사람들에게는 평도 좋다. 대부분 마사지사들의 악력이 세고 뭉친 근육을 짚어 집중적으로 안마한다. 마사지할 때 필요한 간단한 한국어도 구사해서 큰 불편함이 없다. 굉장히 넓고 밝은 분위기라서 언제 가도 부담이 없다.

위치 캄보디아민속촌 입구
시간 오전 10시~오후 10시
문의 063-963-098
비용 한 시간 11달러

E37 보디아 스파 Bodia Spa

시엠립에서 첫손에 꼽히는 고급 마사지숍이다. 마사지 제품은 모두 100% 자연 성분으로 만든 보디아 네이처의 제품이다. 마사지 실에 들어서는 순간 퍼지는 은은한 향과 잔잔한 음악은 몸과 마음 모두를 이완시킨다. 마사지의 종류는 크게 전통 마사지와 아로마테라피 마사지로 나뉜다. 이 중 두 명의 마사지사가 동시에 마사지를 해주는 압사라 인덜전스 포 핸즈 마사지가 메인 마사지다. 그 밖에 스크럽 제품을 이용하는 트리트먼트가 있으며 여러 가지를 묶은 패키지 상품도 있다.

위치 시엠립주립병원 부근, 스트리트 8 초입
시간 오전 10시~자정, 마지막 예약은 오후 10시까지
문의 063-761-593, www.bodia-spa.com
비용 한 시간 20달러~40달러

E38 크메르 릴리프 스파 Khmer Relief Spa

여행자를 위한 마사지 메뉴가 다양하다. 안티 스트레스 릴리즈 마사지는 상체에 집중한 마사지로 원활한 혈액순환과 근육의 긴장을 완화시키는 데 목적을 둔다. 크메르 허벌 컴프레스는 천연 오일과 허브 볼로 근육과 피부를 안정시키고 모기 물린 곳과 상처를 아물게 하는 데 효과가 있다. 햇볕에 많이 노출돼 피부가 상했다면 알로에 베라 보디 랩을 추천한다.

위치 시엠립주립병원 앞 스트리트 7 안쪽 골목
시간 오전 10시~오후 11시
문의 063-769-966, info@khmerreliefspa.com, www.khmerreliefspa.com
비용 한 시간 20달러~26달러

E39 카야 스파 Kaya Spa

여성 여행자들에게 꽤 인기가 많은 마사지숍으로 오일 마사지가 유명하다. 이곳의 대표 마사지인 어메이징 캔들 마사지는 초에 데운 따뜻한 오일을 온몸에 발라 몸의 긴장을 풀어주는 마사지다. 천연 코스메틱 브랜드인 상퇴르 당코르에서 운영하는 스파라서 마사지에 쓰는 모든 보디 제품이 상퇴르 당코르의 것이다. 직접 원하는 향과 성분의 제품을 고를 수 있다. 오일을 사용하지 않는 마사지를 원한다면 에인션트 크메르 마사지도 괜찮다.

위치 올드마켓 동쪽 입구 건너편
시간 오전 10시~오후 10시 30분, 마지막 예약은 오후 9시 30분까지
문의 063-966-736, www.kaya-angkor.com
비용 한 시간 20~30달러

E40 드 캄푸치아 스파 De Kampuchea Spa

저렴한 가격에 다양한 마사지를 받을 수 있는 아담한 마사지숍이다. 독특한 마사지로는 엉덩이와 허벅지, 허리와 팔 등 셀룰라이트가 보이는 부분을 집중적으로 관리하는 슬리핑 마사지와 스크럽, 트리트먼트 등을 모두 다 받을 수 있는 드 캄푸치아 릴랙션과 알로에와 망고 마사지, 크메르 전통 마사지, 티타임으로 구성된 리커버리 모이스처라이징 패키지 등 세 시간 동안 진행되는 패키지도 있다.

위치 올드마켓 북쪽 입구에서 나와 오른쪽, 스트리트 9으로 100미터
시간 오전 10시~자정
문의 063-967-788, info@kampucheaspa.com, www.kampucheaspa.com
비용 한 시간 16달러~18달러, 세 시간 43달러

1 시간이 없다면 시장과 슈퍼마켓만 들러도 기념
품과 특산물을 충분히 살 수 있다.

2 소장 가치가 있는 물건을 원한다면 브랜드를 내
건 상점으로 가자.

3 개인이 운영하는 매장은 대부분 정찰제로 운영
된다.

4 개성 있는 물건을 찾는다면 칸달 빌리지와 메이
드인캄보디아마켓에 들러보자.

5 숙소를 옮겨야 하고, 여비가 넉넉하지 않다면
쇼핑은 여정 마지막에 하는 것이 좋다.

팜슈가

팜나무 꽃의 수액을 이용해 만든 비정제 설탕으로 건강식품으로 각광받고 있는 캄보디아의 대표 특산물이다. 1~3달러다.

깜뽓 후추

깜뽓에서 난 후추는 맛이 깊고 향이 좋아 세계적으로 명성이 높은 캄보디아 대표 특산물이다. 마트와 시장에서 그램별로 포장된 통후추를 쉽게 찾을 수 있다. 100g에 3달러 선.

캐슈너트

캄보디아는 캐슈너트 산지로도 유명하다. 한 봉지에 1달러부터.

앙코르 쿠키

앙코르 쿠키의 고급 버전인 '마담 사치코 앙코르 쿠키'를 비롯해 '크메르 앙코르 쿠키' 등의 앙코르와트 모양 쿠키를 친구들 선물로 사보는 건 어떨까. 1.25달러부터.

향신료와 차

동남아 요리에 관심이 많다면 아목파우더, 샤프론파우더, 말린 레몬그라스 등을 사보자. 연잎차, 레몬그라스차 등 캄보디아의 전통차 역시 좋다. 1달러부터.

몬돌끼리 커피

캄보디아 북쪽 지방 몬돌끼리는 동남아의 대표 커피 산지 중 한 곳이다. 이곳에서 생산한 로부스타 커피의 묵직한 맛을 음미해보자. 3달러부터.

쏨바이 라이스 와인

쌀로 빚은 맑은 술에 열대과일, 커피, 구황작물 등 다양한 재료를 넣어 발효시켰다. 쏨바이 본점과 마트, 메이드인캄보디아마켓에서 살 수 있다. 5달러부터.

앙코르비어 캔

톡 쏘는 시원한 맛의 라거. 캄보디아의 대표 맥주이니 몇 캔 사가는 것도 좋겠다. 0.75달러부터.

허브밤

벌레 물린 곳이나 근육 뭉친 곳에 바르거나 마사지나 보습에 쓰인다. 보디아 네이처, 상퇴르 당코르 등의 코스메틱 전문 브랜드 매장과 약국, 마트에서 쉽게 살 수 있다. 1달러부터.

향초와 캔들 홀더

소이왁스로 만든 은은한 향의 향초와 앙코르와트 모양, 코끼리 모양으로 만들진 캔들 홀더를 사보자. 3달러부터.

바구니 혹은 여름용 가방

부레옥잠과 라탄 등 식물 줄기를 엮어 만든 천연 소재의 바구니나 핸드백은 내구성이 좋고 디자인이 무난해서 여름 소품으로 사용하기 좋다. 7달러부터.

코끼리 바지

통이 넓은 고무줄 바지에 코끼리 프린트가 많아서 흔히 코끼리 바지라고도 부른다. 더운 현지에서 두세 번 입고 다니기 딱이다. 2달러부터.

해먹

캠핑을 즐기는 사람이라면 하나 사둘 만하다. 올드마켓이나 나이트마켓에서 살 수 있다. 3달러부터.

그림

유적 주변을 자신의 작업실 삼은 '노천의 화가'들이 정말 많다. 실력도 스타일도 조금씩 다르니 마음에 드는 그림이 있는지 살펴보자. 5~10달러.

공예품

나무, 청동, 가죽 등 다양한 소재로 만든 개성 있는 공예품이 올드마켓, 나이트마켓, 유적 주변 상가 곳곳에 즐비하다. 5달러부터.

실크 스카프

캄보디아 실크로 짠 실크 스카프는 천이 잘 닳지 않고 고운 색감이 오래도록 유지된다. 품질을 따진다면 아르티장 당코르로 갈 것. 20~30달러.

컵받침과 테이블매트

동남아 분위기가 물씬 풍기는 컵받침과 테이블매트는 올드마켓 곳곳에서 구매할 수 있다. 개당 1달러부터.

대나무빨대

플라스틱 빨대 대신 여러 번 쓸 수 있는 대나무빨대를 사용해보자. 10개들이 3달러부터.

코코넛볼

속을 파낸 코코넛 껍질 안쪽에 색을 칠해 예쁘게 꾸민 그릇이다. 액세서리 보관용이나 장식용으로 괜찮은 아이템. 3달러부터.

쇼핑, 어디에서 무엇을 살까

🅢1 올드마켓 Old Market

올드마켓(Psah Chas)은 곧 펍스트리트와 같은 곳으로 여겨지기도 한다. 규모는 작지만 현지인들이 장을 보는 데는 손색없을 만큼 싱싱한 식재료를 판매한다. 로컬 마켓의 분위기를 조금이나마 느껴볼 수 있는 좋은 대안이 될 것이다. 시장을 두르고 있는 상가에서는 다양한 기념품을 살 수 있다.

위치 펍스트리트 메인 로드에서 남쪽으로 두 블록
시간 오전 8시~일몰

52 앙코르나이트마켓 Angkor Night Market

오후 10시까지 불을 밝히는 앙코르나이트마켓은 통일된 디자인의 매대가 줄지어 있고, 다양한 수공예품과 개성 있는 기념품을 판매한다. 전체적으로 세련된 분위기로 상인들도 친절하다.

위치 펍스트리트에서 스트리트 11 따라 북쪽으로 약 100미터 걸으면 나오는 나이트마켓스트리트 따라 150미터 직진, 길 끝에서 왼쪽으로 다시 45미터

시간 오후 4시~10시

🇸3 시엠립아트센터나이트마켓 Siem Reap Art Center Night Market

'아트마켓브리지'를 건너면 만날 수 있는 시장이다. 이름과 달리 예술품에 특화된 시장은 아니다. 규모가 크지 않아 사람들이 많이 찾지 않는 곳으로 한가롭게 돌아볼 수 있는 편이다. 시엠립강가의 야경도 감상할 겸 방문해도 괜찮다.

위치 올드마켓 남쪽 입구에서 아트마켓브리지 건너 왼쪽
시간 오후 4시~11시

🇸4 메이드인캄보디아마켓 Made in Cambodia Market

현지 아티스트나 캄보디아를 무대로 활동하는 여러 나라의 디자이너가 제작한 개성 있고 좋은 품질의 물건이 주를 이룬다. 먹을 것도 판매하고 종종 전통 음악 공연 및 작은 서커스 공연이 열려 쉬어가기에 좋다. 공식 페이스북 페이지를 통해 시장에서 열리는 공연이나 이벤트를 확인할 수 있다.

위치 올드마켓 남쪽 입구에서 올드마켓브리지 건너 왼쪽 킹스 로드 앙코르 내
문의 www.facebook.com/MadeinCambodiaMarket
시간 오후 12시~10시

🇸5 T 갤러리아 **T Galleria by DFS**

시엠립 시내 유일의 면세 쇼핑몰이다. 작기만 한 시엠립국제공항의 면세점에 아쉬워할 이들과 다소 낙후된 시엠립의 쇼핑 시설에 실망한 이들에게 훌륭한 대안이 될 만한 백화점이다. 규모가 큰 편은 아니지만 주요 글로벌 명품 브랜드숍이 대거 입점해 있으며 시엠립의 대표 기념품도 있다. 앙코르국립박물관과 연결되어 있다.

위치 로열가든스에서 샤를 드 골 따라 북쪽으로 약 600미터, 앙코르국립박물관 옆
시간 오전 9시~오후 10시

S6 럭키 몰 Lucky Mall

럭키 몰은 시엠립의 대표적인 쇼핑몰이다. 3층 규모로 1층에는 대형 슈퍼마켓과 화장품 매장, 핸드폰 매장, 약국 등이 입점해 있으며 2층에는 식당, 3층에는 전자제품 매장과 서점이 자리하고 있다. 럭키 몰의 슈퍼마켓은 늘 여행자로 붐비는데 팜슈가, 후추, 앙코르와트 모양의 쿠키, 마른 열대과일, 코코넛 오일 등을 선물용으로 사는 이들이 많다. 교민과 한국인 여행자를 위해 판매하는 신선식품도 있다.

위치 6번 국도와 시바타블러바드가 만나는 지점에서 펍스트리트 방향으로 약 70미터
시간 오전 9시~오후 10시

S7 앙코르 트레이드 센터 Angkor Trade Center

펍스트리트에서는 살짝 떨어져 있는 복합 쇼핑몰이다. 1층에 글로벌 체인의 식음료 업체가 들어와 있다. 1층 내부에 슈퍼마켓이 입점해 있고 규모는 작지만 진열이 깔끔하고 사람이 많지 않아 간단한 주전부리나 작은 선물을 고르기에는 크게 아쉬울 것이 없다.

위치 올드마켓 남문에서 왼쪽으로 포캄보애비뉴 따라 약 200미터
시간 오전 9시~오후 10시

🅢🅘 앙코르 마켓 Angkor Market

식품류에 있어선 앙코르 마켓이 럭키 몰 슈퍼마켓보다 한 수 위라는 평이 많다. 특히 다양한 동남아의 소스와 향신료, 건면을 저렴한 가격에 살 수 있다. 캄보디아는 대부분의 공산품을 태국에서 수입하다보니 태국산 과자와 인스턴트식품도 많이 보인다. 우리나라 과자와 인스턴트 식품도 있다. 관광객들이 주로 사는 비스킷이나 후추뿐만 아니라 베이커리와 와인, 손질된 생 과일과 육류, 김치와 장아찌 등도 판매한다. 입구에 ATM기가 있다.

위치 럭키 몰에서 남쪽 시내 방향으로 약 50미터, 시바타블러바드 변
시간 오전 7시 30분~오후 10시

🅢🅘 스타 마트 Star Mart

시엠립의 현대식 '슈퍼마켓'의 원조 격이라고 할 수 있다. 편의점 규모지만 내부에 커피 플러스(Coffee Plus)라는 카페와 베이커리가 있어서 잠시 쉬어가기 괜찮다. 커피 맛이 꽤 괜찮기로도 유명하다. 뜨거운 물이 있어 컵라면을 사서 바로 먹을 수도 있다. 진열대에 우리나라 컵라면과 과자가 꽤 많다.

위치 로열가든스에서 6번 국도 따라 공항 방면으로 약 500미터, 칼텍스 주유소 내
시간 24시간 (커피 플러스 오전 7시~오후 8시)

S10 아시아 마켓 Asia Market

아시아 마켓은 캄보디아 현지인들이 주로 사는 식료품을 많이 볼 수 있는 슈퍼마켓이다. 바나나 잎에 싼 말린 생선 및 해산물과 육포 등이 있고 스낵이나 인스턴트 식품도 생소한 것들이 꽤 많이 보인다. 뷰티 제품이 제법 많이 진열된 것도 이곳의 장점. 카운터 쪽에 비치된 일명 '호랑이 약'을 비롯한 1달러로 저렴하고, 다양한 브랜드가 있는 허브밤이 여행자들에게 인기가 높다.

위치 소키 멕스 주유소에서 펍스트리트 방향으로 50미터, 시엠립주립병원 부근
시간 오전 8시~자정

S11 타이 훗 마켓 Thai Huot Market

캄보디아의 슈퍼마켓 체인으로 넓고 쾌적하며 그 어떤 슈퍼마켓보다 수입 상품이 많다. 각종 향신료와 마른 허브 등을 소분해 팔기도 한다. 다양한 종류의 와인을 팔아서 시엠립에 거주하는 외국인들에게 특히 인기가 높다. 육류 같은 신선 식품도 질이 좋고 깔끔하게 포장되어 있다. 마켓은 시엠립에서 가장 큰 규모의 헬스클럽인 앙코르 인터 피트니스와 같은 건물에 있다.

위치 앙코르어린이병원에서 동쪽 시엠립강 방향 약 200미터
시간 오전 8시~오후 10시

S12 마뉴먼트 북스 앤드 토이스
Monument Books & Toys

시엠립국제공항과 프놈펜에도 지점을 두고 있는 큰 규모의 체인 서점이다. 깔끔하고 쾌적한 실내에 각종 분야의 책들이 보기 좋게 진열되어 있다. 대다수의 책이 영어로 된 책이고 그 밖에는 유럽권 국가 언어들로 쓰인 책이다.

위치 로열가든스에서 럭키몰 방향, 헤리티지 워크 쇼핑몰 내
시간 오전 8시~오후 10시

S13 시엠립 북센터 Siemreap Bookcenter

앙코르 유적과 캄보디아의 역사와 문화에 대한 책 들과 각종 기념품을 판매한다. 곳곳에서 볼 수 있는 웬만한 기념품들은 모두 있다고 해도 과언이 아니다. 유적별 상세지도와 캄보디아 전통 음악 CD 등 다른 기념품 가게에서 보기 어려운 '희귀 상품'도 여럿 있다. 한국어로 설명된 상품들도 적잖게 눈에 띈다. 다른 기념품 가게에 비하면 가격이 살짝 비싼 편이지만 한 번쯤 들를 만하다.

위치 펍스트리트 메인 로드 동쪽 끝 길 건너
시간 오전 10시~오후 11시

💲14 보디아 네이처 Bodia Nature

캄보디아 자연에서 난 재료들을 전통적인 방법으로 가공해 스크럽, 비누, 샤워 젤과 샴푸, 아로마 오일, 허브밤 등을 선보이는 유명한 브랜드다. 이 중 스크럽과 허브밤은 여성 여행자들이 선물용으로 사는 단골 아이템 중 하나. 시엠립 본점은 보디아 스파와 같은 건물에 있다. 간단히 제품 테스트를 해볼 수 있고, 스파를 이용하면 오일, 허브밤, 디퓨저 등을 체험할 수 있다. 인기 제품은 시엠립국제공항과 럭키 몰, 앨리웨스트 등에서도 살 수 있다.

위치 시엠립주립병원 부근, 스트리트 8 초입
시간 오전 9시~오후 11시

⑮ 사르티
Saarti

화학 원료를 쓰지 않고 100% 에센셜 오일과 천연 재료만으로 만든 양초와 보디 제품을 판다. 원재료와 이곳에서 파는 모든 물건은 공정무역을 통해 들여온 것들이다. 콩에서 추출한 소이왁스로 제작한 향초는 크기와 향에 따라 10여 가지의 종류가 있다. 달콤하거나 상쾌한 향으로 초를 켜면 냄새 제거, 모기 퇴치 등의 효과가 있다. 이외에도 천연 재료만으로 만든 샤워젤, 보디 크림, 샴푸, 보디 스크럽, 모기 스프레이 등의 제품이 있다. 가게에 들어서면 자극적이지 않은 은은한 향초의 향기가 코끝에 머문다.

__위치__ 시엠립주립병원 뒤편 칸달 빌리지 내
__시간__ 오전 9시~오후 5시, 매주 수요일 휴무

⑯ 부티크 코쿤
Boutique Kokoon

상퇴르 당코르(Senteurs d'Angkor)는 자스민, 난초, 계피, 레몬그라스, 녹차, 망고, 연꽃, 오렌지 등 천연 재료만을 이용해 전통 기법으로 보디 제품을 만드는 캄보디아 브랜드다. 마사지 오일, 립밤, 보디 크림, 비누 등이 있고 어떤 피부에나 사용할 수 있을 만큼 순하다. 음식에 첨가하는 향신료도 유명한데 깜뽓 후추나 연꽃 분말 등을 예쁜 바나나 잎 포장 용기에 담아 판매한다. 그밖에도 커피와 잼, 캄보디아 실크, 핸드백, 액세서리 등 다양한 제품을 매장에서 둘러볼 수 있다.

__위치__ 펍스트리트 뒤편 앨리웨스트 동쪽 골목 끝
       길 건너편
__시간__ 오전 7시 30분~오후 10시

S17 베리 베리 Very berry

베이직하고 내츄럴한 감성이 물씬 풍겨오는 의류 및 잡화 매장이다. 이곳의 대표인 일본인 디자이너는 시엠립 교외 여러 마을 여성들과의 공정 거래를 통해 직접 디자인하고 생산한다. 말린 부레옥잠의 줄기를 엮어 손으로 엮은 바구니와 핸드백, 누에고치 실을 뽑아 베틀로 짠 실크로 제작한 옷과 스카프, 오랜 시간 두드리고 다듬어 만든 가죽 팔찌 등 정성이 들어간 물건들이 가득하다. 물건의 질도 좋지만 튀지 않고 편안하고 따뜻한 느낌이 '구매욕'을 불러 일으킨다.

위치 올드마켓 동쪽 입구에서 스트리트 9 안쪽 첫번째 골목
시간 오전 10시~오후 7시 30분, 비정기적 휴무

S18 트렁크에이치 trunkh.

의류와 잡화를 주로 취급하는 유쾌하고 발랄한 분위기의 가게다. 주인장이 하나하나 수집하거나 디자이너가 한정 제작한 물건들이 많아 다른 곳에서 볼 수 없는 디자인과 아이디어 제품들이 눈길을 끈다. 의류는 동남아풍의 강렬한 색채와 프린트가 돋보이는 여행 중에 편안하게 입을 수 있는 것이 대부분이다. 액세서리는 빈티지한 느낌이 강하다. 쿠션, 액자, 머그컵, 타올 등 생활 소품은 포인트가 될 만한 개성 있는 디자인이다.

위치 시엠립주립병원 뒤편 칸달 빌리지 내
시간 오전 10시~오후 7시, 비정기적 휴무

S19 **크리스틴스** Christine's

갤러리처럼 넓은 공간에 의류와 가방, 액세서리 및 인테리어 소품 등 다양한 아이템을 선보이는 편집 숍이다. 대부분의 상품이 캄보디아를 거점으로 활동하는 외국인 디자이너들의 작품이다. 정기적으로 새로운 상품을 선보이기 때문에 매장 분위기가 자주 바뀐다. 가격 역시 천차만별. 패션과 예술에 관심이 많고 현지 디자인의 동향이 궁금한 이들이라면 한번 들러볼 만하다.

위치 올드마켓 동쪽 입구에서 스트리트 9 안쪽
시간 오전 10시~오후 8시, 매주 월요일 휴무

⑳ 시리반
SIRIVAN

오랜 시간 파리에서 경력을 쌓아온 캄보디아 디자이너 시리반이 문을 연 디자이너숍이다. 편안하고 시원하게 입을 수 있는 이지웨어를 주로 선보인다. 대부분이 취향과 유행을 타지 않게 깔끔하다. 페도라, 파나마햇, 버킷햇 류의 모자도 보기 좋게 진열되어 있고 휴양지에 어울릴 만한 샌들과 액세서리도 있다. 디자인은 무난해 보이지만 주머니나 소매, 셔츠 칼라 등에 포인트를 주거나 디테일을 살려 고급스러움과 개성을 강조했다. 열대의 여행지에서 꾸민 듯, 꾸미지 않은 듯 담백한 멋을 내고 싶다면 시리반의 옷이 제격이다. 마음에 드는 옷은 피팅룸에서 편안하게 입어볼 수 있다. 심플한 인테리어 소품도 판매한다.

위치 시엠립주립병원 뒤편 칸달 빌리지 내
시간 오전 9시~오후 7시

㉑ 루이즈 루바티에르즈
Louise Loubatieres

런던에서 패션을 공부한 젊은 디자이너 루이즈 루바티에르즈가 자신의 이름을 걸고 운영하는 부티크숍이다. 코코넛과 세라믹, 캄보디아 실크, 종이와 상아 등 전통적인 재료에 모던하거나 우아한 감성을 불어넣은 제품들이 눈길을 띈다. 색색으로 옻칠한 코코넛 볼은 이 집의 대표 제품이다. 루바티에르즈의 코코넛 볼은 코코넛임을 쉽게 알아차리기 어려울 만큼 칠기 혹은 도자기 그릇과 닮았다. 구슬에 실크를 감아 만든 에스닉한 목걸이나 천연 염색을 한 개성 넘치는 색감과 문양을 표현한 쿠션, 부드럽고 섬세하게 표현한 동물 도자기 조각 등이 소장욕구를 자극한다.

위치 시엠립주립병원 뒤편 칸달 빌리지 내
시간 오전 10시~오후 6시, 매주 일요일 휴무

⑤22 메콩 퀼츠 Mekong Quilts

더운 나라에서 무슨 이불일까 싶겠지만 메콩 퀼츠의 침구류는 세계 각국 사람들에게 훌륭한 품질을 인정받았다. 이곳의 모든 제품은 캄보디아 각지의 지역공동체 여성들이 한 땀 한 땀 수작업으로 제작한다. 2001년 문을 연 이후 400명에 가까운 여성들이 메콩 퀼츠 덕분에 정규직의 일자리와 기술을 얻었다. 10년 가까이 써도 잘 헤지지 않고 감촉이 변치 않는다. 인기 제품은 아기들이 덮는 차렵이불과 베개 커버다. 아이들을 위한 핸드메이드 솜인형과 모빌, 기저귀 가방, 발매트 등 여러 직물 제품 및 대나무와 종이를 활용한 제품을 볼 수 있다.

위치 펍스트리트 메인 로드 입구 길 건너편, 시바타블러바드에 위치

시간 오후 12시~10시

S23 앙코르 핸디크래프트 연합 Angkor Handicraft Association

수공예품을 제작하는 현지인 비영리 연합이다. 이곳에 소속된 많은 이들이 대를 이어 전통 기법 그대로 물건을 만드는 장인이다. 이들이 모여 작업하고 판매하는 장소도 같은 이름으로 불린다. 2011년 문을 연 이후 현지 예술인들의 활발한 교류를 통해 전통 수공예품의 명맥을 이어가는 동시에 지역 경

제에 큰 이바지를 해왔다. 적어도 이곳에서만큼은 상품성이 떨어지는 조악한 기념품이 아닌 전통에 충실한 정교한 예술품을 둘러보고 살 수 있다. 가죽, 섬유, 청동, 도자기, 목재, 비즈, 회화에 이르기까지 여러 소재의 다채로운 작품들이 진열되어 있으며 수공예품을 만드는 모습도 볼 수 있다. 이곳에서 탄생한 모든 물건에는 품질 보증과 저작권 보호를 위해 AHA 마크가 새겨진 실이 부착되어 있다.

위치 로열가든스에서 북쪽으로 2.6킬로미터, 리버로드와 스트리트 60이 만나는 지점에서 오른쪽으로 200미터, 앙코르 크래프트 연합 내

시간 오전 10시~오후 8시

S24 앙코르 쿠키 Angkor Cookies

앙코르와트 모양의 버터 쿠키로 선물용으로 인기가 많다. 쿠키마다 고유의 향을 잘 살렸고 잘 부스러지지 않으며 앙코르와트의 모양도 가장 또렷하다. 손바닥 반만 한 크기의 앙코르와트 쿠키는 한 개씩 포장되어 있으며 10개, 20개, 30개가 들어 있는 박스로도 살 수 있다. 본점에서는 한 개에 1달러씩 팔

기도 한다. 캐슈너트, 시나몬, 파인애플 세 가지 맛이며, 팜슈가 쿠키, 벌꿀 쿠키, 연꽃 쿠키, 커피 쿠키 등 여러 쿠키 종류도 판다. 모두 시식할 수 있고 쿠키점 바로 옆에 카페 뿌까 뿌까(Puka Puka)가 있어 쉬었다 갈 수 있다. 판매점이 시내와는 살짝 떨어져 있어서 여유가 없다면 시엠립 국제공항점이나 면세점 T 갤러리아, 럭키 몰 등에서 구매할 수 있다.

위치 로열가든스에서 샤를 드 골 따라 북쪽으로 약 1.3킬로미터

시간 오전 9시 30분~오후 7시

⑤25 쏨바이 Sombai

쏨바이는 '밥 주세요'라는 뜻으로 쌀로 빚은 술임을 표현한 재치 있는 이름이다. 주로 약용으로 쓰이던 캄보디아의 라이스 와인이 칵테일처럼 '맛있는 술'로 변신한 건 2012년부터다. 본래의 전통주에 럼주와 과일 및 향신료를 첨가하고 재료에 따라 6~8주의 숙성 기간을 더 두면 달콤하고 상큼하며 때론 매운 맛의 쏨바이가 탄생한다. 대표적인 맛은 총 여덟 가지로 '바나나와 시나몬' '생강과 고추' '녹차와 오렌지' '코코넛과 파인애플' '아니스와 커피' 등이 있다. 모두 두 가지 재료가 혼합된 맛이며 주스나 토닉워터 등을 섞어 칵테일처럼 즐길 수가 있다. 술병에는 청년 화가들이 한 병 한 병 손으로 그림을 그려 넣었다. 원하는 그림이 있다면 요청할 수도 가능하다. 술 크기는 총 다섯 가지가 있으며 가장 작은 병이 5달러, 가장 큰 병은 20달러다. 본점에서는 모든 맛의 술을 시음해볼 수 있으며 술을 만드는 과정 및 술병에 그림을 그리는 과정까지 자세한 설명을 들을 수 있다. '메이드인캄보디아마켓'과 시엠립국제공항, 럭키 몰 등의 슈퍼마켓에서도 구매할 수 있다.

위치 올드마켓에서 올드마켓브리지 건너 남동쪽으로 약 1.5킬로미터
시간 오전 8시~오후 8시

526 와 갤러리 콘셉트 스토어 Wa Gallery Concept Store

프랑스인이 운영하는 갤러리로 주로 개성 있는 현대 미술 작품을 전시하고 판매한다. 다양한 크기의 회화 작품과 크고 작은 조형 작품을 두루 선보이고 있다. 주인의 취향을 반영하듯 늘 컬러풀한 느낌의 작품이 주를 이룬다. 그중 벨기에 출신의 작가 크리스티앙 디벨터(Christian Develter)의 작품은 이곳의 상징적인 작품으로 꼽힌다. 아시아 여성의 얼굴을 강렬한 색채로 표현한 그의 컬렉션은 오래도록 시선을 붙잡는다. 패션 및 보석 디자이너들이 직접 만든 개성 있는 액세서리와 스카프, 파우치 등의 작은 소품들도 살 수 있다.

위치 로열가든스에서 포캄보애비뉴 따라 시엠립우체국으로 가서 옆 골목 안쪽
시간 오전 9시~오후 7시

M
식사

1 캄보디아의 대다수 식당은 한 가지만 전문적으로 하는 식당이 드물어 선택을 잘 해야 한다.

2 간혹 현지인용 메뉴판과 외국인용 메뉴판이 다른 경우도 있다.

3 볶음류는 실패할 확률이 낮으니 무난하게 먹고 싶다면 'Fried'가 붙은 음식을 고르자.

4 여러 가지 음식을 맛보고 싶다면 길거리 음식과 친해지는 것도 좋다. 대부분 1달러이므로 10달러면 배 터지게 먹을 수 있다.

5 캄보디아를 대표하는 음식인 '아목'과 '록락'은 꼭 맛보자.

1. 미차

인스턴트 라면을 뜯어 채소와 고기(주로 닭고기나 소고기)와 함께 볶아낸다.

2. 롯차

강원도 올챙이국수처럼 도톰하고 짧은 면을 굴 소스와 피시 소스에 볶은 볶음면. 계란 프라이를 얹어 먹으면 꿀맛이다.

3. 바버

아침식사로 좋은 쌀죽으로 생선이나 돼지고기를 넣어 먹는다.

4. 놈빵

다진 돼지고기와 채소, 햄, 피클을 바게트 안에 넣어 만드는 캄보디아식 샌드위치다.

5. 로띠

얇게 부친 밀가루 반죽 위에 취향에 따라 초코시럽, 바나나, 연유, 버터 등을 넣은 즉석 팬케이크다.

6. 놈끄록

'국화빵'과 비슷한 코코넛밀크로 만든 간식이다. 팥 앙금은 없고 속은 거의 비다시피 했지만 달콤하다.

7. 넘파꼰치엔

민물새우를 밀가루와 함께 묽게 반죽해서 손바닥만 하게 튀겨낸 것이다. 짭짤하고 고소해서 맥주 안주로 손색없다.

8. 츠엑앙

바나나를 구운 것이다. 바나나 잎을 싼 떡 '놈 언썸 째익'과 이따금씩 '째익 찌은'이라 부르는 바나나 튀김도 볼 수 있다.

9. 끄럴란

찹쌀과 콩, 소금과 코코넛 등을 넣어 버무린 후 대나무통에 넣어 불에 익힌 대통밥이다. 쫀득쫀득하고 달콤해서 꼭 약밥을 먹는 것 같다.

10. 봇

찐옥수수다. 입이 심심할 때 하나 사 먹어보자. 달콤하고 쫀득쫀득하다.

11. 놈빠으

돼지고기와 채소 등을 한데 뭉쳐 소로 넣은 중국식 찐빵이다.

12. 거미, 전갈, 뱀

캄보디아에서는 곤충 요리도 꽤 즐긴다. 귀뚜라미나 거미 정도는 먹을 만하다. 다만 위생을 보장할 수 없으니 눈요기만 하자.

13. 뜩끄롤럭

망고, 파인애플, 바나나, 수박, 아보카도, 라임 등 다양한 열대과일을 바로바로 갈아 만든 주스다. 보통 연유와 설탕, 코코넛밀크 등을 넣어서 갈아주므로 꽤 달달하다.

14. 까페뜩도꼬

컵에도 담아 팔고 봉지에도 담아 파는 연유 냉커피. 무척 달지만 은근히 중독성이 있다. 커피 안의 얼음은 배탈이 날 수 있으니 웬만하면 먹지 말 것.

크메르식

아침에는 꾸이띠유(쌀국수)나 바버(쌀죽)를 먹고, 점심에는 비프 록락이나 캐슈너트 치킨 볶음, 똔레삽 생선 튀김과 파파야 샐러드나 스프링롤을 곁들이면 좋다. 저녁에는 캄보디안 바비큐에 맥주 한 잔 마시자.

Ⓜ1 릴리팝 레스토랑 Lilypop Restaurant

태국식과 크메르식을 깔끔하고 맛깔나게 내는 집으로 가격도 저렴한 편이라 늘 북적인다. 대표 메뉴는 크메르 전통 소고기 요리인 록락으로 불고기와 비슷하다. 이 집에서 추천할 만한 메뉴는 모닝글로리(공심채) 볶음이다. 돼지고기를 곁들인 모닝글로리 볶음을 시키면 밥이 함께 나와 든든한 한 끼가 된다. 오후 1시부터 3시 사이와 저녁 7시 이후부터는 사람이 몹시 붐빈다.

위치 럭키 몰에서 남서쪽에서 약 500미터, 따풀로드에 위치
문의 015-727-505, www.lilypop-restaurant.com
시간 오전 11시~오후 3시, 오후 5시30분~오후 9시30분, 매주 화요일 휴무

M2 올드 하우스 레스토랑 Old House Restaurant

상호와 달리 오래된 식당은 아니지만 크메르 음식을 꽤 맛깔나게 내는 에어컨 있는 집으로 인기가 높다. 캄보디아 음식에 처음 도전한다면 세트 메뉴를 먹어보자. 3코스 메뉴는 6.5달러 정도로 크메르식 전채, 메인, 디저트를 맛볼 수 있다.

위치 시엠립주립병원 정문 앞, 펍스트리트 메인 로드에서 북쪽으로 약 100미터
문의 012-493-948
시간 오전 11시~오후 11시

M3 레찌니 바버써 Reachny Porage

아직 많이 알려지지 않은 숨은 맛집이다. '죽 전문점'인데 이 집의 진짜 대표 메뉴는 중국식 돼지족발이다. 흰 쌀죽과 족발을 함께 시켜 쌀죽 한 수저 위에 족발 살코기를 올려 먹어보자. 조금 심심하면 함께 내오는 특제 소스를 곁들이면 된다. 약간 이국적인 향이 맛의 풍미를 살린다. 죽은 1달러, 족발은 4달러로 각각 하나씩만 시켜도 두 사람이 먹기에 부족하지 않다. 캄보디아 말로 바버(죽)와 삿찌룩(돼지고기)를 달라고 하면 된다.

위치 로열가든스에서 6번 국도 따라 공항 방향으로 약 1킬로미터
문의 098-876-636
시간 24시간 영업

M4 마이 리틀 카페 My Little Cafe

저렴한 가격과 넉넉한 양, 신선한 채소를 듬뿍 넣은 채식주의자들을 위한 메뉴가 다양해 호평을 받는 식당이다. 파파야를 넣어 만든 1.5달러의 저렴한 샐러드와 스프링롤, 버섯과 호박을 주재료로 한 아목, 두부로 만든 록락 등 전통 캄보디아 음식의 '채식 요리 버전'을 값싸고 맛있게 즐길 수 있다. 펍스트리트에서 조금 벗어난 곳에 있어 '숨은 맛집'으로 알려져 있다.

위치 앙코르어린이병원에서 서쪽으로 350미터 직진
문의 012-799-284
시간 오전 6시 30분~오후 10시

Ⓜ5 패밀리 푸드 Family Food

펍스트리트 건너에 위치한 노천 식당이다. 좋은 위치, 저렴한 가격 대비 훌륭한 맛 덕분에 현지인과 여행자에게 두루 인기가 좋다. 메뉴 하나당 평균 가격이 2~3달러 정도다. 상호처럼 가족이 운영하는 이 식당은 한쪽에서는 끊임없이 웍을 돌리고 또 한 쪽에선 끊임없이 쌀국수를 삶아낸다. 이 집에서 시키는 볶음 메뉴는 모두 맛이 좋다. 양도 넉넉하고 재료도 듬뿍 넣어주며 간이 자극적이지 않아 호불호가 갈리지 않는다. 볶음밥(바이차) 중에서는 새우 볶음밥이 가장 맛있다. 늦은 시간까지 영업을 해 쌀국수로 해장하려고 오는 이들이 적지 않다.

__위치__ 펍스트리트 메인 로드 서쪽 입구 길 건너편, 시바타블러바드 변
__시간__ 오후 4시~오전 3시

M6 파더스 레스토랑 Father's Restaurant

아목과 록락 등의 캄보디아식을 훌륭한 맛으로 내놓는 로컬 식당이기도 하지만 이 집에서 진짜 먹어봐야 할 음식은 이른바 '불맛'을 쏘인 튀김류와 볶음류다. 깐풍기나 탕수육과 흡사한 고기 튀김 요리는 웬만해선 실망하지 않을 맛이다. 간판에 그려진 얼굴의 주인공이 셰프인데 화교 출신으로 중식 솜씨가 뛰어나다. 현지식 중에서는 록락과 스프링롤이 맛있다.

위치 펍스트리트 메인 로드 서쪽 입구 길 건너편, 속산로드 안쪽으로 약 500미터
문의 012-948-248, 070-556-576, www.fathersrestaurant.com
시간 오전 10시~오후 10시, 매주 일요일 휴무

M7 크메르 키친
Khmer Kitchen

캄보디아 가정식 같은 느낌이다. 숭덩숭덩 썰어넣은 단호박과 닭가슴살이 가득 들어 있는 치킨 아목에, 전채 요리에 해당되는 스프링롤이나 파파야 샐러드 하나 시키면 둘이서 배터지게 먹는다. 밥도 원하는 만큼 더 먹을 수 있다. 모차렐라 치즈를 올려 오븐에 구운 단호박 오븐 구이가 인기 메뉴다. 음식 가격은 4~10달러 선으로 무난하고 메뉴를 불문하고 양도 참 많다.

위치 올드마켓 북동쪽 입구 건너편
문의 012-763-468,
www.khmerkitchens.com
시간 오전 11시~오후 11시

M8 리리 레스토랑
LY LY Restaurant

평균 2~3달러의 저렴한 가격에 비교적 맛있는 현지식을 파는 집이다. 인기가 많은 메뉴는 파인애플 볶음밥. 속을 파낸 파인애플에 채소와 고기, 파인애플을 넣고 볶은 밥이 가득 담겨 나온다. 들어가는 고기는 치킨, 돼지고기, 소고기 중에서 고를 수 있다. 캄보디아 스타일의 쌀국수인 꾸이띠유 역시 볶음밥과 더불어 잘 나가는 메뉴다. 위생과 서비스에 대해선 호불호가 나뉘는 편이다.

위치 럭키 몰 바로 옆 펍스트리트 방향,
시바타블러바드
문의 095-800-890
시간 오전 6시~오전 1시

Ⓜ9 포용 Pho Yong

캄보디아식 쌀국수 꾸이띠유가 맛있는 집이다. 앙코르국립박물관, 펍스트리트 메인 로드 근처에 노천 식당 형태로 자리 잡고 있다. 베트남에 비해 국물이 맑고 면이 가늘다. 아침식사나 늦은 시간 야식으로 알맞다. 양이 조금 적은 편이라 든든한 식사를 원한다면 라지 사이즈로 주문하자.

<u>위치</u> 펍스트리트점 | 펍스트리트 메인 로드 서쪽 입구 길 건너편 패밀리 푸드와 함께 영업
　　　앙코르국립박물관점 | 로열가든스에서 샤를 드 골 로드 따라 북쪽으로 약 750미터
<u>문의</u> 097-764-6365, 078-207-720
<u>시간</u> 펍스트리트점 | 오후 4시~오전 3시
　　　앙코르국립박물관점 | 오전 6시 30분~오후 10시

Ⓜ10 사리 롯 앙코르 레스토랑
Sary roth Angkor Restaurant

태국식 쌀국수를 좋아한다면 꼭 들러야 할 집이다. 가늘면서 쫄깃한 면발과 갖은 향신료를 넣고 장시간 진하게 우려낸 소고기 육수, 푸짐하게 넣어주는 쫄깃한 아롱사태까지 나무랄 데 없이 맛이 좋다. 게다가 단돈 2달러면 맛볼 수 있다. 식당도 넓고 깔끔하다. 쌀국수는 오전 6시부터 오후 12시 사이에 맛볼 수 있다.

<u>위치</u> 럭키 몰에서 약 1킬로미터, 파크 하얏트 호텔과 소키 멕스 주유소 사잇길로 약 400미터 직진
<u>문의</u> 012-781-514
<u>시간</u> 오전 6시~오후 10시 30분

M11 퀴진 왓 담낙 Cuisine Wat Damnak

시엠립뿐 아니라 캄보디아에서 손꼽히는, 국제적인 명성을
얻고 있는 파인다이닝이다. 프랑스인이 프랑스 스타일로
재해석한 크메르 요리를 낸다. 거의 모든 재료를 가까
운 농장에서 공급받고 있으며 채소는 모두 유기농으로
재배된 것들을 쓴다. 창의적인 레시피로 익숙한 재료
들을 낯선 재료로 탈바꿈시키는 요리를 만들어 미식가
들을 만족시킨다. 메뉴는 2주에 한 번씩 바뀌고 다섯 코스
나 여섯 코스 중 하나를 고를 수 있다. 영국의 윌리엄 리드 비
즈니스 미디어에서 주관하는 '아시아 최고 레스토랑 50곳'에 캄보디
아에서는 유일하게 2년 연속 선정됐다. 철저히 예약제로 운영하며 적어도 한 달 전에는 예약
해야만 자리가 있다.

위치 올드마켓에서 올드마켓브리지 건너 동남쪽으로 약 1킬로미터 앙코르고등학교 부근
문의 077-347-762, info@cuisinewatdamnak.com
예약 www.cuisinewatdamnak.com
시간 오후 6시 30분~오후 9시 30분, 매주 일요일과 월요일 휴무, 6~8월은 휴업

M12 제네비브스 레스토랑
Genevieve's Restaurant

먼저 세상을 떠난 아내의 이름을 걸고 2013
년 문을 연 레스토랑이다. 비교적 짧은 시간
동안 시엠립의 맛집으로 명성을 쌓았다. 신
선하고 좋은 재료를 쓴다는 자부심으로 요리
를 낸다. 록락과 아목, 꾸이띠유가 이제 식상
하게 느껴진다면 똔레삽 생선 튀김을 권한
다. 성인의 손바닥 두 개를 합친 것만큼 커다
란 물고기를 통째로 튀긴 후 새콤달콤한 소
스가 뿌려진 요리로 '생선 탕수'와 비슷하다.
부드럽고 통통한 생선살과 바삭한 튀김옷,
채소가 든 소스의 합이 좋다. 예약이 필수다.

위치 속산로드 안쪽으로 130미터
문의 081-410-783, philrrrr@gmail.com
시간 오후 12시~2시,
　　　오후 5시 30분~9시 30분,
　　　매주 일요일 휴무

M13 캄보디안 바비큐
Cambodian BBQ

캄보디아식 바비큐는 다양한 종류의 육류나
해산물을 전용 불판에 올려 구워먹으며 샤브
샤브를 함께 즐기는 요리다. 불판 중앙에 고
기를 굽고 움푹 패인 가장자리는 육수를 끓
여서 채소와 면을 넣으면 된다. 고기는 소고
기, 두 가지 종류의 생선, 닭고기, 악어, 돼지
고기, 오징어, 상어 등 일곱 가지 여기에 오
리, 새우, 캥거루, 개구리, 타조, 뱀 등을 추가
한 14가지 중 선택하면 된다. 평소 접하지 못
했던 육류 맛이 궁금하다면 도전해보자. 바
로 맞은편 크메르 바비큐(Khmer BBQ)도
비슷한 맛이다.

위치 펍스트리트 메인 로드
문의 063-966- 052,
　　　www.restaurant-Siem Reap.com
시간 오전 11시~자정

Ⓜ14 아목
Amok Restaurant

캄보디아에서 꼭 먹어봐야 할 음식으로 첫손에 꼽히는 메뉴는 단연 아목이다. 이 집은 아목 전문 식당으로, 주재료를 달리한 여러 가지 아목을 조금씩 한꺼번에 맛볼 수 있는 아목 디거스테이션(Amok Degustation)이 있다. 둥근 채반에 총 다섯 가지 아목이 바나나잎 용기에 담겨 나온다. 소고기, 돼지고기, 닭고기, 생선, 채소 아목으로 구분을 위해 깜찍한 동물 그림 꼬챙이를 꽂아두었다. 채반에는 아목의 양념 재료인 레몬그라스와 라임잎, 생강의 일종인 가랑갈 등을 장식으로 두어 아목이 무엇으로 만들어졌는지 소개한다.

위치 올드마켓 북쪽 입구 맞은편
문의 063-965-407,
　　　www.restaurant-Siem Reap.com
시간 오전 11시~오후 10시

Ⓜ15 뉴 리프 이터리
New Leaf Eatery

식당에서 나오는 수익 모두를 캄보디아 학교와 소외된 계층에 기부하는 비영리 식당이다. 자원봉사자로 일하던 두 사람이 합심해 문을 연 이곳은 개점 때부터 벽 한쪽에 채워넣은 기증받은 책 1500여 권과 산뜻한 인테리어로 주목받았다. 메뉴로는 크메르식 카레 아목과 볶음밥, 록락, 볶은 캐슈넛 치킨 등이 있으며 탈리아텔레와 피시 앤드 칩스, 포크 찹 등의 서양식도 있다. 음료 및 디저트도 있어서 카페처럼 잠시 쉬었다 가도 괜찮은 곳이다. 식사는 4~7달러 선이고 음료와 디저트는 2~4달러 선이다.

위치 올드마켓 북동쪽 입구에서 스트리트 9 따라
　　　150미터 앙코르 트레이드 센터 가기 전
문의 newleafeatery.com
시간 오전 7시 30분~오후 9시 30분

M16 헤이븐 Haven

소외계층 청년들을 교육하는 레스토랑임을 전면에 내세운 곳이다. 매년 10명 이상의 청년들이 이곳에서 요리와 서비스, 영어, 컴퓨터 등의 기술을 배우고 자립한다. 조미료를 쓰지 않고 재료 본연의 맛을 살린 건강한 메뉴로 인기를 얻어왔다. 가장 인기가 많은 메뉴는 크메르식의 대표 주자 아목이다. 큼직큼직하게 썬 재료가 푸짐하게 들어가 있고 코코넛밀크를 많이 넣어 풍미가 좋다. 유럽식 요리와 디저트도 괜찮다. 주인이 스위스인이라 크림소스에 소고기를 볶아 뢰스티를 곁들이는 스위스 대표 요리 게슈네첼테스나 바삭한 치즈 돈가스인 코르동블뢰도 먹어 볼 만하다. 모든 예약은 필수다. 주방은 투명한 창으로 되어 있어 모든 조리 과정을 볼 수 있다. 음식 맛과 식당 분위기, 운영 취지까지 호평이 자자한 식당이다.

위치 올드마켓에서 올드마켓브리지 건너 동남쪽으로 약 800미터, 앙코르고등학교 부근
문의 078-342-404, eat@havencambodia.com
시간 점심 오전 11시30분~오후 2시30분 저녁 오후 5시30분~오후 9시50분, 매주 일요일 휴무

M17 벅스 카페 Bug's Cafe

흔한 식재료가 아닌 까닭에 사람들의 시선을 끄는데 사 먹는 사람은 많지 않다. 그러나 모험가이길 자처한다면, 정말로 맛이 궁금하다면 방문해보자. 곤충 요리 전문 레스토랑으로 식용으로 유통되는 것들을 청결하게 조리한다. 손님에게 조리 및 메뉴 개발 과정도 꼼꼼하게 설명한다. 단품 메뉴도 있지만 여러가지 곤충 맛을 볼 수 있는 디스커버리 플래터가 인기다. 플래터는 개미가 든 스프링롤, 매미와 전갈 꼬치, 번데기 볶음, 거미 사모사(혹은 거미 도넛) 등으로 이루어져 있다. 파충류 요리로는 악어와 뱀을 이용한 수프와 케밥 등이 있다. 어울리는 소스와 조리법은 끊임없이 개발 중이다.

위치 파크 하얏트 호텔에서 서쪽으로 70미터 가서 앙코르나이트마켓스트리트로 진입해서 약 50미터
문의 017-764-560, bugs-cafe.e-monsite.com
시간 오후 5시~자정

M18 말리스 레스토랑 Malis Restaurant

시엠립 강변에 웅장하게 자리한 크메르식 고급 레스토랑이다. 5성급 호텔 레스토랑 뒤지지 않는 맛과 분위기, 서비스를 갖춘 식당으로 한 번쯤 가볼 만하다. 2004년 프놈펜에서 처음 문을 연 말리스는 오랫동안 잊혔던 크메르 레시피를 되살려 전통의 맛을 이어 나가고 있다. 에피타이저로 레스토랑에서 직접 만드는 타케오 소시지를, 메인 요리로 신선한 게살이 푸짐하게 든 깜뽓 크랩 볶음밥, 혹은 피시 아목을 추천한다. 아목과 바이차(볶음밥) 외에 특별한 요리를 맛보고 싶다면 사라만 비프를 먹어보자.

위치 올드마켓에서 포캄보애비뉴 따라 북쪽으로 450미터
문의 015-824-888, siemreap@malis-restaurant.com, www.malis-restaurant.com
시간 오전 6시 30분~오후 10시

다국적식

시엠립에는 외국인이 오너 셰프인 식당이 굉장히 많다. 파스타와 스테이크는 물론 일식, 태국식 같은 다른 아시아 음식도 본토의 맛을 잘 살린 곳이 있다. 외국인이 운영하는 식당은 에어컨이 설치된 경우가 많다.

M19 레드 크랩 씨푸드 Red Crab Seafood

태국인이 운영하는 해산물 레스토랑으로 게살 볶음밥과 게살 카레(뿌팟뽕커리)가 맛있다. 시엠립은 내륙 도시인데다 냉장 시설이 변변치 않아서 해산물 요리를 먹기가 까다로운데 이 집은 커다란 수조에 갑각류와 생선을 살아 있는 채로 관리해 믿고 먹을 만하다. 가격대가 높은 편이지만 밥이나 면류는 스몰을 주문해도 두 명이 먹을 수 있을 만큼 양이 많다. 인기 메뉴인 게살 볶음밥에 뿌팟뽕커리를 시켜 비벼 먹어보자. 고슬고슬하게 잘 볶아진 밥과 크리미한 풍미에 불향이 더해진 카레의 조합은 누구라도 만족할 것이다.

위치 로열가든스에서 6번 국도 따라 공항 방향으로 약 1킬로미터
문의 063-966-599
시간 오전 10시~오후 2시, 오후 5시~10시

M20 마룸
Marum Restaurant

NGO 단체인 프렌즈 인터내셔널에서 운영하는 곳으로 수익은 캄보디아 어린이와 청년의 교육과 자립을 위해 쓰인다. 마룸은 파라솔과 편안한 의자가 준비된 야외 테이블과 아기자기한 인테리어가 돋보이는 실내 레스토랑으로 구성되어 있다. 채식, 해산물, 글루텐 프리 등으로 메뉴가 나뉘었고, 현지에서 난 신선한 재료로 창의적인 요리를 한다. 쁘라혹(캄보디아의 젓갈)에 양념한 새우와 돼지고기를 채소와 튀긴 밥에 곁들여 먹는 요리, 악어고기를 패티로 만든 미니 버거, 개미를 곁들인 소고기 볶음 같이 독특한 조합의 요리도 있고, 각종 구운 채소와 함께 먹는 피타 브레드, 망고를 곁들인 붉은 찹쌀밥 등 무난한 건강식도 다채롭게 준비되어 있다.

위치 로열가든스에서 북동쪽으로 다리 건너
약 300미터, 왓보로드
문의 017-363-284,
marum-restaurant.org
시간 오전 11시~오후 11시

M21 맘마 숍
Mamma Shop

'제대로 된 이태리 요리'를 맛볼 수 있는 레스토랑이다. 이탈리아인이 운영하는 이 식당의 특징은 탈리아텔레, 탈리올리니, 카바텔리, 뇨키 등의 파스타 면을 직접 뽑아 생면으로 조리한다는 점이다. 피자 도우와 가게에서 내는 모든 빵도 매일 반죽해 만들어낸다. 이탈리아 홈메이드 방식이라 유독 식감이 좋다. 파스타와 피자에 쓰는 토마토소스도 네댓 시간씩 조리한다. 셰프가 추천하는 파스타는 작은 만두처럼 생긴 토르텔리니. 직접 원하는 면과 소스를 선택해 주문할 수도 있다. 저녁에는 22개 테이블까지만 손님을 받으니 예약하는 편이 좋다.

위치 시엠립주립병원 뒤편 센트럴 마켓 스트리트 안쪽 칸달 빌리지 내
문의 088-413-8649,
mammashop@yahoo.com,
www.facebook.com/mammashop.
italian.restaurant
시간 오전 10시 30분~오후 11시, 매주 일요일 휴무

Ⓜ22 라넥스 L'Annexe

프랑스 레스토랑으로는 시엠립에서 첫손에 꼽히는 곳이다. 본연의 맛을 살리기 위해 대부분의 요리가 저온 조리 과정을 거친다. 달팽이 요리 에스카르고와 피자와 유사한 음식인 타르트 플랑베, 양갈비인 카레다뇨 등이 전채 요리로 준비되어 있다. 타르트, 크렘브륄레, 티라미수 등을 베이스로 한 창의적이고 달콤한 디저트 메뉴도 꼭 주문해보자. 시엠립에서 특별한 날을 맞이했거나 분위기 있는 시간을 보내고 싶다면 라넥스에서 3코스 정찬을 즐기는 것도 괜찮겠다. 예약이 필수다.

위치 펍스트리트 메인 로드 서쪽 입구 건너편 속산로드 안쪽, 펍스트리트에서 약 450미터
문의 095-839-745, www.annexesiemreap.com
시간 월 오후 4시~10시, 화~일 오후 12시~11시

Ⓜ23 파리 사이공 Paris Saigon

프랑스인 남편과 베트남인 부인이 딸과 함께 운영하는 작은 식당으로 상호처럼 프랑스 요리와 베트남 요리를 나란히 선보인다. 프랑스식과 베트남식 모두 각각 수프, 전채, 메인(생선, 고기), 디저트로 구성되어 있다. 베트남 요리 중에서는 쌀국수를, 프랑스 요리 중에서는 레드 와인 소스에 졸인 돼지고기 스튜를 추천한다. 와인 리스트도 다양하다.

위치 시엠립주립병원 다리 건너 동북 쪽으로
　　　약 850미터 , 왓보로드 부근
문의 063-965-408
시간 오후 6시~10시

M24 더 하시 The Hashi

시엠립에서 가장 큰 규모의 일식집으로 일본인은 물론 외국인 여행자들에게 인기가 좋다. 대표적인 일식 메뉴는 모두 맛볼 수 있다. 사시미와 초밥, 마키, 철판 스테이크, 돈부리, 타코야키, 튀김, 우동, 소바, 라멘 등 다양한 메뉴가 준비되어 있다. 단품 식사 메뉴의 가격은 7~10달러, 모듬 사시미나 스테이크 등의 요리는 20~30달러 선이다. 냉장 시설이 잘 갖춰져 있지만 날씨가 매우 덥고 간혹 정전도 되므로 돼지고기덮밥(Buta Kimuchi)을 추천한다.

위치 앙코르어린이병원에서 다리 건너 150미터, 오른쪽으로 약 100미터, 왓보로드
문의 063-969-007, eat@thehashi.com, www.thehashi.com
시간 오전 11시~오후 3시, 오후 6시~11시

Ⓜ25 하와이 피자 하우스 Hawaii Pizza House

시엠립의 숨은 맛집을 꼽는다면 이 집을 빠뜨릴 수 없다. 푸짐한 토핑과 신선한 치즈, 주문 즉시 반죽해 갓 구워내는 쫀득하고 따끈한 도우의 피자는 시내 유명 피자집들보다 훨씬 훌륭한 맛을 자랑한다. 가격 또한 매우 저렴해서 스몰 사이즈 피자가 3달러부터 시작한다. 2달러의 가든 샐러드는 올리브오일을 듬뿍 뿌린 싱싱한 채소가 볼에 가득 담겨 나온다.

위치 로열가든스에서 시엠립강 건너 왓보로드까지 직진, 왓보로드 따라 약 170미터, 왼쪽으로 60미터
문의 012-850-362
시간 오전 8시~오후 10시

Ⓜ26 텔 스테이크 하우스 Tell Steak House

독일식 스테이크 하우스를 표방하는 이 집에서는 비교적 저렴한 가격에 양질의 스테이크를 맛볼 수 있다. 안심 스테이크나 티본 스테이크 등 부위에 따라 뉴질랜드산과 호주산, 미국산 소고기를 쓴다. 슈니첼, 소시지, 학세, 사우어크라우트 등도 스테이크 못지않게 잘 나간다.

위치 럭키 몰에서 시바타블러바드 따라 펍스트리트 방면으로 약 850미터
문의 063-963-289, tellsteakhouse@gmail.com
시간 오전 10시 30분~오후 10시

M27 정글 버거 스포츠 바 앤드 비스트로 Jungle Burger Sports Bar & Bistro

어쩌면 캄보디아를 통틀어 가장 맛있는 수제 버거를 만드는 집. 불향을 풍기며 육즙이 흐르는 촉촉한 100% 소고기 패티, 신선한 채소, 진하게 녹아내린 치즈와 부드러운 번, 갓 튀긴 홈메이드 프렌치프라이까지, 이 조합은 맛이 없을 수 없다. 무엇을 먹을지 고민된다면 가장 클래식한 JB버거를 추천한다. 아보카도와 베이컨버거도 인기 메뉴다. 패티와 속재료가 두 배로 들어간 칼라파버거는 둘이서 먹어도 될 만큼 양이 많다. 밥말리버거는 셰프만 아는 특제 소스가 들어가 있다. 모든 버거에는 프렌치프라이와 음료 혹은 생맥주 한 잔이 포함된다. 스포츠 바의 콘셉을 살려 내부에는 당구대와 다트가 설치되어 있고 TV는 스포츠 채널에 고정되어 있다.

위치 올드마켓에서 올드마켓브리지 건너 왼쪽, 시엠립강변 따라 약 200미터, 오른쪽 스트리트 26으로 40미터

문의 098-293-400, jungleburgersiemreap@gmail.com

시간 오전 11시~오후 10시 30분

M28 올리브 퀴진 데 세종
Olive Cuisine de Saison

프랑스식과 지중해식의 요리를 낸다. 특히 농어, 대구, 연어 등의 생선 요리를 잘하는 집으로 구운 연어를 올린 단호박 리소토나 구운 대구에 줄기콩, 아티초크 등을 가니시로 곁들인 메인 요리가 인기 메뉴다. 양갈비와 립아이, 안심 스테이크를 비롯해 홈메이드 스타일의 파스타도 괜찮다. 정갈하고도 모던한 담음새와 친절한 서비스, 아늑하고도 쾌적한 실내 분위기까지 아쉬운 부분이 없다. 메인 메뉴는 15~20달러, 샐러드와 파스타는 7~10달러다.

위치 올드마켓 동쪽 입구에서 스트리트 9 따라 약 150미터 , 앙코르 트레이드 센터 앞
문의 063-769-899, olivecuisinedesaison@gmail.com
시간 오전 11시~오후 10시

M29 비바
Viva

멕시코 요리 전문점이다. 거리를 향해 활짝 개방된 제법 큰 규모의 자몽빛 건물이라 펍 스트리트 주변을 오가다보면 자연스럽게 눈길이 간다. 나초, 부리토, 엔칠라다, 파히타, 타코, 퀘사디야 등의 이름에 군침이 고이는 이들이라면 들러볼 만하다. 저렴한 가격으로 아쉽지 않게 한 끼를 즐길 수 있다. 타코나 토르티야 칩 등 에피타이저는 2달러, 부리토나 엔칠라다, 파히타 등은 5~7달러 선이다. 배부르게 식사를 하지 않더라도 토마토 살사와 과카몰리를 곁들인 나초를 안주 삼아 시원한 생맥주나 마가리타를 한 잔하며 쉬었다 가기에 좋다.

위치 올드마켓 북동쪽 입구 건너편 코너
문의 092-209-154, www.ivivasiemreap.com
시간 오전 7시~자정

한식

현지식만 먹겠다는 의지가 충만하더라도 여행이 길어지면 한 번쯤 한식이 생각난다. 몸에 익숙한 음식 먹고 에너지 보충하는 것도 좋은 방법이다.

M30 다기다 DAKIDA

한 개의 1달러인 닭꼬치와 닭튀김 등 닭 요리를 주로 내놓으면서 교민들 사이에 사랑방으로 인기를 얻어온 집이다. 인심 좋고 손맛 좋기로 입소문이 났다. 근래에는 1인당 7달러에 즐길 수 있는 무제한 생삼겹살 메뉴를 추가해 여행자들에게도 큰 인기를 끌고 있다. 삼겹살 세트를 시키면 김치찌개와 계란찜, 전을 포함한 반찬과 각종 쌈채소가 한상 가득 차려진다. 원하면 리필을 해주는 인심 덕분에 식당은 늘 만원이다. 짬뽕과 깐풍기 등 중식 메뉴도 있다.

위치 럭키 몰에서 시바타블러바드 따라 펍스트리트 방면으로 약 450미터, 스트리트 5 초입
문의 061-961-859
시간 오후 5시~오전 1시

M31 대박 식당 1
Daebak Korean BBQ Restaurant 1

한국인 여행자들에게 가장 인기가 좋은 식당
이다. 5달러에 삼겹살이 무제한 제공되고 각
종 반찬과 된장찌개가 차려지니 한식이 그리
운 이들에게는 여간 반가운 상차림이 아닐
수 없다. 더러는 비계가 많다거나 바싹 구워
아쉽다는 지적도 있지만 그때그때 바로 구
운 고기를 쌈에 싸서 먹는 맛을 별로라 할 사
람은 많지 않을 듯하다. 저렴한 가격에 배부
르게 한식을 먹을 수 있고 1인 여행자도 부담
없이 들를 수 있다. 펍스트리트와 가까운 시
바타 로드변에 1호점이, 100미터 떨어진 따
풀 로드 안쪽에 2호점이 자리한다.

<u>위치</u> 럭키 몰에서 시바타블러바드 따라 펍스트
리트 방면으로 약 400미터
<u>문의</u> 077-367-846, 012-537-902
<u>시간</u> 오전 11시~오후 10시
(오후 2시~5시는 숯불을 피우지 않아 삼
겹살 주문은 받지 않음)

M32 따풀 키친
Taphul Kitchen

우거지 집으로도 불리는 한식당이다. 우거짓
국이 이 집의 대표 메뉴이기 때문이다. 3달러
라는 저렴한 가격에 몇 가지 반찬이 나오는
백반을 먹을 수 있다. 그 밖에 카레라이스, 함
박스테이크, 꽁치찌개, 돈가스, 샌드위치, 미
역국 등의 메뉴가 있다. 달걀 프라이, 미니 고
등어구이, 미니 닭고기구이, 고로케 등 1~2
달러에 반찬을 추가할 수도 있다. 두 명 이상
갔다면 닭볶음탕, 삼겹살 같은 음식도 시킬
수 있다. 뛰어난 맛은 아니지만 '집 밥'이 당
길 때 들르기 괜찮은 식당이다. 혼자 가도 부
담이 없다.

<u>위치</u> 럭키 몰에서 남서쪽으로 약 600미터,
따풀로드에 위치
<u>문의</u> 092-602-870
<u>시간</u> 오전 7시 30분~오후 8시, 매월 15일 휴무

카페

1 시엠립 시내 카페 대부분은 에어컨이 있어 더위를 피하기 제격이다.

2 외국인이 운영하는 예쁜 카페가 많다. 노트북을 사용하거나 독서하기에도 쾌적한 환경이다.

3 식사를 할 수 있는 곳도 꽤 된다. 다만 현지 레스토랑과 비교해 조금 비쌀 수 있다.

4 캄보디아의 카페 체인점인 블루 펌프킨은 곳곳에 있다. 어딜 가나 깔끔하고 안정적이다.

5 바나나와 코코넛밀크, 찹쌀 등으로 만든 캄보디아식 디저트는 카페보다 레스토랑이나 노점에서 판다.

ⓒ1 더 미싱 삭스 론드리 카페 The Missing Socks Laundry Cafe

카페 입구에는 코인을 넣으면 작동하는 셀프 드럼 세탁기가 여러 대 놓여 있다. 빨래를 기다리는 동안 커피와 디저트를 맛볼 수 있는 카페다. 말레이시아 출신의 젊은 바리스타가 운영하는 이곳은 고급 품종으로 분류되는 파카마라 원두로 커피를 내린다. 원두 본연의 향미가 좋은 롱블랙이나 부드러운 실크폼이 올라간 진한 카페라테를 맛보자. 오후에는 사이폰으로 추출한 커피도 맛볼 수 있다. 당근 케이크를 비롯해 매일 굽는 몇 가지의 케이크와 주문하면 바로 구워주는 와플, 파스타와 토스트도 있다. 세탁은 한 번에 3달러로 10kg까지 가능하다. 건조는 1달러가 추가로 붙는다. 세탁기 옆에 코인 교환기가 있다.

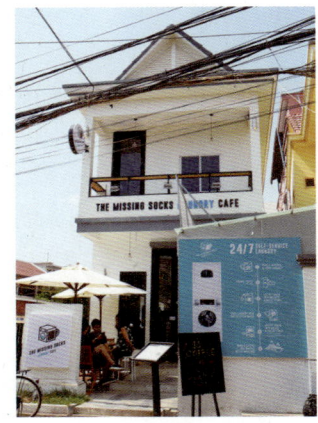

위치 펍스트리트에서 길 건너 속산로드 따라 약 300미터, 왼쪽으로 약 70미터
문의 096-859-2126, www.facebook. com/themissingsocks
시간 오전 7시~오후 7시

ⓒ2 블루 펌프킨 Blue Pumpkin

수년 전만 해도 카페 불모지나 다름없던 시엠립에서 블루 펌프킨은 '믿고 갈 만한' 몇 되지 않는 카페였다. 이제 시엠립에도 맛과 분위기 모두 빼어난 카페들이 많이 생겼지만 블루 펌프킨의 아성은 여전히 건재하다. 시엠립 곳곳에 일곱 곳의 체인점이 있어 어디서나 눈에 띄는 카페이자 모던하고 깔끔

한 분위기로 여행자들의 단골 쉼터가 되어온 곳이다. 이 중 펍스트리트와 가까운 지점은 올드마켓 지점이다. 커피는 코스타리카 타라주 원두를 사용한다.

위치 올드마켓점 | 올드마켓 북동쪽 입구에서 펍스트리트 방향 약 50미터
문의 올드마켓점 | 063-963-574, www.bluepumpkin.asia
시간 올드마켓점 | 오전 6시~오후 11시

ⓒ3 바욘 페이스트리 스쿨 커피숍 Bayon Pastry School Coffee Shop

NGO 단체인 바욘 레꼴(BAYON L'ECOLE)에서 운영하는 제빵 학교의 카페다. 이곳에서 파티 시에 교육 과정을 밟는 대상은 캄보디아 소외계층 중 제과제빵에 열정이 있는 젊은 여성이다. 카페의 수익은 이들을 비롯해 바욘 레꼴에서 지원하는 학교들을 돕는 데 사용된다. 초콜릿무 스케이크와 머랭그파이, 피낭시에 같은 달콤한 빵은 물론, 크루아상이나 바게트와 머핀 같은 빵도 괜찮다. 당일 생산한 빵만 소량 판매하기 때문에 늘 신선한 빵을 맛볼 수 있다. 따뜻한 커 피 한 잔과 함께 여유로운 오후를 보내기에 제격인 곳이다.

위치 럭키 몰에서 약 450미터 따풀로드에서 6번 국도 방향 첫번째 골목 안쪽
문의 078-907-903, www.ecoledubayon.org
시간 오전 8시~오후 5시 30분

C4 카페 센트럴 Cafe Central

'브런치'를 먹고 가야 할 것 같은 느낌이 물씬 풍기는 모던한 분위기의 카페로 늘 북적이는 올드마켓 북쪽 골목에 있다. 일리(illy)의 아라비카 원두로 내린 커피를 판매하고 있으며 생과일주스와 스무디, 밀크셰이크, 디톡스주스 등 다양한 음료가 준비되어 있다. 잉글리시브렉퍼스트를 비롯해 프렌치토스트, 에그베네딕트, 팬케이크, 오믈렛, 샌드위치 등 웨스턴 스타일의 식사 메뉴와 록락, 아목 등 크메르식 식사 메뉴도 있어 한 끼 식사하기에도 괜찮다.

위치 올드마켓 북서쪽 입구, 스트리트 9과 스트리트 11이 만나는 지점
문의 017-692-997,
www.facebook.com/cafecentralsiemreap
시간 오전 7시~오후 10시

C5 설촌 Snow Village

한국인이 운영하는 빙수 전문점으로 넓고 시원한 매장 안에서 여러 종류의 빙수를 즐길 수 있다. 모든 빙수는 부드럽게 갈아낸 우유 얼음을 기본으로 한다. 올라가는 토핑에 따라 망고빙수, 팥빙수, 인절미빙수, 초코오레오빙수 등이 있다. 냉동망고가 아닌 '생 망고'가 푸짐하게 올라간 망고빙수를 먹어보자. 1인 여행자를 위한 컵빙수도 있고, 커피와 음료, 허니브레드 등의 디저트 메뉴도 판매한다. 한국인 여행자들을 위해 짐 보관, 환전, 유심칩과 각종 바우처 판매 등을 하고 있으니 여행 정보가 필요하다면 잠시 들러보자.

<u>위치</u> 럭키 몰에서 남쪽 펍스트리트 방향으로 약 300미터, 스트리트 5 골목 초입
<u>문의</u> 069-571-837
<u>시간</u> 오전 9시~오후 9시

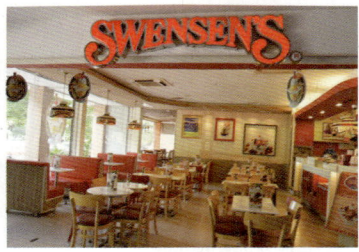

C6 젤라토 랩
Gelato Lab

2015년 오픈한 이탈리아 스타일의 젤라토, 셔벗 전문점이다. 세련되고 아늑한 매장에는 30년간 유지해온 레시피로 매일 만든 10가지가 넘는 아이스크림이 준비되어 있다. 그중 캄보디아 현지에서 나는 재료를 쓴 '깜뽓 후추를 넣은 초콜릿젤라토'가 인상적이다. 초콜릿 맛이 강하지만 쌉싸래한 후추 맛이 더해져 독특한 풍미를 자랑한다. 직접 로스팅한 커피도 함께 판매한다.

위치 펍스트리트 뒤편 앨리웨스트 내
문의 085-757-590
시간 오전 9시~오후 11시 30분

C7 스웬센즈
Swensen's

미국에 본사를 둔 아이스크림 전문점이다. 20가지 이상의 아이스크림 종류와 다양한 토핑이 준비되어 있다. 평균 3달러 이상으로 아이스크림치고는 고가에 속하지만 시원하고 편안한 좌석에 앉아 '맛이 없을 수 없는 아이스크림'을 먹고 싶다면 방문해보자. 우리나라에는 없는 체인이라 한 번쯤 맛볼 만도 하다. 유리잔에 아이스크림을 넣고 각종 시럽을 뿌린 후 웨이퍼와 과일을 얹은 선데 아이스크림을 추천한다.

위치 올드마켓에서 스트리트 9 따라 약 160미터, 앙코르 트레이드 센터 내
문의 063-966-424
시간 오전 10시~오후 9시

🔴C8 더 리틀 레드 폭스 에스프레소 The Little Red Fox Espresso

커피 맛 좀 아는 여행자라면 이 집을 지나치면 안 되겠다. 호주인 바리스타가 운영하는 이 카페는 시엠립에서는 커피 마니아들의 성지로 통한다. 원두의 변질을 막고 신선한 커피를 제공하기 위해 라오스와 캄보디아, 태국에서 생산한 아라비카 원두를 블렌딩한다. 진한 커피 맛이 일품인데 특히 차갑게 마셔도 풍미가 좋은 시원한 커피 한 잔을 마시고 싶다면 꼭 '콜드드립 커피'를 청하자. 레몬그라스 시럽을 넣어 마시는 레몬그라스진저에스프레소와 같은 독특한 커피도 있다. 커피 대부분이 2달러 선으로 가격도 저렴한 편. 우유가 들어가는 커피는 무지방 우유나 두유로 바꿀 수 있다. 물통을 가져오는 손님에겐 무료로 생수를 채워주고, 대나무 빨대를 사용하며, 스티로폼이나 비닐봉지를 사용하지 않는 등 환경 살리기에 앞장서는 카페이기도 하다.

위치 시엠립주립병원 뒤편 센트럴마켓스트리트 안쪽 칸달 빌리지 내
문의 016-669-724, www.thelittleredfoxespresso.com
시간 오전 6시 30분~오후 5시, 매주 수요일 휴무

바와 클럽

1. 펍스트리트의 바와 클럽은 오후 9시~10시가 가장 흥겨운 시간이다.

2. 일몰 전후로 해피아워를 운영해 맥주를 저렴하게 즐길 수 있는 곳이 많다.

3. 현지인이든 외국인 여행자든 낯선 사람이 주는 술은 경계해야 한다. 클럽에서 테이블에 마시던 술을 올려두고 시선을 떼는 것도 주의하자.

4. 과음하지 말 것. 여행지에서의 과음은 말썽을 부른다.

5. 조용한 분위기에서의 '한 잔'을 원한다면 펍스트리트 메인 로드를 벗어나는 편이 좋다.

🅱1 엑스 바 X Bar

시엠립을 여행하는 외국인들은 죄다 이곳으로 집합하나 싶을 정도로 붐빈다. 매주 수요일 밤에는 실력 있는 DJ들이 디제잉을 하고 매주 금요일 밤에는 시엠립을 무대로 활동하는 밴드들이 파워풀한 록사운드를 들려준다. 요일과 관계없이 오픈 마이크로 진행되는 무대와 이벤트도 많다. 바는 자정 무렵부터 '광란의 춤판'이 되곤 한다. 옥상에는 스케이트보드를 탈 수 있도록 설치한 하프 파이프가 있는데 오후 3시부터 8시까지 이용가능하며, 스케이트보드를 빌릴 경우 3.5달러, 자신의 보드를 탈 경우에는 2.5달러다. 프리스타일의 곡예용 소형 자전거(BMX)도 탈 수 있다.

위치 펍스트리트 메인 로드 서쪽 입구 길 건너편 속산로드 입구
문의 012-263-271, www.xbarsiemreap.com
시간 오후 3시~오전 5시

B2 앙코르 왓? 바 Angkor What? Bar

앙코르와트의 Wat을 What?으로 재치 있게 바꿔 썼다. 온통 그라피티가 가득하고 매일 밤 배낭여행자들이 집결해 잔을 부딪치고 춤을 추며 흥겨운 시간을 보낸다. 생맥주가 1달러인데, 매일 오후 4시부터 9시까지는 해피아워로 맥주 두 잔을 한 잔 값에 마실 수 있다. 이 집에서는 '버킷'으로 주문하면 여섯 잔 정도가 들어가는 작은 플라스틱 양동이에 빨대가 꽂혀 나온다. 버킷 두 개를 한 번에 주문하면 상호인 'Angkor what?'이 프린트된 티셔츠를 공짜로 준다.

위치 펍스트리트 메인 로드 내
문의 096-641-9002, facebook.com/cambodia.angkorwhatbar
시간 오후 2시~오전 4시

B3 템플 클럽 Temple Club

오후 9시 이후면 '클러빙'을 위해 모인 이들로 발 디딜 틈이 없다. 매일 밤 펍스트리트로 울려나가는 음악은 클럽 밖의 사람들까지 어깨를 들썩이게 한다. 템플 발코니(291쪽 참고)라고 부르는 2층은 1층 클럽과 다르게 운영되고 있다.

위치 펍스트리트 메인 로드 내
문의 015-999-922
시간 월~금 오전 9시~오전 5시, 토~일 오전 11시~오전 3시

B4 치어스 Cheers

펍스트리트 초입에 위치한 라운지바로 밤이면 발 디딜 곳 없이 젊은 남녀들로 붐비는 집이다. 왁자지껄하고 사교적이며 술값이 저렴한 곳이다. 템플 클럽과 더불어 새벽 3시까지 운영하며 자정 전후로 1층은 거의 '무도회장'이나 다름없다.

위치 펍스트리트 메인 로드 서쪽 입구 초입
문의 089-999-900
시간 오전 8시~오전 3시

B5 시엠립 브루 펍 Siem Reap Brewpub

시엠립에서 제일 처음 문을 연 수제 맥주 펍이다. 앙코르비어가 채워주지 못한 아쉬움이 있다면 이 집의 크래프트비어를 맛보길 추천한다. 독일의 질 좋은 맥아와 호주의 홉, 뉴질랜드의 효모를 이용해 현지 양조장에서 생산한다. 이 '시엠립'표 맥주는 총 다섯 가지로, 블론드에일, 골든에일, 인디아페일에일, 다크에일, 허니바이스이며 서로 다른 향이 황홀할 정도로 짙고 묵직한 맛을 전한다. 무엇을 마실지 고민이라면 다섯 가지 맥주 모두를 조금씩 마셔볼 수 있는 샘플러를 주문해보자.

위치 로열가든스에서 포캄보애비뉴 따라 펍스트리트 방면으로 약 650미터, 스트리트 5 안쪽
문의 080-888-555, www.siemreapbrewpub.asia
시간 오전 11시~오후 11시

B6 레드 피아노 Red Piano

펍스트리트의 상징적인 바 레드 피아노는 시엠립에 처음 온 사람들이라면 한 번쯤 들러야 할 명소로 자리를 굳혔다. 음식은 파스타와 피자, 프렌치프라이가 곁들여진 닭가슴살구이 등이 인기가 좋다. 상징적인 칵테일 메뉴로 안젤리나 졸리가 출연한 영화 이름을 따온 '툼 레이더' 칵테일이 있다. 보드카와 말리부, 파인애플주스 등을 섞은 칵테일로 깔끔하고 청량한 맛이다. 오후 5시부터 7시까지는 해피아워로 식사 메뉴를 주문하면 생맥주나 음료 한 잔이 무료다. 음식은 5~7달러 선, 음료는 1~4달러 선이다.

위치 펍스트리트 메인 로드 내
문의 063-963-240, redpianocambodia@yahoo.com, www.redpianocambodia.com
시간 오전 7시~자정, 우기(비성수기)에는 매주 토요일과 일요일 휴무

B7 미스 웡 칵테일 바 Miss Wong Cocktail Bar

밤마다 시끄러운 펍스트리트의 메인 로드를 살짝 벗어난 '뒷골목'에 운치 있게 자리한 칵테일바다. 좁은 골목은 홍등을 주렁주렁 달고 불빛을 뿜는 미스 웡으로 인해 상하이 어딘가로 들어온 착각을 불러일으킨다. 다국적 맥주와 와인, 창의적인 조합의 다채로운 칵테일을 판매하고 있으며 딤섬, 고기와 두부 요리, 간단한 스낵과 튀김 종류를 판다. 칵테일은 4~5달러, 음식은 4~7달러다. 주류만 주문할 경우 카사바칩을 기본으로 제공한다.

위치 펍스트리트 메인 로드에서 시엠립주립병원 방향 골목 안쪽, 템플 클럽 뒤편
문의 092-428-332, www.misswong.net
시간 오후 6시~오전 1시, 일요일은 자정까지

B8 네스트 앙코르 레스토랑 바 Nest Angkor Restaurant-Bar

모든 테이블이 야외석이라 낮에는 낮대로,
밤에는 밤대로 근사하다. 상호처럼 둥지를
닮은 야외 라운지 소파는 이 집의 상징. 칵
테일의 베이스가 되는 주류의 종류도 다채
롭고 와인 리스트도 아쉽지 않다. 음식은 크
메르식과 웨스턴식, 스시롤까지 두루 준비
되어 있어 '바'라고 칭하기가 어색할 정도다.
분위기 있는 곳을 찾는다면 추천한다.

위치 럭키 몰에서 시바타블러바드 따라 펍스트리트 방면으로
약 350미터, 시바타블러바드 위치
문의 063-966-381, nest-restaurant-bar.business.site
시간 오전 11시 30분~자정

B9 바나나 리프 Banana Leaf

칵테일 바이지만, 오전 10시부터 문을 열기 때문에 한낮의 열기를 식히거나 햄버거나 핫도그,
프렌치프라이 등으로 식사하는 이들도 적지 않다. 매일 밤 라이브 가수의 솔로 공연이 있다.
칵테일 중에는 바나나블링과 시엠립딜라이트를 추천한다. 칵테일은 4~6달러, 음식은 7~8달
러다.

위치 시엠립주립병원 앞, 펍스트리트 메인 로드 동쪽 끝자락
문의 063-964-813, bananaleaf-restaurant.com
시간 오후 5시~자정

Ⓑ⒑ 템플 스카이 라운지 Temple Sky Lounge

매일 밤 라이브 공연이 열리는 풀사이드 바다. 펍스트리트와 살짝 떨어져 있어 덕분에 한결 여유로운 느낌으로 칵테일이나 맥주를 즐길 수 있다. 빈백 체어에 가장 편안한 자세로 앉아 밤바람을 느끼는 시간을 누릴 수 있다는 그 자체로 훌륭한 장소다. 음식도 꽤 괜찮은 편이다. 파스타, 피자, 카나페, 카레, 프렌치프라이 등 다양한 메뉴가 준비되어 있다. 건물의 실내는 복층 구조의 베이커리 카페다. 검색이 되지 않는 경우, 템플 커피 카페 엔 베이커리(Temple coffee n Bakery)를 찾으면 된다.

위치 올드마켓에서 북동쪽으로 다리 건너 약 350미터, 스트리트 25 초입
문의 089-999-909
시간 오전 7시~오전 2시(공연 오후 5시~오전 2시)

A
숙소

1 프로모션과 호텔 가격 비교 사이트를 잘 이용하면 좋은 조건에서 저렴하게 잘 수 있다.

2 모든 출발점은 시엠립 시내이므로 펍스트리트까지 걸어서 이동할 수 있는 곳이 편하다.

3 유적지에 아침 일찍 나갈 경우 도시락 서비스를 해주는 곳이 있으니 미리 알아보자.

4 공항 픽업 서비스가 되고, 날이 더우니 수영장이 있는 곳을 택하면 좋다.

5 대형 고급 호텔을 제외하면 어디에서나 도마뱀이 출몰한다. 해충을 잡아먹는 유익한 동물이니 너무 놀라지 말자.

특급 호텔과 리조트

A1 품 바이탕 리조트
Phum Baitang Resort

별장형 리조트다. 잘 가꿔진 논과 밭 사이에
전통적인 가옥 형태의 빌라들이 모여 있어서
얼핏 작은 마을처럼 보인다. 객실은 총 45개
로, 풀빌라와 테라스빌라로 나뉜다. 객실은
흠잡을 데 없다. 목재와 왕골을 주소재로 하
여 꾸민 객실에선 앤티크한 느낌이 난다. 테
라스와 창을 통해 보이는 풍경 또한 자연 그
자체다. 시내까지는 약 3.5킬로미터 떨어져
있으며, 밖에서 안이 보이지 않는 구조로 지
어져 마치 섬처럼 느껴지기도 한다. 내부에
스파와 키즈클럽, 레스토랑, 대형 수영장 등
을 모두 갖춰 하루 종일 머물러도 결코 지루
하지 않은 호텔이다. 2015년 오픈 당시 안젤
리나 졸리가 가족들과 무려 3개월을 이곳에
서 지냈다.

<u>위치</u> 펍스트리트에서 속산로드를 따라 공항
　　 서쪽 방면, 약 4킬로미터
<u>문의</u> 063-961-111, www.phumbaitang.com
<u>비용</u> 1박 30만 원대

A2 파크 하얏트 시엠립
Park Hyatt Siemreap

시엠립 시내 한 중앙에 위치한 특급호텔이
다. 세계적인 체인 호텔이라는 점에서 신뢰
할 수 있고, 펍스트리트까지 걸어서 10분이
면 닿을 수 있어 위치까지 훌륭하다. 건물 구
조가 기둥과 코너가 많고 탁 트인 공간이 적
어 폐쇄적이며 보안 역시 철저하다. 1층과
2층에 위치한 수영장은 직사각형이 아닌 굴
곡진 형태라 독립적으로 휴식하기에 좋다.
총 104개의 객실이 있으며 이 중 13개 객실
은 스위트룸이다. 별도의 수영장과 작은 정
원 등을 갖춘 스위트룸은 시엠립에서 손꼽
히는 객실이라는 평가를 받는다. 베이커리와
커피를 판매하는 1층 글래스하우스와 매일
저녁 공연이 열리는 레스토랑은 투숙객 외의
사람들도 많이 찾는다.

<u>위치</u> 럭키 몰에서 시바타블러바드 따라 남쪽 펍
　　 스트리트 방면으로 약 650미터
<u>문의</u> 063-211-234, siemreap.park.hyatt.
　　 com, siemreap.park@hyatt.com
<u>비용</u> 스탠다드 기준 1박 20만 원대

Ⓐ3 소카 앙코르 리조트 Sokha Angkor Resort

시내로 들어서는 진입로에 웅장하게 자리 잡은 호텔이다. 캄보디아에서 가장 인지도가 높은 숙소인 동시에 안정적인 서비스와 한결같은 친절함으로 한국인 여행자들에게도 인기가 높다. 로비가 무척 넓으며 전체적으로 고풍스러운 스타일이다. 객실은 옐로 톤에 나무 바닥이라 아늑하고 편안한 느낌을 준다. 건물 중앙에 위치한 수영장은 시엠립에서 몇 되지 않는 해수풀이다. 다만 객실만 276개에 달하는 대형 호텔치고 큰 편은 아니다. 스파와 피트니스센터, 기념품 가게 등을 모두 갖추고 있으며 레스토랑에 있는 소카 베이커리는 빵 맛 좋기로 꽤 유명하다. 저녁 때 가면 할인된 가격에 빵과 디저트를 살 수 있다.

<u>위치</u> 럭키 몰에서 6번 국도 방면으로 약 120미터
<u>문의</u> 063-969-999, reservations.sr@sokhahotels.com, www.sokhahotels.com
<u>비용</u> 디럭스 기준 1박 10만 원대

🅐④ 빅토리아 앙코르 리조트 앤드 스파 Victoria Angkor Resort & Spa

로열가든스를 정원으로 두고 있는 아름다운 호텔이다. 이웃으로 1932년 문을 연 유서 깊은 래플스 그랜드 호텔 당코르와 시엠립에서 가장 고가의 호텔인 아만사라 리조트를 두고 있다. 두 호텔만큼 오래되지는 않았지만 결코 밀리지 않는 저력을 자랑한다. 호텔 입구에 세워진 클래식 카와 내부의 근대 유럽형 엘리베이터, 빈티지한 가구와 소품들이 눈길을 끈다. 객실 내부 또한 디자인 호텔을 연상시킬 만큼 감각적이다. '여행 온 기분'을 제대로 느낄 수 있는 객실이다. 조식이 훌륭하기로도 이름 난 호텔이다.

위치 로열가든스
문의 063-760-428, resa@victoriaangkorhotel.com, www.victoriaangkorhotel.com
비용 슈페리어 기준 1박 20만 원대

Ⓐ5 앙코르 팰리스 리조트 앤드 스파 Angkor Palace Resort & Spa

5성급에 걸맞은 객실과 부대시설, 친절한 서비스를 갖추고 있다. 체크인할 때 목에 둘러주는 '웰컴 스카프'가 인상적이다. 전 객실이 넓은 편이며 수영장도 크고 쾌적하다. 아이들이 물놀이하기 좋은 넓고 깨끗한 수영장으로 유명하다. 디럭스룸과 스위트룸 외에도 독채형 풀빌라를 따로 갖추고 있으며 프랭지패니나무와 야자수 등으로 잘

꾸며진 정원은 산책하기에 좋다. 무엇보다 뷔페로 된 조식에 대한 투숙객 만족도가 무척 높은 편이다. 음식 종류도 다양하지만 재료가 신선하고 맛 또한 훌륭한 편. 우리나라 사람들이 많이 찾는 호텔이라 김치도 있다. 시내와 약 3.5킬로미터 떨어져 있어 다소 거리가 있는 편이다.

위치 로열가든스에서 6번국도 따라 공항 방면으로 약 3.2킬로미터
문의 063-760-511, info@angkorpalaceresort.com, www.grandsoluxeangkor.com
비용 디럭스 기준 1박 10만 원대

Ⓐ6 사라이 리조트 앤드 스파 Sarai Resort & Spa

시엠립강 건너 동쪽으로 11미터쯤 가면 있다. 호텔은 흰 색과 푸른색의 시원한 색채가 돋보이며, 모로코풍으로 지어졌다. 돌출된 아치형 창문들이 돋보이는 외관과 그 사이로 자리 잡은 수영장의 이국적인 풍경은 이 호텔의 상징적인 이미지. 수영장이 내려다보이는 객실 창문 하단에는 미니베드가 갖춰져 있어 커튼만 열면 객실에서

일광욕하는 느낌을 낼 수 있다. 객실은 차분하고 편안한 분위기로 조명으로 포인트를 줬다. 세면대와 욕조, 변기를 독립적으로 설치해 편리함을 더했다. 조식은 메뉴표 안에서 선택하는 방식이며, 빵과 과일, 요거트 등은 기본으로 제공된다.

위치 올드마켓에서 올드마켓브리지 건너 동남쪽으로 약 850미터
문의 063-962-200, book@sarairesort.com, sarairesort.com
비용 디럭스 기준 10만 원대

부티크과 고급 호텔

Ⓐ7 소마데비 앙코르 호텔 앤드 스파 Somadevi Angkor Hotel & Spa

무엇보다 위치가 훌륭하다. 객실은 군더더기 없이 깔끔하고 서비스와 시설도 무난하며 비용도 동급 호텔에 비해 저렴한 편이다. 펍스트리트와 럭키 몰까지 걸어서 5~10분 거리에 있다. 조식 뷔페도 서양식과 크메르식을 다양하게 내놓아 만족도가 높다. 조식은 오전 6시부터 시작한다. 호텔 안에 작은 기념품 가게가 있다. 호텔 바로 뒤편에는 소마데비 앙코르 부티크 앤드 리조트(Somadevi Angkor Boutique & Resort)가 있다. 최근에 지은 5성급 호텔로 좀 더 모던한 인테리어와 세심한 고객 서비스를 하고 있다. 비용은 소마데비 앙코르 호텔보다 30~50% 더 비싼 편이다.

위치 럭키 몰에서 남쪽 펍스트리트 방향으로 약 400미터, 시바타블러바드
문의 063-967-666, gm@somadeviangkor.com, www.somadeviangkor.com
비용 슈페리어 기준 1박 7만 원~9만 원

Ⓐ8 센트럴 스위트 레지던스 Central Suite Residence

투숙객의 만족도가 굉장히 높은 4성급 호텔이다. 직원들의 친절함과 사교성은 별 다섯 개를
줘도 모자라지 않을 정도다. 언제나 불편한 점을 먼저 물어봐주고 이름을 외워 인사를 잊지 않
는다. 객실은 굉장히 넓은 편이며 테이블과 싱크대가 설치된 미니바는 별도의 작은 주방처럼
갖춰져 있다. 돌로 만들어진 욕조와 천장 높이의 수전에서 곧바로 물이 떨어지는 샤워 부스도
인상적이다. 석재와 사암의 느낌을 적절하게 이용해 사원의 느낌을 연상시키면서도 모던함을
잃지 않았다. 아주 크지는 않지만 풀바를 갖춘 수영장도 휴식을 취하는 공간으로 제 역할을 다
한다. 펍스트리트까지는 걸어서 2~3분으로 매우 가깝다.

위치 펍스트리트 메인 로드 서쪽 입구 길 건너 속산로드 안쪽 약 100미터

문의 063-969-691, relations@centralsuiteresidence.com,
www.centralsuiteresidence.com

비용 디럭스 기준 1박 10만 원대

A9 프린스 당코르 호텔 앤드 스파 Prince D'Angkor Hotel & Spa

5성급이라고 소개하지만 실제로는 4성급에 가깝다. 클래식한 호텔로 객실과 수영장, 로비 모두 널찍널찍하다. 객실은 늘 깔끔하고 어메니티를 충실히 갖추고 있어 딱히 흠잡을 부분은 없다. 다만 호텔 조명이 환한 편이 아니라 다소 어두운 분위기인 점이 아쉽다. 최대 장점은 펍스트리트까지 걸어서 10분이면 닿을 수 있다는 것이다. 본래 책정된 객실 비용은 꽤 비싼 편이나 할인 프로모션을 자주 한다.

위치 럭키 몰 맞은편 시바타블러바드 따라 남쪽으로 약 200미터
문의 063-763-888, info@princedangkor.com, www.princedangkor.com
비용 슈페리어 기준 1박 7만 원~9만 원

A10 크메르 맨션 부티크 호텔 Khmer Mansion Boutique Hotel

센트럴 스위트 레지던스와 쌍둥이처럼 붙어 있다. 테라스룸에 서면 울타리를 경계로 두 호텔의 수영장이 나란히 붙어 있는 모습을 볼 수 있다. 객실과 수영장 모두 무난하고 조식은 메뉴에서 선택하여 주문하는 식으로 제공된다. 직원들이 친절하며 가격 대비 만족할 만한 시설을 갖추고 있다. 펍스트리트와 가까운 것이 호텔의 최대 장점이다.

위치 펍스트리트 메인 로드 서쪽 입구 길 건너 속산로드 안쪽 약 60미터
문의 063-762-333, reservation@khmermansion.com, www.khmermansion.com
비용 더블 풀뷰 기준 1박 5만 원대

A11 치타타 앙코르 호텔
Cheathata Angkor Hotel

가성비를 논한다면 빠질 수 없다. 특별하게
인상적인 점이 있는 것은 아니지만 하룻밤
편안하게 묵어가기에는 손색없이 깔끔하고
안락한 4성 호텔이다. 게다가 속산로드 쪽
나이트마켓과 바로 이웃하고 있으며 펍스트
리트까지도 걸어서 5분이면 닿는다. 한 가지
아쉬운 점이라면 수영장이 작다는 점. 호텔
은 기존에 있었던 본관과 신축한 치타타 스
위트 호텔 별관이 길 하나를 두고 서로 마주
보고 있다. 가격 차이가 거의 없고 신축한 호
텔 객실이 좀더 세련된 느낌이 있지만 레스
토랑 및 주요 시설을 이용하려면 본관으로
가야 한다.

위치 펍스트리트 메인 로드 서쪽 입구 길 건너
　　　속산로드 안쪽 약 180미터
문의 063-966-565,
　　　phillip.yen@ctaangkorhotel.com,
　　　www.ctaangkorhotel.com
비용 디럭스룸 기준 1박 5만 원대

A12 로열 크라운 호텔 앤드 스파
Royal Crown Hotel & Spa

시엠립강 건너 킹스 로드 앙코르 부근에 있는
호텔로 가성비가 좋다. 로비도 넓고, 웰컴 과
일이나 차도 준비해준다.대부분 객실이 꽤 넓
은 편이고 깔끔하다. 포인트 컬러로 붉은색을
많이 썼는데 세련된 느낌은 아니다. 객실 분
위기를 중요하게 보는 사람에게는 조금 아쉬
울 수 있다. 작은 수영장이 있고 실속 있는 조
식 뷔페가 제공된다. 호텔에서 운영하는 3박
4일 여행 패키지도 있다. 1인당 277달러를
내면 가이드가 3박 4일간 동행하며 주요 사
원과 똔레삽, 연꽃 단지, 프놈끄롬 등을 돈다.
교통편과 마사지, 저녁식사(1회) 등이 포함돼
있어 꽤 실속 있다.

위치 올드마켓에서 올드마켓브리지 건너 왼쪽
　　　회전교차로 따라 200미터 직진
문의 063-760-212,
　　　reservations@royalcrownhotel.com.kh,
　　　www.royalcrownhotelspa.com
비용 디럭스 기준 1박 6만 원대

Ⓐ13 메무아르 당코르 부티크 호텔
Memoire D 'Angkor Boutique Hotel

럭키 몰과 이웃한 아담하고 세련된 부티크 호텔이다. 넓은 객실과 현대적인 인테리어를 자랑한다. 조명이 많아서 객실 내 밝기를 조절할 수 있는 점과 콘센트가 곳곳에 있어 충전하기 편한 점도 장점이다. 그리 크진 않지만 충분히 수영을 즐길 수 있는 수영장도 갖추고 있으며 목적지를 물으며 언제나 세심하게 관광 안내를 해주는 친절한 직원들이 인상적인 호텔이다. '웰컴 과일'은 물론 '굿바이 디저트'까지 챙겨준다. 호텔 1층에 분위기 좋은 카페 겸 레스토랑이 운영되고 있다. 로비가 넓지는 않지만 작은 기념품 가게도 있다.

위치 럭키 몰 바로 옆

문의 063-766-999,
experience@memoiredangkor.com,
www.memoiredangkor.com

비용 디럭스룸 기준 1박 7만 원~8만 원

Ⓐ14 센트럴 부티크 앙코르 호텔
Central Boutique Angkor Hotel

골목 안에 숨어 있는, 조경이 아름다운 호텔이다. 들어가자마자 수영장 양쪽으로 쭉 늘어선 야자수가 눈길을 사로잡는다. 수영장을 중심으로 건물이 둘러싼 형태로 1층에서 투숙할 경우 풀빌라를 이용하는 느낌이다. 객실은 넓고 깔끔하다. 수목이 울창한 정원을 둔 덕분인지 상대적으로 밋밋한 느낌이지만 휴식을 취하는 데 아쉬움이 없다. 조식으로 뷔페가 차려지는 가든 레스토랑 분위기 또한 싱그럽다. 체크아웃 이후 조식 식당과 수영장 사이 샤워실을 이용할 수 있고, 무료로 짐을 보관해준다. 펍스트리트까지는 걸어서 약 10분이면 도착한다.

위치 럭키 몰에서 시바타블러바드 따라 남쪽 방면 약 450미터 직진 후 오른쪽으로 약 250미터, 골목 안쪽

문의 063-764-030,
info@centralboutiqueangkorhotel.com,
www.centralboutiqueangkorhotel.com

비용 슈페리움 기준 1박 5만 원대

A15 더 프랭지패니 그린 가든 호텔 앤드 스파 The Frangipani Green Garden Hotel and Spa

이름처럼 프랭지패니나무가 여러 그루 심어진, 향기롭고 소담한 정원을 가졌다. 규모가 작아 개인의 주말 별장처럼 보이기도 한다. 전체적으로 딱딱한 호텔 느낌보다는 센스 있는 주인이 꾸민 손님방처럼 친근하다. 세련됨은 없지만 편안하고 조용한 휴식을 취하기에는 모자람이 없다. 작은 수영장이 있으며 아침은 메뉴에서 주문하는 식으로 제공된다. 정원을 바라보며 즐기는 조식 시간이 꽤 상쾌하게 느껴진다. 펍스트리트까지는 걸어서 약 10분 정도 걸린다.

__위치__ 럭키 몰에서 시바타블러바드따라 남쪽 방면 약 200미터 직진 후 앙코르 마켓 끼고 오른쪽 골목 안쪽

__문의__ 063-963-342, www.frangipanigreengardensiemreap. com

__비용__ 디럭스룸 기준 1박 5만 원대

A16 로즈 로열 부티크 호텔 Rose Royal Boutique Hotel

조용한 골목에 위치한 아담한 부티크 호텔로 부담 없이 쉬었다 갈 수 있는 곳이다. 객실에는 여러 색깔의 소품을 배치해 젊고 밝은 분위기를 연출했다. 체크인 시 그 어떤 호텔보다도 화려하게 공을 들인 '베드 아트'를 볼 수 있다. 꽃과 바나나잎, 타올로 장식한 침대 덕분에 성대한 환영을 받은 기분이다. 작은 수영장이 있고 조식은 메뉴 주문형으로 식사가 제공된다. 소박한 한 접시지만 맛깔스럽다. 직원들은 친절하지만 먼저 말을 걸어오는 경우는 별로 없다. 펍스트리트까지 걸어서 약 10분 거리다.

__위치__ 럭키 몰에서 남쪽 방면으로 약 900미터 파크 하얏트 호텔과 소키 멕스 주유소 사잇길로 약 240미터

__문의__ 089-625-979, info@roseroyalboutiquehotel.com, www.roseroyalboutiquehotel.com

__비용__ 슈페리어룸 기준 1박 4만 원대

중급 호텔과 게스트하우스

Ⓐ17 앙코르 오키드 센트럴 호텔
Angkor Orchid Central Hotel

시엠립강 건너, 꽤 한가로운 골목에 자리한 호텔이다. 번화가에서 한 발짝 떨어졌지만 올드마켓과 펍스트리트를 걸어서 10분 내외면 갈 수 있어 접근성이 좋다. 가격 대비 시설과 서비스 모두 좋은 평가를 받고 있으며 조식 역시 깔끔하고 맛이 좋은 편이다. 조식은 대여섯 가지 메뉴 중 하나를 고를 수 있다. 오래된 건물이 아니어서 객실은 깨끗하며 무척 넓은 편이다. 테라스가 있는 객실은 모기가 있을 수 있으니 모기향이나 훈증기를 준비해가는 것을 추천한다. 낮에 공항에 도착하면 픽업 서비스를 무료로 하고 있으며 밤에 도착할 경우에는 5달러 정도에 이용할 수 있다.

위치 올드마켓 남쪽 입구에서 올드마켓브리지 건너 오른쪽 회전교차로 따라 약 350미터 직진

문의 063-633-4112, reservation@angkororchid.com, www.angkororchid.com

비용 스탠다드 기준 1박 1~2만 원대

Ⓐ18 메콩 앙코르 팰리스 호텔
Mekong Angkor Palace Hotel

저렴하고 캐주얼한 중급 호텔이다. 골목 안쪽에 있어서 조용하다. 호텔이나 직원들의 서비스가 다소 투박하게 느껴지기도 하지만 오히려 그 점이 좀더 편하고 부담 없기도 하다. 자주 할인을 해서 성수기 때도 꽤 저렴한 가격으로 객실을 예약할 수 있는데 가격 대비 부족한 점이 없다. 특색은 없지만 넓고 청결한 객실, 음식 종류가 많지는 않아도 꽤 먹을 만한 조식 뷔페, 적당한 크기의 수영장과 그 옆에 바, 번화가와 가까운 위치 등 장점이 많다. 로비에는 여행 정보나 예약과 관련한 영어로 된 팸플릿이 있고, 귀국 전 가방 무게를 체크해볼 수 있는 저울도 있다. 배낭여행자들도 많이 찾는 호텔이다. 우리나라에서 생각하는 1층이 이곳에서는 2층이며, 1층은 그라운드 플로어라고 한다.

위치 럭키 몰에서 시바타블러바드 따라 남쪽 방향으로 약 400미터 직진 후 골목 안

문의 063-963-636, www.mekongangkorpalaces.com

비용 슈페리어룸 기준 1박 3만 원대

Ⓐ19 엉클 샘 빌라
Uncle Sam Villa

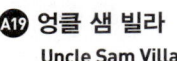

칸달 빌리지 근처에 자리한 작은 중급 호텔
이다. 신축 건물로 객실은 동급 호텔들 중에
서도 최상위에 속한다. 군더더기 없이 깔끔
하며 모던하다. 욕실 또한 넓고 쾌적하며 곳
곳에 콘센트가 있어 충전하기 편하다. '가성
비'가 훌륭한 호텔이다. 단점이라면 오픈한
지 오래되지 않아서 찾아가는 길이 조금 까
다로울 수 있다. 그래도 길만 익히면 펍스트
리트까지 걸어서 10분이면 간다. 세련된 서
비스를 제공하는 호텔은 아니지만 직원들 모
두 친절하고 항상 웃는 얼굴로 맞이해준다.
조식은 토스트와 시리얼, 계란, 과일 등 다소
단조롭게 제공되는 편이다.

위치 시엠립주립병원 뒤편 센트럴 마켓
　　　스트리트 안쪽
문의 078-941-585,
　　　www.unclesamvilla.com
비용 디럭스 기준 1박 3만 원대

Ⓐ20 파크레인 호텔
Parklane Hotel

따풀로드에 위치한 중급 호텔이다. 저렴한
가격 대비 객실이 괜찮은 편이라 나름 단골
이 형성되어 있다. 건물이 전체적으로 낡아
보이는 느낌이 있지만 객실은 군더더기 없이
깔끔하다. 조식도 잘 나오는 편이다. 토스트
와 시리얼, 볶음밥과 국 등 서양식과 현지식
이 섞인 뷔페다. 각 층마다 와이파이 공유기
가 있어 인터넷을 사용할 수 있다. 럭키 몰과
앙코르 마켓이 걸어서 5분 거리로 가깝고 주
변에 자전거 대여 가게와 세탁소 등이 많아
편의시설 이용이 수월하다. 다른 숙박업소와
비교해 서비스가 특별하진 않지만 그렇다고
특별히 나쁘지도 않다.

위치 럭키 몰에서 따풀로드 방향으로 걸어서 5분
문의 063-967-676,
　　　parklanehotelsiemreap.com
비용 디럭스룸 기준 1박 2만 원대

A21 펑키 플래시패커 호스텔
Funky Flashpacker Hostel

'흥 많은 배낭여행자'들의 압도적인 지지를 받고 있는 곳이다. 아침부터 밤 9시까지 종일 클럽 음악이 왕왕 울리고 중앙 풀장에서는 한껏 흥에 취한 채 물놀이를 하며 몸을 흔들기에 여념이 없다. 4층 높이의 객실 건물은 복도식 구조여서 수영장을 내려다보며 분위기를 만끽할 수 있다. 층마다 테이블과 의자가 마련되어 있고, 4층 옥상은 바를 운영한다. 객실은 1인실, 2인실, 4인실, 혼성 도미토리룸, 여성 도미토리룸 등이 있다. 투숙객들에게 무료 티셔츠와 픽업, 프리허그 등의 서비스를 제공한다. 18세 이하 손님은 투숙할 수 없다.

위치 럭키 몰에서 남쪽 방면으로 약 900미터, 파크 하얏트 호텔과 소키 멕스 주유소 사잇길로 약 400미터

문의 096-752-1040, funkyflashpacker.com

비용 1박 기준 도미토리 7천 원대, 1인실 3만 원대

부록

즐거운 여행을 위한
빈칸

체크리스트

단계	내용	체크
1단계	여권 유효 기간이 6개월 이상 남아 있거나 새로 만들었다.	
	출발 날짜를 정하고, 항공권을 예매했다.	
	숙소 예약을 확정했다.	
	비자를 신청했다(미리 발급하지 않았다면 시엠립국제공항에서 하면 된다.).	
2단계	꼭 가고 싶은 곳을 정했다.	
	반드시 해야 할 일을 생각했다.	
	나만의 일정표를 만들었다.	
	예약이 필요한 것이 있는지 확인하고, 있다면 미리 신청했다.	
3단계	로밍을 할지 유심칩을 살지 결정했다. 로밍은 통신사에 신청하면 된다.	
	멀티 어댑터와 휴대용 충전기를 준비했다.	
	주거래 은행이나 은행 앱에서 미국 달러로 환전했다.	
	여행 기간에 맞춰 여행자보험에 가입했다.	
	가벼운 반팔 티셔츠와 얇은 긴 바지와 외투를 한 벌씩 챙겼다.	
	선크림과 선글라스, 챙이 있는 모자를 챙겼다.	
	잘 미끄러지지 않는 운동화와 편한 샌들이나 슬리퍼, 보조 가방을 챙겼다.	
	소화제, 지사제, 진통제, 상처용 연고와 밴드를 샀다.	
	복용해야 하는 약이 있는 경우 영어로 된 처방전도 함께 준비했다.	
	모기 기피제나 훈증기를 챙겼다.	
4단계	숙소나 여행사에 공항 픽업 서비스를 신청했다.	
	우리나라와 캄보디아 날씨를 확인했다.	
	숙소 연락처와 주소, 위치를 프린트했다.	
	캄보디아가 여행 금지 또는 여행 자제 국가 상태인지 확인했다.	
	비행 일정에 변화가 없는지 확인했다.	
	여권과 e-ticket을 챙겼다.	

나만의 일정표

⇨ **시엠립**

비행기 편명	
출발 시간	
도착 시간	

나만의 일정표

시엠립 ⇨ _____

비행기 편명	
출발 시간	
도착 시간	

MEMO

MEMO

MEMO

MEMO